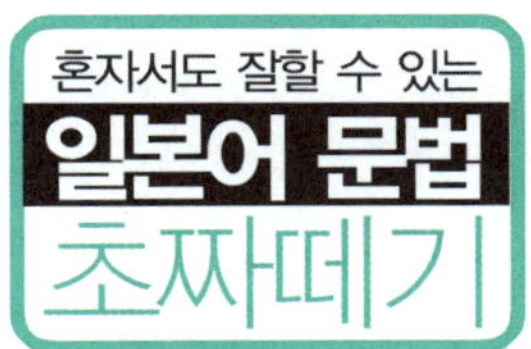
혼자서도 잘할 수 있는
일본어 문법
초짜떼기

오화정

한림대학교 일본학과를 졸업하고, 同大 국제학대학원 지역연구학과(일본학)에서 지역학 석사 학위를 받았다. 일본의 역사와 외교에 관심을 가지고 좀더 깊게 연구하기 위해 일본 聖学院대학 대학원 정치정책학 연구과로 유학을 갔다. 현재 한국 외국어대학교 일본학과 박사과정을 밟고 있다.
2001년부터 백석대학 일본어학부에서 일본어 · 일본지역사정을 가르치고 있다. 십 수 년 동안 일본어를 학습하고 가르쳐오면서 학습자들이 어려워하는 부분, 가려운 부분이 어떤 부분인지, 그리고 어떻게 가르쳐야 더 쉽고 효과적으로 학습자에게 다가갈 수 있을지를 잘 알고 있다. 공저로 『초급 일본어 어휘집』이 있다.

이메일 : moteru@naver.com

혼자서도 잘할 수 있는
일본어 문법 초짜떼기

지은이 | 오화정
펴낸이 | 김원진
편집주간 | 김이수
편집기획 | 최현미
마케팅 | 이동준 · 이준경 · 강지연 · 이유진
디자인 · 편집 | 하람커뮤니케이션(02-322-5405)
표지디자인 | 이창욱
인쇄 | (주) 중앙P&L
제본 | 대흥제책
펴낸곳 | 원타임즈
출판등록 | 제10-2458호(2002. 9. 10)

초판 1쇄 발행 | 2006년 5월 1일
초판 3쇄 발행 | 2008년 2월 12일

주소 | 121-816 서울시 마포구 동교동 113-81 4층
전화 | (02)335-6125
팩스 | (02)325-5607
e-mail | wintimes@sidaew.co.kr

ISBN 89-90384-19-2 13730
     (978-89-90384-19-5)
값 15,000원

오화정 지음

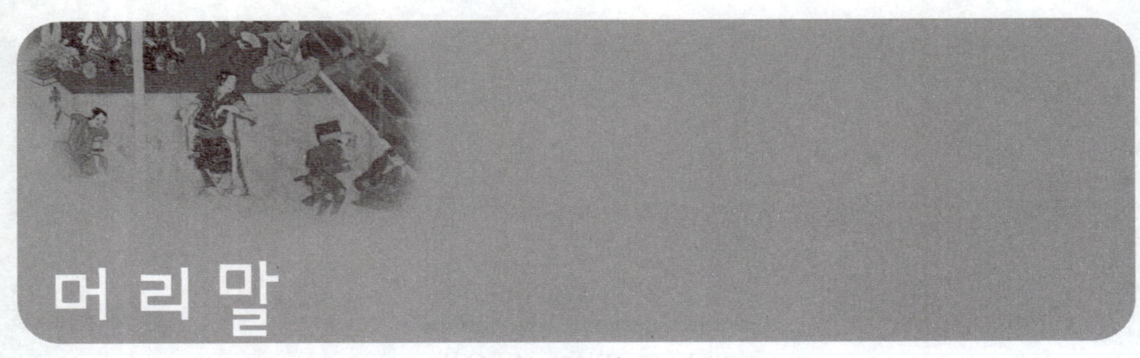

머리말

멋지고 좋은 친구는 내가 무엇을 원하는지 굳이 말하지 않아도 알고 있는 것처럼, 이 교재가 여러분께 쉽고, 재미있게, 편하게 다가갔으면 합니다.

남의 나라 언어를 공부한다는 것 자체만으로도 굉장하다고 생각합니다. 처음엔 쉬운 것 같았는데, 점점 더 어려워지고 중도에 포기하게 되는 게 현실입니다. 저 역시 공부하다가 한계를 느낀 적도 있었고, 표현이 잘 되지 않아 답답함을 느낀 적도 많았습니다. 이 교재는 훌륭하신 스승님들의 가르침을 기초로, 또한 현장에서 가르친 경험을 바탕으로 학습자들이 어려워하는 부분, 가려운 부분을 시원하게 긁어주기 위해 고민하고 분석하고 연구한 끝에 완성했습니다.

특징으로는

첫째, 1과에서 40과까지 생활 속에서 쓰이는 일본어를 가지고 본문을 꾸몄기 때문에 어디서 많이 들어 보았던, 익숙한 단어들이 학습자의 흥미를 돋울 것입니다.

둘째, 기초부터 모든 문법을 다루었고, 각 과마다 연습문제가 있고, 4과 단위로 종합문제, 20과와 40과 뒤에는 총괄테스트를 넣었기 때문에 자기 테스트도 해볼 수 있습니다.

셋째, 별책 부록 뒤에 일본지역사정(지역, 역사, 문화, 사회 등)을 수록했습니다.

학습자들에게 좀 더 일본에 대해 잘 알 수 있는 기회를 제공할 것입니다.
넷째, 들고 다니며 편하게 공부 할 수 있는 단어장을 별책 부록으로 만들었습니다. 언제 어디서나 좋은 친구가 되어 줄 것입니다.

아기에게 이유식을 먹이는 것이 중요한 단계인 것처럼, 쉬운 것부터 차근차근 할 수 있도록 학습자를 배려하는 기본원칙을 지키면서 썼습니다. 학습하면서, 재미와 어려움을 다 느낄 수 있을 것이라 생각합니다. 그렇지만 작은 산을 넘지 못하면 마음속에서 바라는 큰 산도 넘을 수 없습니다. 생각은 보이지 않는 씨앗입니다. 할 수 있다는 마음가짐으로 몇 개월 후엔 마음속에서 바라던 목표를 달성하시길 바랍니다.
마지막으로 교재를 위해 많은 도움을 준 친구 리에와, 윈타임즈에 감사드립니다. 그리고, 한결같이 음으로 양으로 응원해준 사랑하는 가족에게 이 책을 바치고 싶습니다.

2006년 봄 오 화 정

차 례

차례

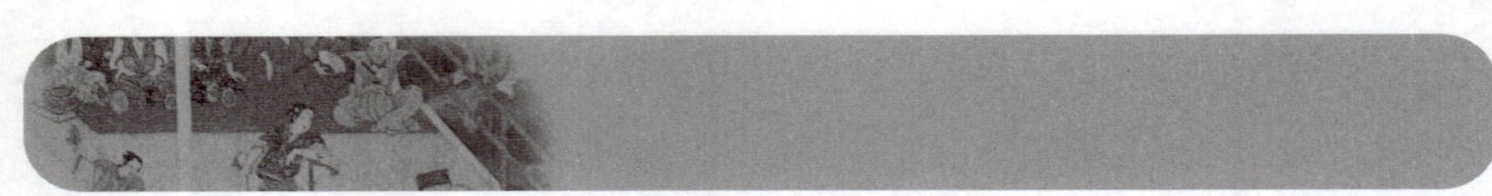

일본어 문자와 발음

五十音図

주의할 발음들

	あ단	**い**단	**う**단	**え**단	**お**단
あ행	あ a	い i	う u	え e	お o
か행	か ka	き ki	く ku	け ke	こ ko
さ행	さ sa	し si	す su	せ se	そ so
た행	た ta	ち chi	つ tsu	て te	と to
な행	な na	に ni	ぬ nu	ね ne	の no
は행	は ha	ひ hi	ふ fu	へ he	ほ ho

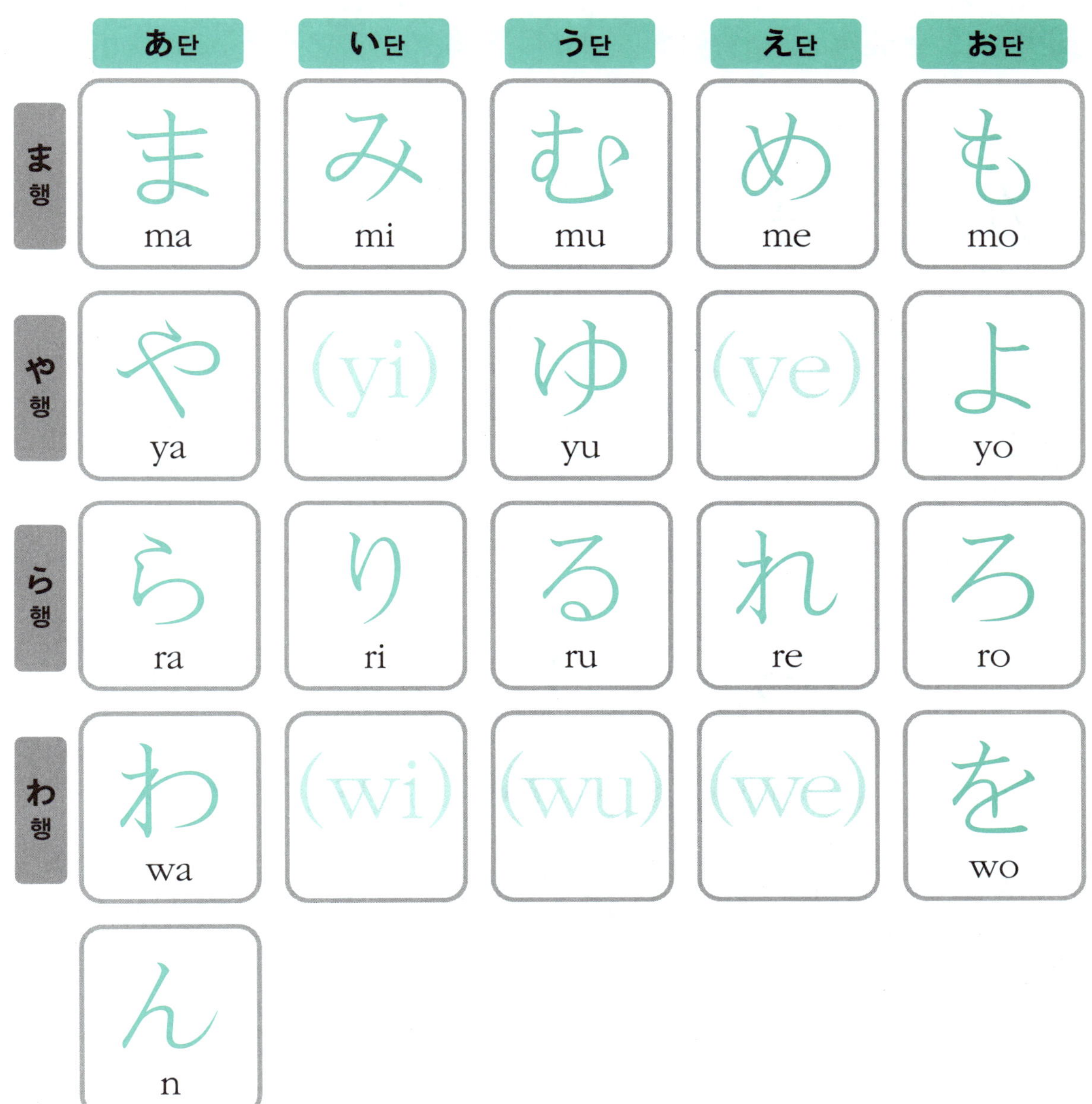

あ단　い단　う단　え단　お단
ま행
ま ma　み mi　む mu　め me　も mo
や행
や ya　(yi)　ゆ yu　(ye)　よ yo
ら행
ら ra　り ri　る ru　れ re　ろ ro
わ행
わ wa　(wi)　(wu)　(we)　を wo
ん n

あ a	い i	う u	え e	お o
あい(ai) 사랑	いえ(ie) 집	うえ(ue) 위(上)	えい(ei) 가오리	おい(oi) 조카
か ka	き ki	く ku	け ke	こ ko
かき(kaki) 감, 굴	きおく(kioku) 기억	きく(kiku) 국화	けいき(ke:kki) 계기	ここ(koko) 여기
さ sa	し si	す su	せ se	そ so
あさ(asa) 아침	しお(sio) 소금	すし(susi) 초밥	せき(seki) 좌석	うそ(uso) 거짓말
た ta	ち chi	つ tsu	て te	と to
たこ(tako) 문어	しち(sichi) 7	たつ(tatsu) 일어서다	て(te) 손	いと(ito) 실
な na	に ni	ぬ nu	ね ne	の no
なつ(natsu) 여름	あに(ani) 형, 오빠	いぬ(inu) 개	ねこ(neko) 고양이	のう(no:) 뇌
は ha	ひ hi	ふ fu	へ he	ほ ho
はは(haha) 엄마	ひと(hito) 사람	ふね(fune) 배(船)	へそ(heso) 배꼽	ほし(hosi) 별

ま ma
み mi
む mu
め me
も mo
まめ (mame) 콩
みそ (miso) 된장
むすこ (musuko) 아들
め (me) 눈
もも (momo) 복숭아
や ya
ゆ yu
よ yo
やま (yama) 산
ゆき (yuki) 눈(雪)
よやく (yoyaku) 예약
ら ra
り ri
る ru
れ re
ろ ro
さくら (sakura) 벚꽃
りえき (rieki) 이익
るす (rusu) 부재(중)
れきし (rekisi) 역사
まぐろ (maguro) 참치
わ wa
を wo
ん n
わたし (watasi) 나

さんぽ(sanpo) 산책   ぴかぴか(pikapika) 번쩍번쩍

******* 국제발음기호가 아닌 alphabet에 의한 발음표기는 어디까지나 참고임.

がいこく(gaikoku) 외국   だいがく(daigaku) 대학교   みず(mizu) 물   でんわ(denwa) 전화

ばか(baka) 바보   かぎ(kagi) 열쇠   まど(mado) 창문

きゃ kya	きゅ kyu	きょ kyo
しゃ sya	しゅ syu	しょ syo
ちゃ tsya	ちゅ tsyu	ちょ tsyo
にゃ nya	にゅ nyu	にょ nyo
ひゃ hya	ひゅ hyu	ひょ hyo
みゃ mya	みゅ myu	みょ myo
りゃ rya	りゅ ryu	りょ ryo
ぎゃ gya	ぎゅ gyu	ぎょ gyo
じゃ jya	じゅ jyu	じょ jyo
びゃ bya	びゅ byu	びょ byo
ぴゃ pya	ぴゅ pyo	ぴょ pyo

びょういん (byo:ing) 병원　こんにゃく (konnyaku) 곤약　おきゃく (okyaku) 손님

ちゅうごく (tyu:goku) 중국　みゃく (myakku) 맥　りょこう (ryoko:) 여행

ぎゅうにゅう (gyu:nyu:) 우유　しゃしん (syasing) 사진　ひゃく (hyaku) 100

ア단 イ단 ウ단 エ단 オ단
ア행
ア a / イ i / ウ u / エ e / オ o
カ행
カ ka / キ ki / ク ku / ケ ke / コ ko
サ행
サ sa / シ si / ス su / セ se / ソ so
タ행
タ ta / チ chi / ツ tsu / テ te / ト to
ナ행
ナ na / ニ ni / ヌ nu / ネ ne / ノ no
ハ행
ハ ha / ヒ hi / フ fu / ヘ he / ホ ho

ア단 イ단 ウ단 エ단 オ단
マ행 マ ma ミ mi ム mu メ me モ mo
ヤ행 ヤ ya ユ yu ヨ yo
ラ행 ラ ra リ ri ル ru レ re ロ ro
ワ행 ワ wa ヲ wo
ン n

◉ 半濁音 | 반 탁 음

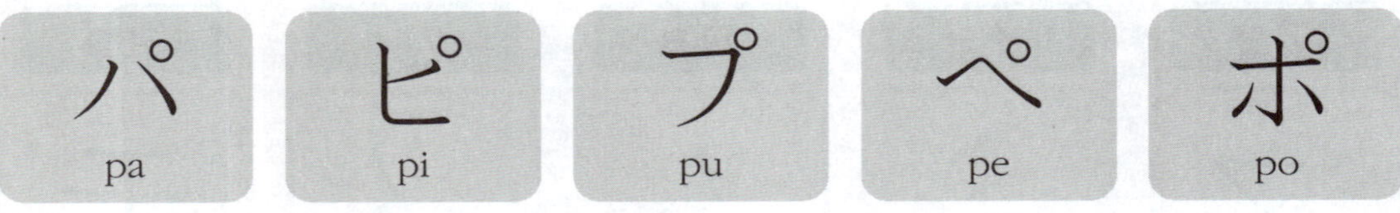

パ pa   ピ pi   プ pu   ペ pe   ポ po

◉ 濁音 | 탁 음

ガ ga   ギ gi   グ gu   ゲ ge   ゴ go
ザ za   ジ ji*   ズ zu   ゼ ze   ゾ zo
ダ da   ヂ ji*   ヅ zu*   デ de   ド do
バ ba   ビ bi   ブ bu   ベ be   ボ bo

キャ kya	キュ kyu	キョ kyo
シャ sya	シュ syu	ショ syo
チャ tsya	チュ tsyu	チョ tsyo
ニャ nya	ニュ nyu	ニョ nyo
ヒャ hya	ヒュ hyu	ヒョ hyo
ミャ mya	ミュ myu	ミョ myo
リャ rya	リュ ryu	リョ ryo
ギャ gya	ギュ gyu	ギョ gyo
ジャ jya	ジュ jyu	ジョ jyo
ビャ bya	ビュ byu	ビョ byo
ピャ pya	ピュ pyo	ピョ pyo

🌸 주의할 발음들

1 모음의 무성화

모음 [i]나 [u]가 무성자음 사이에 놓일 때, 무성화되어 소리가 거의 들리지 않게 된다. [~ます][~です] 등의 문말에서의 [すsu]의 [u] 발음은 무성화된다.

すき(suki → ski)   したい(sitai → stai)   ほんです(hong-desu → hong-des)

2 장음

a단 + あ = a : (a단 길게 발음)   おかあさん 오까-상
i단 + い = i : (i단 길게 발음)   おじいさん 오지-상
u단 + う = u : (u단 길게 발음)   くうき 쿠-끼
e단 + え = e : (e단 길게 발음)   おねえさん 오네-상
e단 + い = e : (e단 길게 발음)   せんせい 센세-
o단 + お = o : (o단 길게 발음)   おおさか 오-사까
o단 + う = o : (o단 길게 발음)   おとうさん 오또-상

3 단모음과 장모음 비교

おばさん(아주머니, 숙모)   おばあさん(할머니)   え(絵 그림)
ええ(네, 예)   ここ(여기)   こうこう(高校 고등학교)
へや(部屋 방)   へいや(平野 평야)   とる(取る 가지다, 취하다)
とおる(通る 지나다, 통과하다)   ゆき(雪 눈)   ゆうき(勇気 용기)

* 참고

メジャーリーグ(Major League)   ボール(ball)   メール(mail)
センター(center)

4 っ(촉음)

받침(ㅋ, ㅌ, ㅅ, ㅍ)으로 발음된다. 바로 뒤에 오는 글자대로 발음해주면 된다.

いっき(ikki) 단숨에 마심   きっかけ(kikkake) 계기   おっと(otto) 남편
あさって(asatte) 모레   ざっし(zassi) 잡지   さっそく(sassoku) 즉시
いっぱい(ippai) 가득   しっぽ(sippo) 꼬리

5 이중자음

おと(oto)〈音 소리〉   おっと(otto)〈夫 남편〉
あか(aka)〈赤 빨강〉   あっか(akka)〈悪化 악화〉
かこ(kako)〈過去 과거〉   かっこ(kakko)〈括弧 괄호〉
* 참고
きっぷ(切符 기차표)   マッチ(성냥)   もっと(더)   キッチン(kitchen)

6 자음 + ゃ、ゅ、ょ(拗音)

ひやく(hiyaku)〈飛躍 비약〉   ひゃく(hyaku)〈百 백〉
りゆう(riyuu)〈理由 이유〉   りゅう(ryuu)〈龍 용〉
びようしん(biyo:in)〈美容院 미장원〉   びょういん(byo:in)〈病院 병원〉
* 참고
きゃく(客 손님)   ニュース(뉴스)   りょこう(旅行 여행)

7 「ざ、ず、ぞ」와 「じゃ、じゅ、じょ」

かず(kazu)〈数 수, 숫자〉   かじゅ(kazyu)〈果樹 과수〉
こうぞう(kouzou)〈構造 구조〉   こうじょう(kouzyou)〈工場 공장 · 向上 향상〉
* 참고
こうそう(構想 구상)   きょぞう(虚像 허상)   かしゅ(歌手 가수)

8 ん의 발음

어두에는 오지 않는 「ん」은 그 뒤에 오는 음의 영향을 받아서 /n/ /m/ /ng/ 등으로 발음되는데 이는 발음하기 쉬운 음으로 변화한 결과다.
(1) 「ば」행, 「ぱ」행, 「ま」행 앞에서는 /m/으로 발음된다. えんぴつ(em-pitsu)
(2) 「た」행, 「だ」행, 「な」행, 「ら」행 앞에서는 /n/으로 발음된다. みんな(min-na)
(3) 「か」행, 「が」행 앞, 「あ」행, 「は」행, 「や」행 앞이나 단어 끝에 오는 경우에는 /ng/으로 발음된다.
    てんき(teng-ki) きんえん(king-eng)

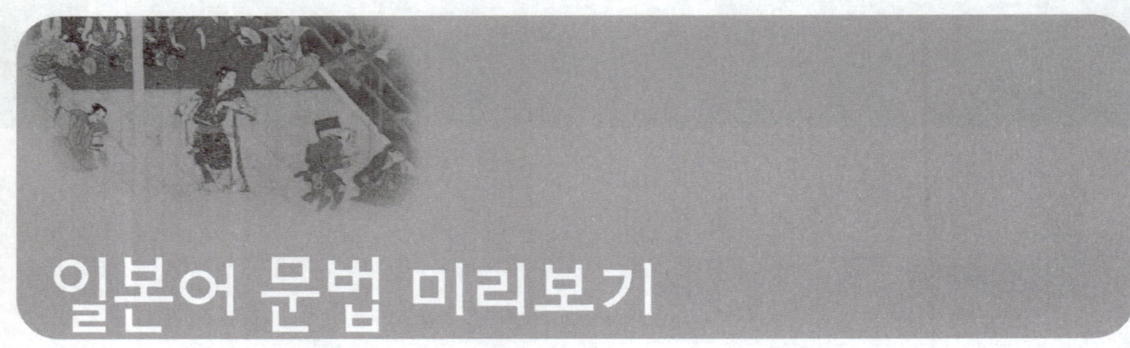

일본어 문법 미리보기

일본어 문법의 골격

일본어 문법 체계는 우리말과 유사한 면이 많다. 어순이 우리말과 같을 뿐 아니라 형용사, 동사 등의 용언이 활발하게 어미 변화를 일으킨다는 점, 경어 체계가 발달해 있고, 한자어를 섞어 쓴다는 점 등이 유사하다.

주요 품사 역시 우리말과 마찬가지로 명사, 형용사, 부사, 동사, 조사로 이루어져 있고, 조사는 혼자서는 아무런 기능을 할 수 없지만, 문맥상 중요한 역할을 하는 경우가 있기 때문에 빼놓을 수 없는 요소다. 일본어는 우리말과 달리 수동태와 사역형을 많이 쓰는데 이때 특히 조사가 중요한 역할을 한다.

1 명사

명사는 사물의 이름을 지칭하는 말이다. 모든 언어에서와 마찬가지로 일본어에서도 명사는 행위의 주체나 객체의 역할을 한다. 명사로 문장이 끝나는 문장에서 현재형은 だ(~이다), です(~입니다)가 붙고, 부정형은 じゃない, ではありません, 과거형은 だった, でした가 붙고, 과거부정형은 じゃなかった, ではありませんでした가 붙는다. 다른 명사와 연결될 때는 の(~의), 다른 품사와 연결될 때는 で가 붙는다.

ex) 彼は学生だ。그는 학생이다.
　　彼は学生です。그는 학생입니다.
　　彼は学生じゃない。그는 학생이 아니다.
　　彼は学生ではありません。그는 학생이 아닙니다.
　　彼は学生だった。그는 학생이었다.
　　彼は学生でした。그는 학생이었습니다.
　　彼は学生じゃなかった。그는 학생이 아니였다.

彼は学生ではありませんでした。 그는 학생이 아니었습니다.
彼は私の学生です。 그는 나의 학생입니다.
彼は学生で、彼女は会社員です。 그는 학생이고, 그녀는 회사원입니다.

2 형용사

형용사는 사물의 상태나 모양을 설명해주는 말이다. 주로 명사를 수식하는 기능을 하는데 일본어에는 두 가지 종류의 형용사가 있다. い형용사와 형용동사(= な형용사)가 그것인데, 이 두 가지는 서로 다른 활용을 하기 때문에 구분을 잘 해야 한다.

❀ い형용사

い형용사는 기본형이 い로 끝나는 형용사다. い형용사는 명사를 수식할 때는 종지형(문장이 끝날 때의 형태)을 쓴다. 정중형은 뒤에 です를 붙이는데 정중형의 과거형은 기본형에 でした를 붙이는 것이 아니라 과거형에 です를 붙인다. 현재형은 기본형과 동일하고, 과거형은 い를 かった로 바꾼다. 부정형은 くない를 붙이며, 정중체는 くない에 です를 붙이면 된다. 이때 くないです와 같은 것으로 くありません도 있다. 또한, 다른 형용사와 연결될 때는 い를 く로 바꾸고 て를 붙이고, 동사와 연결될 때는 い를 く로 바꾸기만 하면 된다.

ex)　うつくしいかのじょ　아름다운 그녀
　　　うつくしかったかのじょ　아름다웠던 그녀

　　　彼女は美しい。 그녀는 아름답다.
　　　彼女は美しいです。 그녀는 아름답습니다.
　　　彼女は美しくない。 그녀는 아름답지 않다.
　　　彼女は美しくありません。(美しくないです) 그녀는 아름답지 않습니다.
　　　彼女は美しかった。 그녀는 아름다웠다.
　　　彼女は美しかったです。 그녀는 아름다웠습니다.
　　　彼女は美しくなかった。 그녀는 아름답지 않았다.
　　　彼女は美しくなかったです。(美しくありませんでした)
　　　그녀는 아름답지 않았습니다.

彼女は美しくてまじめだ。 그녀는 아름답고 성실하다.
彼女は美しく歩いていきました。 그녀는 아름답게 걸어갔습니다.

② 형용동사(= な형용사)

형용동사(= な형용사)의 기본형은 원래 だ로 끝난다. な형용사라고 하는 이유는 명사
와 연결될 때 な가 붙기 때문이다. 하지만 명사의 과거 상태를 나타낼 때는 과거의 반
말체로 명사를 수식한다. 정중형은 だ 대신에 です/でした를 붙이면 된다. 특히 과
거형은 어간에 でした를 붙이는 형태와 과거형에 です를 붙이는 형태 둘 다 쓰인다.
다른 형용사와 연결될 때는 だ를 で로 바꾸고, 동사와 연결될 때는 だ를 に로 바꾼
다. 현재형은 ~だ, 과거형은 ~だった이며, 활용은 명사와 동일하다.

ex) きれいなへや 깨끗한 방
    きれいだったへや 깨끗했던 방

    部屋がとてもきれいだ。 방이 매우 깨끗하다.
    部屋がとてもきれいです。 방이 매우 깨끗합니다.
    部屋はあまりきれいじゃない。 방은 별로 깨끗하지 않다.
    部屋はあまりきれいではありません。 방은 별로 깨끗하지 않습니다.
    部屋がとてもきれいだった。 방이 매우 깨끗했다.
    部屋がとてもきれいでした。 방이 매우 깨끗했습니다.
    部屋はあまりきれいじゃなかった。 방은 별로 깨끗하지 않았다.
    部屋はあまりきれいではありませんでした。 방은 별로 깨끗하지 않았습니다.
    部屋がとてもきれいで立派です。 방이 매우 깨끗하고 멋집니다.
    部屋がとてもきれいに掃除されてあります。
        방이 매우 깨끗하게 청소되어 있습니다.

3 동사

동사는 명사의 동작을 나타낼 때 쓰는 품사다. 일본어 동사는 모두 う단(う、く/ぐ、す
/ず、つ/づ、ぬ、ふ/ぶ/ぷ、む、ゆ、る)으로 끝나는데, 크게 세 종류로 나눌 수 있다.
1그룹 동사는 5단 동사라고도 하는데, 일단 끝이 る로 끝나지 않고, る로 끝났을 경우

에는 바로 앞의 음이 あ단, う단, お단으로 끝난다. 또한, 예외 5단 동사(모양은 2그룹 동사이나 5단 활용)가 있다. 2그룹 동사는 무조건 る로 끝나고, る 앞이 い단으로 끝나면 상 1단 동사, る 앞이 え단으로 끝나면 하 1단 동사라고 한다. 또한 위의 활용 규칙에서 벗어나는 변격동사로 サ변격 동사인 する와 カ변격 동사인 くる가 있다.

● **동사의 5단 활용**

일본어 동사의 활용에는 크게 다섯 가지가 있다. 未然형, 連用형, 基本형[終止형], 反定형(가능형, 가정형), 命令형이 그것인데 동사는 이 다섯 가지 범주에서 활용을 하게 된다.

미연형(ない형)

미연이라는 말은 '그러하지 않은'이라는 뜻이다. 자연스럽지 않은 상태를 나타낼 때 미연형을 쓴다. 여기에는 부정형(ない), 수동형(れる/られる), 사역형(せる/させる), 사역수동(せられる/させられる) 등이 있다. 앞에서 말했다시피 상·하 1단 동사는 어미 る만 떼어내고 ない、られる、させる、させられる 등을 붙이면 된다. 반면 5단 동사는 어미가 あ단으로 바뀌고 ない、れる、せる、せられる가 붙는다. 변격동사인 する、くる는 しない/される/させる/させられる、こない/こられる/こさせる/こさせられる로 변한다.

ex)　みる보다　　みない　　みられる　　みさせる　　みさせられる
　　のむ마시다　のまない　のまれる　　のませる　　のませられる

연용형(ます형)

연용이라는 말은 용언에 연결되는 형태라는 뜻이다.(반면 명사에 연결되는 형태는 체언에 연결된다고 해서 연체형(체언수식형)이라고 한다. 연체형은 종지형(기본형)과 동일하기 때문에 따로 설명하지 않겠다.) 연용형에는 て、ます/ました、たい、다른 용언(동사, 형용사) 등이 있다. 활용할 때 상·하 1단 동사는 る를 떼고 て、ます/ました、たい 등을 붙이고, 5단 동사는 어미를 い단으로 바꾸고 て、ます/ました、たい 등을 붙인다. 변격동사 する、くる는 して/します/しました/したい、きて/

きます/きました/きたい로 변한다.

ex) たべる먹다　たべて　　たべます　　たべました　　　たべたい
　　はなす말하다　はなして　はなします　はなしました　　はなしたい

● **동사의 て형**

동사의 て형은 활용할 때 발음의 편의를 위해 조금 다르게 활용한다. 어미가 う、つ、る인 동사는 어미 대신 っ가 삽입되고, ぬ、む、ぶ인 경우 어미가 ん으로 바뀌고 で가 붙는다. 그리고 く、ぐ는 어미가 い로 바뀌고 て、で가 붙는다. する는 어미가 して로 바뀌고, 상·하 1단 동사는 る를 떼고 て를 붙이며, する는 して이고, くる는 きて이다. 이것을 음편현상이라고 하는데, て 외에 た、たり、たら 등이 음편현상의 영향을 받는다. 단, いく(가다)는 く로 끝나지만 예외적으로 う、つ、る와 같은 음편을 일으킨다.

🍀 기본형[종지縱止형]

기본형은 알다시피 모두 う단으로 끝난다. 종지형은 문장을 끝내는 형태로 체언[명사]과 연결될 때도 종지형이 쓰인다.

🍀 반정형[가정仮定형, 가능可能형]

반정(反定)은 '정해진 것을 뒤집는' 것을 의미한다. 여기에는 가정형(ば/れば)과 가능형(る/られる) 등이 있다. 상·하 1단 동사는 る를 떼고 れば、られる 등을 붙이면 되고, 5단 동사는 어미를 え단으로 바꾸고 ば、る를 붙이면 된다. 특히, 상·하 1단 동사의 가능형은 수동형과 동일하기 때문에 주의해야 한다. 변격동사인 する、くる는 すれば/できる、くれば/こられる로 변한다.

ex) でる(나가다)　　　 でれば　　　 でられる
　　はく(입다, 신다)　　はけば　　　 はける

❀ 권유형

권유형은 청자에게 어떤 행위를 하자고 청할 때 쓰는 화법이다. 상·하 1단 동사는 る를 떼고 よう를 붙이고, 5단 동사는 어미를 お단으로 바꾸고 う를 붙인다.

ex) いきる살다   いきよう
    のる타다   のろう

4 보조용언

보조용언은 혼자서는 제 기능을 발휘하지 못하고 다른 용언에 붙어 특별한 의미를 더할 때 쓰는 말이다. ~やすい(~하기 쉽다), ~にくい(~하기 어렵다), そうだ(~인 듯하다) 등의 다양한 보조용언이 있다. 이것들도 용언이기 때문에 대개 동사의 연용형(ます형)과 연결된다. 하지만 '~하다고 한다'(전언)라는 뜻의 そうだ는 동사의 종지형에 연결되는데, 이처럼 다른 형태에 연결되는 보조용언도 있기 때문에 주의해야 한다.

ex) きる입다 きやすい   きにくい   きそうだ   きたそうだ
    かく쓰다 かきやすい   かきにくい   かきそうだ   かいたそうだ

5 경어체계

일본어는 경어체계가 발달한 언어다. 다양한 존칭 표현과 겸양 표현이 있다.
가장 간단한 것부터 살펴보면, です、ます형이 있는데, 특별히 존칭 표현이라기보다는 정중한 표현이라고 할 수 있다.
그리고 단어 앞에 お나 ご를 붙여 존칭 표현으로 쓸 수 있다. 이것은 미화어라고 해서 존칭의 뜻 없이 단순히 말을 부드럽게 하기 위해 붙이기도 한다. お는 주로 고유어 앞에 붙고, ご는 한자어 앞에 붙는다. 단, 한자어이더라도 자주 쓰이는 것은 お가 붙기도 한다.
수동이 존칭의 뜻을 나타내기도 하고, いらっしゃる、めしあがる、くださる、いた

だく 등의 특별한 단어를 써서 존칭의 뜻을 나타내기도 한다. 그 외에 〈お + 연용형 (ます형) + になる〉〈お + 연용형(ます형) + ください〉 등이 존칭 표현으로 쓰인다. 겸양 표현은 자신을 낮춤으로써 상대를 높이는 표현이다. 대표적인 것으로 〈お + 연 용형(ます형) + する〉〈お + 사역형의 て형 + いただく〉가 있다.

6 부사

부사는 형용사와 마찬가지로 상태나 모양을 나타내는 단어를 일컫는데, 형용사가 명 사를 수식하는 반면 부사는 명사 이외의 요소를 수식하는 품사다.

7 조사

조사는 우리나라와 마찬가지로 명사의 자격이나 위치 등을 설명해주는 요소로, 혼자 서는 쓰일 수 없고 반드시 명사 등에 붙어서만 제 기능을 발휘한다. 대표적인 조사로 는 주격조사 が、は、목적격조사 を、향격조사 へ、존재조사 に 등이 있다. 특히 は와 へ는 조사로 쓰일 때는 '와(wa)' '에(e)'로 읽는다는 것도 알아두자.

こんにちは。
あ、おひさしぶりです。お元気ですか。
はい、元気です。最近 仕事辞めて 土方やってます。
土方? それは大変ですね。

第 1 課

がんばれ！

"요즘 노가다 뛰어요."

'노가다'는 공사판 노동자, 일용직 일꾼, 또는 막일을 뜻하는 말이다. "할 일 없으면 노가다라도 뛰지 뭐"라는 식으로 젊은 사람들도 꽤 많이 쓰는데, 원래 일본어로는 土方(どかた)다. 노동자들이 공사장 주변의 작은 토방에서 숙식을 해결하며 일했기 때문에 붙여진 이름이라고 한다.

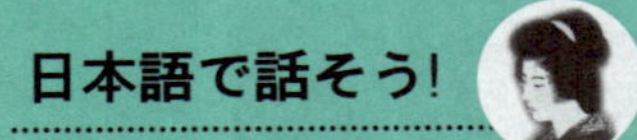

土方やってます。

威（たけし）	こんにちは。
우성	あ、お久（ひさ）しぶりです。お元気（げんき）ですか。
威（たけし）	はい、元気（げんき）です。最近（さいきん）、仕事（しごと）辞（や）めて、土方（どかた）やってます。
リエ	土方（どかた）？ それは大変（たいへん） ですね。

다케시	안녕하세요.
우성	네, 오랜만이네요. 건강하시죠?
다케시	네, 직장 그만두고 노가다 뜁니다.
리에	노가다요? 그것 참 힘드시겠어요.

- こんにちは 안녕하세요(점심인사) – は는 조사로 쓰일 때는 wa로 발음한다.
- (お)久(ひさ)しぶりです 오래간만입니다.– お는 존경어이므로 친분 있는 사이에서는 생략할 수 있다.
- (お)元気(げんき)ですか 건강하세요? – 이와이순지 감독의 영화 『Love Letter』를 통해 전 국민이 잘 알고 있는 인사 말이다. "건강하세요?" 외에 "잘 지내세요?" "별고 없으시죠?" 등등의 뜻을 포함하고 있다.

最近(さいきん) 최근 仕事(しごと) 일(직업) 辞(や)める 그만두다, 사직하다 辞(や)めて 그만두고 土方(どかた) 노가다
やってます ~하고 있습니다 大変(たいへん) 큰일, 대단함 それは大変(たいへん)ですね 그것 참 큰일이네요

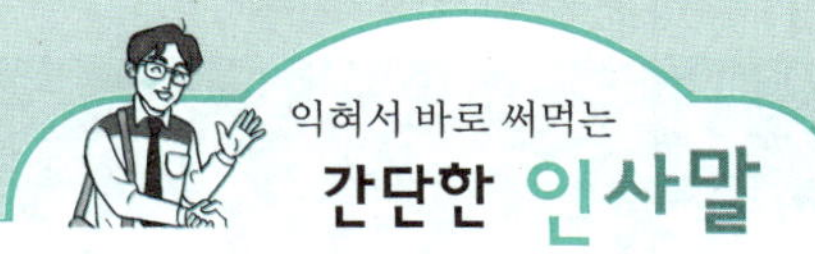

* おはよう（ございます）。 안녕하세요. 아침인사.(12시 정도까지 사용) 친분 있는 사이는 ございます 생략 가능.

* こんにちは。 안녕하세요. 점심인사.(12시에서 6시 사이에 사용) は는 wa로 발음한다.

* こんばんは。 안녕하세요. 저녁인사.(6시 이후 사용) は는 wa로 발음한다.

* さようなら。 안녕히 계세요. / 가세요.

* じゃ、またあした。 그럼, 내일 또 봐요.

* じゃね。 잘 가. 젊은 사람들의 표현으로 "잘 가"로 해석한다.

* はじめまして。 처음 뵙겠습니다. (첫인사)

* どうぞ よろしく（おねがいします）。 잘 부탁드립니다. （おねがいします）는 생략 가능.

* こちらこそ どうぞ よろしく（おねがいします）。 저야말로 잘 부탁드립니다.

* いただきます。 잘 먹겠습니다.

* ごちそうさまでした。 잘 먹었습니다.

* ありがとう（ございます）。 감사합니다. (친분 있는 사람끼리 ございます 생략 가능)

* いいえ、どういたしまして。 아니요, 천만에요.

* すみません。 실례합니다. 미안합니다.

* ごめんなさい。 미안합니다.

* いってきます。 다녀오겠습니다.

* いってらっしゃい。 다녀오세요.

* ただいま。 다녀왔습니다.

* おかえりなさい。 다녀오셨어요.

* お元気（げんき）ですか。 건강하세요? 별일 없으시죠? 어떻게 지내세요? 잘 지내시죠?

* はい、おかげさまで元気（げんき）です。 네, 덕분에 건강합니다. 잘 지내요.

* おめでとう。 축하해.

* おめでとうございます。 축하해요.

* しつれいします。 실례하겠습니다.

* おさきにしつれいします。 먼저 실례하겠습니다.

* おつかれさまでした。 수고하셨습니다.

문법 | KEY POINT

| 1 | 주의점

※ 장음을 제대로 발음 안 하면, 독학한 것 티난다.

※ 문장 끝에 항상 방점(。)을 찍는다.

※ 기본적으로 띄어쓰기가 없고(우리는 아직 초보자이므로 조사 다음에 띄어쓰기를 한다), 물음표 대신 방점(。)을 찍는다.

※ '은/는'에 해당하는 조사 は의 발음은 wa로 한다.

| 2 | 인사말

일본은 한국과 달리, 각기 다른 아침 · 점심 · 저녁 인사를 사용한다. 시간을 정확하게 구분 짓는 것은 아니나, 대개 아침인사는 정오(12경까지), 점심인사는 12시 이후부터 6시 정도까지 그 이후는 저녁인사를 사용한다.

おはようございます (아침인사)

ございます를 생략하면 반말이 된다. 또한 よ 다음 장음이 들어가기 때문에 전부 발음하지 않고 よ-를 길게 끌어주는 것에 주의한다.

こんにちは (점심인사)

ん의 발음은 'ㅁ · ㄴ · ㅇ' 세 가지 중 한 가지로 나는데(학자에 따라 4가지로 나누기도 함), 가장 자연스러운 발음을 해주면 된다(물론 공식도 만들어 볼 수 있으나, 하나하나 다 외우다 보면 일찌감치 포기하게 된다). 여기서는 'ㄴ' 발음이 적당하다. 여기서 は는 wa로 발음한다.

こんばんは (저녁인사)

ん의 발음은 첫 번째는 'ㅁ'이고, 두 번째는 'ㅇ'이다. 여기도 は는 wa로 발음한다.

さようなら (헤어질 때)

"안녕히 가세요" "안녕히 계세요"의 뜻인데, 일본어를 모른다고 하더라도 헤어질 때 인사말이 '사요나라'라는 것은 알고 있을 것이다. 그러나, 자세히 글자를 살펴보면, よ 다음에 う가 있다. 쓸 때 빼먹지 않도록 주의하고, 발음은 よ-를 길게 한다. 항상 주의해야 하지만, 장음을 잘 발음하는 사람이 일본어를 잘한다.

はじめまして。どうぞよろしくおねがいします (첫인사)

はじめましては "처음 뵙겠습니다"의 뜻이고, どうぞよろしくおねがいします는 "잘
부탁드립니다"라는 뜻의 첫 대면 인사다. 일본어가 능숙하지 않더라도 "처음 뵙겠습
니다. 저는 ~입니다. 잘 부탁드리겠습니다"라고 인사를 건네면 상대방에게 좋은 인상
을 심어줄 수 있다. 너무 길면 おねがいします는 생략하도록 한다.

お久 (ひさ) しぶりです。

"오래간만입니다"라는 뜻으로 접두어 お는 상대방에 대한 존칭을 나타낸다. 친구끼리
는 お를 생략할 수 있다. 여기에 お久(ひさ)しぶりですね와 같이 끝에 ね를 붙이면 우리
나라의 '~이군요, ~네'에 해당하고, 좀더 자연스러운 대화로 이끌 수 있다.

お元気 (げんき) ですか。

"건강하세요? 별일 없으시죠? 어떻게 지내세요? 잘 지내시죠?" 등의 많은 뜻을 내포
하고 있는 말이다. 접두어 お는 존경어다. 그러므로, 대답할 때는 자신을 높이지 않으
므로, 元気(げんき)です로 대답한다. 이때, 물음표는 찍지 않고 방점을 찍는다.

◉ 외워서 써보기

1. 아침인사

2. 점심인사(낮인사)

3. 저녁인사

4. 헤어질 때

5. 오래간만입니다.

6. 건강하세요? 잘 지내시죠?

7. 처음 뵙겠습니다.

8. 잘 부탁드립니다.

명사에 です를 붙이면 '～입니다'이고, 의문문은 ですか(～입니까?)를 붙인다. 부정문은 명사에 ではありません(～이/가 아닙니다)을 붙이면 되고, 회화체로 じゃありません(～이/가 아닙니다)도 많이 쓰인다.

명사의 기본문형

명사 +	정중체	의미
	～です	～입니다
	～ですか	～입니까?
	～ではありません = ～じゃありません	～이/가 아닙니다

이때 조사 は의 발음은 wa로 한다.

◉ 명사의 기본문형을 써보자.

단 어	～です	～ですか
① 学生(がくせい)		
② 先生(せんせい)		
③ 韓国人(かんこくじん)		
④ 日本人(にほんじん)		
⑤ 会社員(かいしゃいん)		
⑥ 大学生(だいがくせい)		

◉ 명사의 기본문형을 써보자.

단 어	～ではありません	～じゃありません
① 学生(がくせい)		
② 先生(せんせい)		
③ 韓国人(かんこくじん)		
④ 日本人(にほんじん)		
⑤ 会社員(かいしゃいん)		
⑥ 大学生(だいがくせい)		

＊ 学生（がくせい）의 발음 주의!

일반적으로 く 다음에 さ행(さ、し、す、せ、そ)이 나오면 く의 발음을 'ㅋ'으로 한다. '가쿠세이'로 쓰고, 읽을 땐 '각세-'로 읽는다. 거기에 せ 다음에 장음이 나오니까 せ-로 길게 발음한다.

｜4｜　はい(네)/いいえ(아니요)

일본어에서 정중한 대답은 はい가 일반적이다. はあ는 남자들이 쓰며, 딱딱한 느낌이 든다. 또, ええ는 친근한 사이나 손아랫사람 앞에서 가볍게 쓰는 느낌이다. 반말은 うん이 있다. 또한, 정중하게 부정할 때에는 주로 いいえ를 쓴다. 반말은 ううん을 쓰기도 한다.

｜5｜　それは大変(たいへん)ですね。(그것 참 힘드시겠네요.)

일반적으로 それ는 '그것'의 뜻이므로 "그것은 큰일이네요" "그것은 대단하네요"라고 해석할 수 있으나, 어순이 같다고 항상 해석도 같다는 고정관념을 버려야 한다. 여기서 それは는 '그것 참'으로 해석해야 매끄러운 해석이 된다. 또한, 거꾸로 작문을 할 때도 마찬가지다. "그것 참 유감스럽네요"는 "それは残念(ざんねん)ですね"로 작문한다.

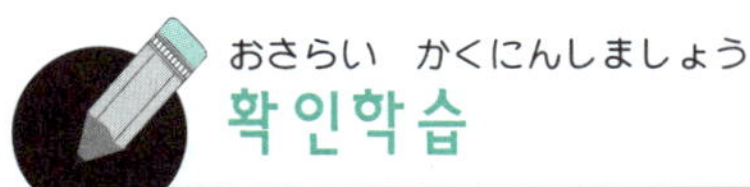

① 낮인사
____

② 학생입니까?(学生(がくせい))
____

③ 한국인이 아닙니다.(韓国人(かんこくじん))
____

④ 선생님입니다.(先生(せんせい))
____

⑤ 건강하세요? 잘 지내세요?(元気(げんき))

35page ◉ 외워서 써보기

1. おはようございます。　　　　　**2.** こんにちは。

3. こんばんは。　　　　　**4.** さようなら。

5. おひさしぶりです。　　　　　**6.** おげんきですか。

7. はじめまして。　　　　　**8.** どうぞよろしくおねがいします。

36page ◉ 명사의 기본형을 써보자.

1. 学生 ：学生です。　　　　学生ですか。
　　　　　学生ではありません。　　学生じゃありません。

2. 先生 ：先生です。　　　　先生ですか。
　　　　　先生ではありません。　　先生じゃありません。

3. 韓国人 ：韓国人です。　　　　韓国人ですか。
　　　　　韓国人ではありません。　　韓国人じゃありません。

4. 日本人 ：日本人です。　　　　日本人ですか。
　　　　　日本人ではありません。　　日本人じゃありません。

5. 会社員 ：会社員です。　　　　会社員ですか。
　　　　　会社員ではありません。　　会社員じゃありません。

6. 大学生 ：大学生です。　　　　大学生ですか。
　　　　　大学生ではありません。　　大学生じゃありません。

37page ✏ **확인학습**

1. こんにちは。　　　　　**2.** 学生(がくせい)ですか。

3. 韓国人(かんこくじん)ではありません。　　　　　**4.** 先生(せんせい)です。

5. お元気(げんき)ですか。

ママ、これなに？
それ？きれいでしょ玩具の玉だよ。
アメみたいで、おいしそう。
食べちゃだめだよ。

第 2 課

がんばれ！

'다마'는 먹으면 안 돼요.

"다마 한 게임 치자"와 같이 당구를 흔히 '다마' 라고 하는데, 우리가 공공연히 쓰고 있는 이 단어는 일본어고, 발음은 '다마' 가 아니라 '타마' 로 읽는다. 뜻은 '구슬' 을 나타내며, 또는 '옥, 방울, 알' 등을 나타낸다. 우리가 잘 알고 있는 것 중에 '다마네기' (양파)가 있는데 이 역시 일본어다. 동그랗게 생긴 '파' 기 때문에 玉(たま)ねぎ라고 부른다.

食べちゃ、だめだよ。

たけし
威　　ママ、これ な〜に?

リエ　　それ? きれいでしょ。玩具の玉だよ。

たけし
威　　アメみたいで、おいしそう。

た
リエ　　食べちゃ、だめだよ。

표 현 연 구

ひょうげん

다케시　엄마, 이거 뭐야?
　리에　그거? 예쁘지? 장난감 구슬이야.
다케시　사탕 같고 맛있겠다.
　리에　먹으면 안 돼요.

ママ 엄마(아이가 부르는 말 = お母(かあ)さん)　パパ 아빠(= お父(とう)さん)　これ 이것　なに 무엇(= 何(なん))　それ
그것　きれいでしょ 예쁘지, 예쁘지요(= きれいでしょう)
• 한국 남성들이 일본에 갈 때 반드시 외워서 가는 것 중 하나가 きれいですね(예쁘네요)다.
玩具(おもちゃ) 장난감　玉(たま) 구슬　アメ 사탕(= キャンデー)　みたいで 〜처럼, 〜같이　おいしい 맛있다
おいしそう 맛있을 것 같다　食(た)べる 먹다　食(た)べちゃ(= 食(た)べては) 먹으면, 먹어서는　だめだ 안 된다

문법 | KEY POINT

1 주의점

※ 기본적으로 물음표를 사용하지 않지만, 대화의 생동감을 높이기 위해 물음표를
   사용했다.

※ 이 과에서는 가족 간, 그 중에서도 어린아이와 엄마의 대화이므로 반말을 사용했
   고, 일본은 우리나라처럼 가족끼리 경어를 그다지 사용하지 않는다.

2 인칭대명사

1인칭		2인칭		3인칭		부정칭	
私(わたし)	나, 저			彼(かれ)	그 남자, 그	誰(だれ)	누구
わたくし	나, 저	あなた	너, 당신	彼女(かのじょ)	그 여자, 그녀		
僕(ぼく)	나						

わたくし는 私(わたし)보다 나를 낮출 때 쓰는 말이다.
僕(ぼく)는 대등한 사람이나 아랫사람에게 쓰는 말로서 남자에게만 쓴다.
誰(だれ)의 공손한 말이 どなた다.
彼(かれ)는 '그 남자'고, 彼女(かのじょ)는 '그녀'다.

3 기본적인 조사 정리

명사의 기본문형

조사	의미	조사	의미	조사	의미
は	~은/는	を	~을/를	の	~의/의 것
が	1) ~이/가 2) ~이지만	か	~까?	も	1) ~도 2) ~이나
から	~부터	まで	~까지	より	~보다
で	1) ~에서 2) ~로	に	1) ~에 2) ~에게	へ	~에/로

주의 - は가 조사로 쓰일 때는 wa로 읽고, へ 또한 조사로 쓰일 때는 e로 읽는다.

① 나는 일본인입니다. (日本人(にほんじん))

② 김씨는 학생입니까? (学生(がくせい))

③ 당신도 회사원입니까? (会社員(かいしゃいん))

④ 나의 책 (本(ほん))

⑤ 그녀도 한국인입니까? (彼女(かのじょ)、韓国人(かんこくじん))

| 4 |　何(なん)의 용법

※ 何(なん)의 뜻은 '무엇'이다. 그러나, 항상 문장 속에서 何(なん)으로 쓰이는 것은 아니다. 뒤에 어떤 조사가 오느냐에 따라 何(なに)로 읽을 때도 있다. 뒤에 か、が、に、も、を의 조사가 오면, 何(なに)로 읽는다. 이는 발음하기 편하게 하기 위한 것이다. 何(なん)が보다는 何(なに)が로 읽는 편이 훨씬 발음하기 쉽다. か、が、に、も、を에 주의하자.

| 5 |　지시대명사

명사의 기본문형

		근칭		중칭		원칭		부정칭	
지시대명사	사물	これ	이것	それ	그것	あれ	저것	どれ	어느 것
	장소	ここ	여기	そこ	거기	あそこ	저기	どこ	어디
	방향	こちら =こっち	이쪽	そちら =そっち	그쪽	あちら =あっち	저쪽	どちら =どっち	어느 쪽
연체사		この	이	その	그	あの	저	どの	어느

※ こ는 말하는 사람으로부터 가까운 것을 가리킨다.

※ そ는 듣는 사람으로부터 가까운 것을 가리킨다.

※ あ는 두 사람으로부터 먼 것을 가리킨다.

※ ど는 의문문을 나타낸다.

※ 그러므로 これ로 물으면, 항상 それ로 대답하고, それ로 물으면 これ로 대답한다. 묻는 사람 입장에서는 '이것'이지만 대답하는 사람 입장에서는 '그것'이기 때문이다. 그러나, あれ로 물으면 두 사람으로부터 먼 곳에 있기 때문에 あれ로 대답한다.

1) 사물

이것	그것	저것	어느것
これ	それ	あれ	どれ

それは新聞(しんぶん)です。 그것은 신문입니다.

あれはカメラです。 저것은 카메라입니다.

これは時計(とけい)ではありません。 이것은 시계가 아닙니다.

2) 장소

여기	거기	저기	어디
ここ	そこ	あそこ	どこ

ここは銀行(ぎんこう)です。 여기는 은행입니다.

新宿(しんじゅく)はどこですか。 신주쿠는 어디입니까?

そこは食堂(しょくどう)です。 거기는 식당입니다.

3) 방향

이쪽	그쪽	저쪽	어느 쪽
こちら	そちら	あちら	どちら

天安駅(えき)はこちらです。천안역은 이쪽입니다.

お手洗(てあら)いはあちらです。화장실은 저쪽입니다.

会社(かいしゃ)はどちらですか。회사는 어느 쪽입니까?

4) 연체사

이	그	저	어느
この	その	あの	どの

この人(ひと)は金(キム)さんです。이 사람은 김 씨입니다.

その人(ひと)は女(おんな)の人(ひと)です。그 사람은 여자입니다.

あの人(ひと)は大学生(だいがくせい)です。저 사람은 대학생입니다.

⊙ 지시대명사 연습

1) 이것은 책입니다. (本(ほん))

....

2) 그것은 잡지가 아닙니다. (雑誌(ざっし))

....

3) 여기는 은행입니다. (銀行(ぎんこう))

....

4) 이 사람은 선생님입니다. (人(ひと)、先生(せんせい))

....

5) 회사는 어디입니까? (会社(かいしゃ))

....

1) 명사와 명사 사이에 **の**(~의)를 넣는다.

私(わたし)のかばん(나의 가방, 내 가방)

2) 명사와 명사를 연결할 때 쓰이며 해석은 안 한다.

これは 先生(せんせい)の本(ほん)です。 이것은 선생님 책입니다.

3) 소유격으로 '~의 것'으로 해석한다.

これは私(わたし)のです。 그것은 내 것(나의 것)입니다.

일본어의 の에는 매우 다양한 쓰임새가 있기 때문에 の를 '의'로 해석하면 자연스럽지 못한 경우가 많다.

私(わたし)の本(ほん)	내가 소유하고 있는 책, 내가 쓴 책 등
私(わたし)の大学(だいがく)	내가 다니는 대학, 내가 세운 대학 등
彼(かれ)の彼女(かのじょ)	그가 사귀고 있는 그녀(여자친구)
韓国(かんこく)の留学生(りゅうがくせい)	한국에서 온 유학생, 한국에서 공부하고 있는 유학생 등
東京(とうきょう)の大学(だいがく)	동경에 있는 대학
春(はる)の花(はな)	봄에 피는 꽃
秋(あき)の風(かぜ)	가을에 부는 바람
日本人(にほんじん)の山田(やまだ)さん	일본인인 야마다 씨
英語(えいご)の先生(せんせい)	영어를 담당하시는 선생님
フランス語(ご)の本(ほん)	불어로 쓰여진 책, 불어에 관한 책 등

위에서처럼 일본어 の는 다양한 의미를 가진다. 해석할 때는 명사와 명사 사이의 の가 어떤 관계를 나타내는지를 잘 살피고 해석하는 것이 바람직하다.

アメみたい 사탕 같다

馬鹿(ばか)みたい 바보 같다

天使(てんし)みたい 천사 같다

日本人(にほんじん)みたい 일본인 같다

韓国人(かんこくじん)みたい 한국인 같다

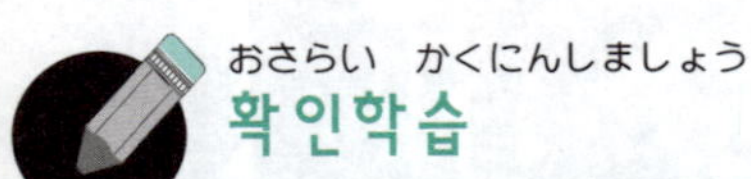

おさらい　かくにんしましょう
확인학습

첫인사(처음 뵙겠습니다) →

이름(저는 ~입니다) →

직업(~입니다) →

부탁의 인사(잘 부탁드립니다) →

① 당신은 일본인입니까? (日本人(にほんじん))

② 백화점은 어디입니까? (デパート)

③ 어디세요? (どこ)

④ 이것은 무엇입니까? (何(なん))

⑤ 그것은 제 우산입니다. (傘(かさ))

42page ◉ 조사연습

1. 私(わたし)は日本人(にほんじん)です。

2. 金さんは学生(がくせい)ですか。

3. あなたも会社員(かいしゃいん)ですか。

4. 私(わたし)の本(ほん)

5. 彼女(かのじょ)も韓国人(かんこくじん)ですか。

44page ◉ 지시대명사 연습

1. これは本(ほん)です。

2. それは雑誌(ざっし)ではありません。

3. ここは銀行(ぎんこう)です。

4. この人(ひと)は先生(せんせい)です。

5. 会社(かいしゃ)はどこですか。

46page 확인학습

はじめまして。

私(わたし)は＿＿＿＿＿です。

＿＿＿＿＿です。

どうぞよろしくおねがいします。

1. あなたは日本人(にほんじん)ですか。

2. デパートはどこですか。

3. どこですか。

4. これは何(なん)ですか。

5. それは私(わたし)の傘(かさ)です。

オーケー！もうちょっと後ろにバックバック。
ちょっと狭すぎるんじゃない？
そこは狭いから、こっちに広いところがあるよ。
あ、前も空いてるよ。もうちょっと右側にオーライ！

第 3 課
がんばれ！

"뒤쪽으로 빠꾸해 주세요."

주차할 때 뒤에서 봐주는 사람이 '빠꾸' 라는 말을 많이 쓴다. 여기서는 '뒤로' 나 '후진' 이라는 뜻이고, 또한 업무상이나 학교 레포트 등에 '빠꾸 당했다' 는 말을 쓰는데, 여기서는 '퇴짜' 라는 의미이다. 이렇게 빈번히 쓰이는 '빠꾸' 는 사실 영어의 Back에서 나온 말이며, 일본어로는 **バック**로 쓴다. **우리는 일본어의 '박꾸' 를 '빠꾸' 로 쓰고 있는 것이다.**

後ろにバックバック。

우성　オーケ！もうちょっと後ろにバックバック。

다케시(威)　ちょっと狭すぎるんじゃない？

리에　そこは狭いから、こっちに広いところがあるよ。

우성　あ、前も空いてるよ。もうちょっと右側にオーライ！

표현연구　ひょうげん

우성　OK! 조금 더 뒤쪽으로 후진해.

다케시　너무 좁은 거 아닐까?

리에　거기는 좁으니까, 이쪽 넓은 데 주차해.

우성　어? 앞에도 비어 있네. 조금 더 오른쪽으로 오라이!

オーケ 오케이(= OK)　**もう** 더　**ちょっと** 조금　**もうちょっと** 조금 더　**後(うし)ろ** 뒤　**バック** 뒤, 후진　**狭(せま)い** 좁다　**狭(せま)すぎる** 지나치게 좁다, 너무 좁다　**じゃない** ～이지 않아　**広(ひろ)い** 넓다　**こっち** 이쪽(= こちら)　**ところ** 곳, 장소　**前(まえ)** 앞, 전　**空(あ)く** 비다　**空(あ)いてる** 비어 있다(= 空(あ)いている)　**右側(みぎがわ)** 오른쪽, 오른편　**オーライ** 좋다(= all right)

문법 | KEY POINT

| 1 | 존재동사 あります・います。(있습니다)

존재의 유무를 나타낼 때, 책상, 나무 등의 무생물과 식물에는 あります(있습니다)、ありません(없습니다)을 사용하고, 김상, 고양이 등 동물 생물일 때는 います(있습니다)、いません(없습니다)을 사용한다.

존재	있습니다	없습니다	있었습니다	없었습니다
무생물·식물	あります	ありません	ありました	ありませんでした
동물·생물	います	いません	いました	いませんでした

⊙ あります・います(써넣기)

단 어	써넣기
机(つくえ)책상	
金さん(キム)김상	
先生(せんせい)선생님	
学生(がくせい)학생	
金魚(きんぎょ)금붕어	
花(はな)꽃	
会社員(かいしゃいん)회사원	
銀行員(ぎんこういん)은행원	
椅子(いす)의자	

⊙ です、います、あります(か) 연습

1) 池(いけ)に金魚(きんぎょ)が

2) 木(き)の上(うえ)に鳥(とり)が

3) その本(ほん)は私(わたし)の

4) 部屋(へや)にかばんが

5) あれは辞書(じしょ)

* (사물)は　(장소)に　あります(ありません)：～는 …에 있습니다/없습니다

　(생물)は　(장소)に　います(いません)：～는 …에 있습니다/없습니다

⊙ あります・います　작문연습

① 김상은 교실에 있습니다. (教室(きょうしつ))

② 선생님은 교실에 없습니다. (先生(せんせい))

③ 안경이 있습니다. (めがね)

④ 학교에 회사원도 있습니다. (学校(がっこう))

⑤ 방에 아무도 없습니다. (部屋(へや)、誰(だれ))

〈예외〉 사람이나 동물이라도 あります를 쓰는 경우가 있다.

1) 과거의 존재를 힘주어 말할 때

昔(むかし)、昔(むかし)あるところに白雪姫(しらゆきひめ)がありました。
옛날옛날 어느 곳에 백설공주가 있었습니다.

2) 소유의 유무를 나타낼 때

息子(むすこ)がありますか。 아들이 있습니까?

私(わたし)には娘(むすめ)が一人(ひとり)あります。 나에게는 딸이 한 명 있습니다.

| 2 |　위치대명사

上(うえ)	위	前(まえ)	앞	左(ひだり)	왼쪽	そば	옆 / 곁
下(した)	아래	後(うし)ろ	뒤	横(よこ)	옆	間(あいだ)	사이
中(なか)	안/속	右(みぎ)	오른쪽	隣(となり)	옆(바로 옆)		

～の上(うえ)に	～위에	～の後(うし)ろに	～뒤에(장소)
～の下(した)に	～아래에	～の右(みぎ)に	～오른쪽에
～の中(なか)に	～안에	～の左(ひだり)に	～왼쪽에
～のそばに	～옆에, 곁에	～の近(ちか)くに	～근처에
～の前(まえ)に	～앞에		

テーブルの上(うえ)に電話(でんわ)があります。 테이블 위에 전화가 있습니다.

部屋(へや)の中(なか)に金さんがいます。 방안에 김상이 있습니다.

テレビの下(した)に猫(ねこ)がいます。 텔레비전 밑에 고양이가 있습니다.

◉ 위치대명사 연습

알맞은 단어를 써넣으세요.

1) 新聞(しんぶん)はどこにありますか。(テーブルの上(うえ))

2) ねこはどこにいますか。(テーブルの下(した))

3) 庭(にわ)にだれがいますか。(だれも)

4) 会議室(かいぎしつ)にはなにがありますか。(机(つくえ))

◉ 그림을 보고 문장을 만드세요.

机(つくえ) 책상　椅子(いす) 의자　かばん 가방
ベッド 침대　ソファー 쇼파　テーブル 테이
ブル　箱(はこ) 상자　眼鏡(めがね) 안경　クッション
쿠션　ふとん 이불　まくら 베게　傘(かさ) 우산
雑誌(ざっし) 잡지　新聞(しんぶん) 신문　パソコン
개인용 컴퓨터　本棚(ほんだな) 책장　コンポ 스테레
오　カーテン 커텐　花(はな) 꽃　カーペット 카
페트　引(ひ)き出(だ)し 서랍　なし 배　りんご
사과　犬(いぬ) 개　猫(ねこ) 고양이

例文(れいぶん)：机(つくえ)の上(うえ)にかばんがあ
ります。 책상 위에 가방이 있습니다.

__________ の(上(うえ)、 下(した)、 中(なか)、
横(よこ)、 隣(となり)、 前(まえ)、 後ろ(うし))
に__________(ありますいます)。

3	狭(せま)**すぎる(너무 좁다, 지나치게 좁다)**

※ すぎる가 붙으면 '지나치게 ~하다' 라는 뜻이다.

暑(あつ)すぎる 너무 덥다　寒(さむ)すぎる 너무 춥다　　　広(ひろ)すぎる 너무 넓다
なさすぎる 너무 없다　　よすぎる 너무 좋다　　　飲(の)ませすぎる 너무 마시게 한다
出(で)すぎる 너무 나선다　勝手(かって)すぎる 너무 제멋대로다　幸(しあわ)せすぎる 너무 행복하다

4	**(ん)じゃない?~(하)지 않아?**

※ 회화체에서 즐겨 쓰는 표현

馬鹿(ばか)じゃない? 바보 아니야?　　　忙(いそが)しいんじゃない? 바쁜 거 아니야?
静(しず)かじゃない? 조용하지 않나?　　韓国人(かんこくじん)みたいんじゃない? 한국인 같지 않아?

5	**もう ちょっと(조금 더)처럼 의미와 반대로 써야 하는 일본어**

우리는 무조건 일본어는 한국어와 어순이 같다고 생각하는데, 물론 어순은 같으나,
예외적인 표현이 많아서 애를 먹는 단어들이 꽤 있다. 여기서 잘 익혀두어 실수가 없
도록 하자.
もう의 뜻은 '더' 이고, ちょっと의 뜻은 '조금' 인데, 이를 합쳐서 쓸 때에는 もう ちょ
っと(조금 더)로 우리말과 다른 어순이 된다. 무심코 넘어 갈 수도 있는 표현이지
만, 작문을 할 때 실수하기 쉬운 표현이 된다.

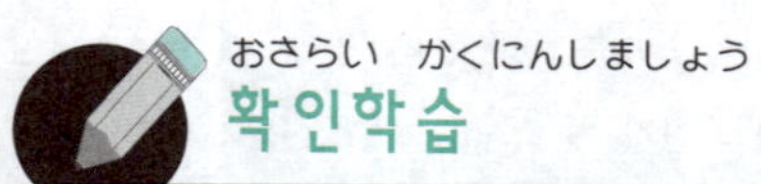

① 타나까 씨는 어디에 있습니까? (田中(たなか))

② 학교에 학생이 없습니다. (学校(がっこう))

③ 교실에 아무도 없습니다. (教室(きょうしつ))

④ 우산은 침대 밑에 있습니다. (傘(かさ)、ベッド)

⑤ 테이블 위에 잡지가 있습니다. (テーブル、雑誌(ざっし))

정　답

51page ◉ あります・います 써넣기

机：あります　　　　　　　　　金さん：います

先生：います　　　　　　　　　学生：います

金魚：います　　　　　　　　　花：あります

会社員：います　　　　　　　　銀行員：います

椅子：あります

51page ◉ です、います、あります（か）연습

1. 池（いけ）に金魚（きんぎょ）がいます。

2. 木（き）の上（うえ）に鳥（とり）にがいます。

3. その本（ほん）は私（わたし）のです。

4. 部屋（へや）にかばんがあります。

5. あれは辞書（じしょ）です。

52page ◉ あります・います 작문연습

1. 金さんは教室（きょうしつ）にいます。

2. 先生（せんせい）は教室（きょうしつ）いません。

3. めがねがあります。

4. 学校（がっこう）に会社員（かいしゃいん）もいます。

5. 部屋（へや）に誰（だれ）もいません。

53page ◉ 위치대명사 연습

1. テーブルの上（うえ）にあります。

2. テーブルの下（した）にいます。

3. 誰（だれ）もいません。

4. 机（つくえ）があります。

53page ◉ 그림을 보고 문장을 만드세요.

ベッドの横(よこ)に鞄(かばん)があります。

椅子(いす)の上(うえ)にコンポがあります。

引(ひ)き出(だ)しの上(うえ)に眼鏡(めがね)があります。

カーペットの上(うえ)にねこがいます。

机(つくえ)の上(うえ)にパソコンがあります。

ソファーの上(うえ)にクッションがあります。

机(つくえ)のとなりに本棚(ほんだな)があります。

部屋(へや)のなかに傘(かさ)とりんごとなしがあります。

54page ✏ **확인학습**

1. 田中(たなか)さんはどこにいますか。

2. 学校(がっこう)に学生(がくせい)がいません。

3. 教室(きょうしつ)に誰(だれ)もいません。

4. 傘(かさ)はベッドの下(した)にあります。

5. テーブルの上(うえ)に雑誌(ざっし)があります。

このクリーム いくらですか。
一つ3万ウォンです。二つだったら、5万ウォンでいいです。
じゃ、二つ買ったら、7万ウォンにしてくれます？

第 4 課
がんばれ！

"이 구리므 얼마예요 ?"

여성들에게 가장 큰 관심은 예전이나 지금이나 변함 없이 화장품일 것이다. 개항 이후에는 주로 일본, 중국, 청나라에서 화장품이 유입되었는데, 1920년대 후반에는 프랑스에서도 많은 화장품이 수입되었고, 여성들에게 큰 인기를 끌었다. 이때 손수레 행상들은 골목을 다닐 때, 크림을 손수레에 싣고 북을 둥둥 쳤기에 '동동 구리므(구리므(クリーム)는 Cream의 일본식 발음)' 라는 말이 생겼다.

このクリーム いくらですか。

リエ　　このクリーム いくらですか。

たけし　一つ 3万ウォンです。二つだったら、5万ウォンでいいです。
威

リエ　　じゃ、三つ買ったら、7万ウォンにしてくれます？

표현연구　　　　　　　　　　　　　　　　　　　　　　ひょうげん

리에　　이 크림 얼마예요?
다케시　한 개에 3만원이에요. 2개 사면 5만원에 드릴게요.
리에　　그럼, 3개 사면 7만원에 해주실 거죠?

クリーム 크림　**いくら** 얼마　**二(ふた)つだったら** 2개면　**いい** 좋다　**じゃ** 그러면(= では)　**買(か)う** 사다　**買(か)ったら** 사면　**~にする** ~로 하다(~にして로 '해서, 하고'의 뜻이고, ~にしてくれます로 '해줄 수 있어요'의 뜻이 된다.)

가장 많이 쓰는 크림 종류

ホワイトクリーム 화이트크림　**日焼(ひや)け止(と)めクリーム** 썬크림　**水分(すいぶん)クリーム** 수분크림　**ナイトクリーム** 나이트크림　**マッサージクリーム** 마사지크림

|1| 숫자세기

	1	10	100	1000	10000
0	れい・ゼロ				
1	いち	じゅう	ひゃく	せん	いちまん
2	に	にじゅう	にひゃく	にせん	にまん
3	さん	さんじゅう	さんびゃく	さんぜん	さんまん
4	し・よん・よ	よんじゅう	よんひゃく	よんせん	よんまん
5	ご	ごじゅう	ごひゃく	ごせん	ごまん
6	ろく	ろくじゅう	ろっぴゃく	ろくせん	ろくまん
7	しち・なな	ななじゅう	ななひゃく	ななせん	ななまん
8	はち	はちじゅう	はっぴゃく	はっせん	はちまん
9	きゅう・く	きゅうじゅう	きゅうひゃく	きゅうせん	きゅうまん

※ 주의사항

· 단위 앞에 '몇'은 何(なん)을 붙여 쓴다.

· 0은 **ゼロ**, **れい**로 읽으나, 전화번호나 숫자를 셀 때에는 **ゼロ**를, 0시라든가 0점을 나타낼 때에는 **れい**를 쓴다.

· 4를 읽을 때　　 し − 1, 2, 3, 4 쭉 읽는 경우

　　　　　　　　 よん − 10단위 이상, 개별적으로 하나하나씩 읽을 때

　　　　　　　　 よ − 4시, 4학년 등에 쓰인다.

· 7을 읽을 때　　 しち − 쭉 읽을 때, 7월, 7시

　　　　　　　　 なな − 10단위 이상, 개별적으로 읽을 때

그러나 10단위 이상에서도 しち로 읽기도 한다.

· 9를 읽을 때에는 거의 다 きゅう로 읽고, く는 9월, 9시일 때 읽는다.

· 11은 10 + 1로 읽으면 된다. 11＝じゅういち, 12＝じゅうに…

· 10万−じゅうまん　100万−ひゃくまん　1000万−せんまん　1億 −いちおく

電話番号(でんわばんごう)は何番(なんばん)ですか。 전화번호는 몇 번이죠?
EX〉02-923-6540　ぜろにのきゅうにさんのろくごよんゼロ
'-' 표시는 の로 읽는다.

1) 02-567-3994

2) 031-384-6797

3) 041-550-5894

4) 011-237-4989

| **2** | **화폐단위** |

(엔) 円ーえん　　(달러) $ードル　　(원) ₩ーウォン

| **3** | **얼마예요? いくらですか。** |

EX〉うどん(우동)-300円 → うどんはさんびゃくえんです。

1) そば(메밀국수)-750円 →

2) ラーメン(라면)-500円 →

3) おこのみやき(빈대떡)-1000円 →

4) すきやき(전골)-3000円 →

5) やきとり(닭꼬치구이)-600円 →

몇 개(いくつ)

一つ	二つ	三つ	四つ	五つ
ひとつ	ふたつ	みっつ	よっつ	いつつ
六つ	七つ	八つ	九つ	十
むっつ	ななつ	やっつ	ここのつ	とお

1) 사과는 한 개 얼마입니까?

2) 귤은 두개 300円입니다. (みかん)

3) 다 합쳐서 얼마예요? (全部(ぜんぶ)で)

4) 배는 세 개 800円입니다. (なし)

	사람(명)	얇은 물건(종이·접시 등)	긴 물건(연필,병 등)	나이(살)
1	一人(ひとり)	一枚(いちまい)	一本(いっぽん)	一歳(いっさい)
2	二人(ふたり)	二枚(にまい)	二本(にほん)	二歳(にさい)
3	三人(さんにん)	三枚(さんまい)	三本(さんぼん)	三歳(さんさい)
4	四人(よにん)	四枚(よんまい)	四本(よんほん)	四歳(よんさい)
5	五人(ごにん)	五枚(ごまい)	五本(ごほん)	五歳(ごさい)
6	六人(ろくにん)	六枚(ろくまい)	六本(ろっぽん)	六歳(ろくさい)
7	七人(しちにん)	七枚(ななまい)	七本(ななほん)	七歳(ななさい)
8	八人(はちにん)	八枚(はちまい)	八本(はっぽん)	八歳(はっさい)
9	九人(きゅうにん)	九枚(きゅうまい)	九本(きゅうほん)	九歳(きゅうさい)
10	十人(じゅうにん)	十枚(じゅうまい)	十本(じゅっぽん)	十歳(じゅっさい)
11	十一人(じゅういちにん)	十一枚(じゅういちまい)	十一本(じゅういっぽん)	十一歳(じゅういっさい)
…				
何	何人(なんにん)	何枚(なんまい)	何本(なんぼん)	何歳(なんさい)

① 크림은 35000원입니다. (クリーム)

② 016-596-2102

③ 배는 얼마입니까? (なし)

④ 사과는 한 개 300엔입니다. (りんご)

⑤ 이 주스는 얼마입니까? (ジュース)

❀ Exercise | 종합문제
れんしゅうしましょう

❀ 다음 단어를 ひらがな로 써보세요.

1. 会社員 ________________________ **2.** 中国人 ________________________

3. 辞書 ________________________ **4.** 会議室 ________________________

❀ 다음 단어를 한자로 써보세요.

1. かんこくじん ________________________ **2.** ぎんこういん ________________________

3. しんぶん ________________________ **4.** こうえん ________________________

❀ 알맞은 문장으로 연결하세요.

1. どうぞよろしくおねがいします。 •　　　　a　いいえ、どういたしまして。

2. 山田さんはどこにいますか。 •　　　　b　こちらこそ、よろしくおねがいします。

3. いただきます。 •　　　　c　これは傘 (かさ) です。

4. それは何 (なん) ですか。 •　　　　d　ごちそうさまでした。

5. ありがとうございます。 •　　　　e　1200円です。

6. これはいくらですか。 •　　　　f　公園 (こうえん) にいます。

❀ 다음을 작문하세요.

1. 나는 중국인입니다. ________________________

2. 이것은 무엇입니까? ________________________

3. 여기는 어디입니까? ________________________

4. 저는 회사원이 아닙니다. ________________________

5. 저것은 책상입니다. ______________________________

6. 이것은 누구의 것입니까? ______________________________

7. 그것은 제 것이 아닙니다. ______________________________

8. 백화점은 어디입니까? ______________________________

9. 꽃은 어디에 있습니까? ______________________________

10. 고양이는 어디에 있습니까? ______________________________

11. 이것은 얼마입니까? ______________________________

12. 그것은 제 책입니다. ______________________________

60page ◉ 숫자 연습

1. ゼロにのごろくななのさんきゅうきゅうよん。
2. ぜろさんいちのさんはちよんのろくななきゅうなな。
3. ゼロよんいちのごごゼロのごはちきゅうよん。
4. ゼロいちいちのにさんななのよんきゅうはちきゅう。

60page ◉ 얼마예요?

1. ななひゃくごじゅうえんです。
2. ごひゃくえんです。
3. せんえんです。
4. さんぜんえんです。
5. ろっぴゃくえんです。

61page ◉ 몇 개

1. りんごはひとついくらですか。
2. みかんはふたつさんびゃくえんです。
3. 全部(ぜんぶ)でいくらですか。
4. なしはみっつはっぴゃくえんです。

62page ✏ 확인학습

1. クリームはさんまんごせんウォンです。
2. ゼロいちろくのごきゅうろくのにいちゼロに。
3. なしはいくらですか。
4. りんごはひとつさんびゃくえんです。
5. このジュースはいくらですか。

일본어 문법 초짜떼기

❀ 다음 단어를 ひらがな로 써보세요.

1. かいしゃいん

2. ちゅうごくじん

3. じしょ

4. かいぎしつ

❀ 다음 단어를 한자로 써보세요.

1. 韓国人

2. 銀行員

3. 新聞

4. 公園

❀ 알맞은 문장으로 연결하세요.

1. b   **2.** f   **3.** d   **4.** c   **5.** a   **6.** e

❀ 다음을 작문하세요.

1. 私（わたし）中国人（ちゅうごくじん）です。

2. これは何（なん）ですか。

3. ここはどこですか。

4. 私（わたし）は会社員（かいしゃいん）ではありません。

5. あれは机（つくえ）です。

6. これは誰（だれ）のですか。

7. それは私（わたし）のではありません。

8. デパートはどこですか。

9. 花（はな）はどこにありますか。

10. 猫（ねこ）はどこにいますか。

11. これはいくらですか。

12. それは私（わたし）の本（ほん）です。

今日、キムチをつけるから、倉庫に行ってたらい持ってきて。
大きいの？小さいの？
一つとも。

第 **5** 課
がんばれ！

"**다라이** 좀 가져다줘요."

'대야' 또는 '다라이', 일본어로는 **たらい**(함지박, 큰 대야)라고 하는데, **실은 '대야' 는 순수 한국어다.** 대야의 고어형은 '닫' 인데 [닫 〉 달 〉 다라 〉 다아 〉 대아 〉 대야]로 변천 된 것이다. 앞으로 '대야' 라는 말을 자주 쓰자.

たらい持ってきて。

リエ　今日、キムチをつけるから、

　　　倉庫に行ってたらい持ってきて。

うそ　大きいの? 小さいの?

リエ　二つとも。

표현연구

리에　오늘 김장할 거니까, 창고 가서 다라이 좀 가져다 줘.
우성　큰 거? 작은 거?
리에　둘 다 가져와.

今日(きょう) 오늘　キムチをつける 김치를 담그다　〜から 〜이니까/이므로　倉庫(そうこ) 창고　行く(い) 가다　行(い)って 가고, 가서, 가며　たらい 대야　持(も)ってくる 가지고 오다　持(も)ってきて 가지고 와　大(おお)きい 크다　小(ちい)さい 작다
二(ふた)つとも 둘 다

문법 | KEY POINT

|1| 형용사의 기본적 특징

1. い형용사의 원형은 반말이므로 정중체를 만들기 위해서는 어미 뒤에 です를 붙인다.

い ＋ です (か)　　 あつい ＋ です (か) ＝ あついです (か)

덥다　입니다(까)　　　　덥습니다(까)

2. い형용사의 부정형

い를 く로 바꾸고 ない를 붙이면 부정형이 되고, 정중체는 그대로 です를 붙인다. 이때 くないです와 같은 것으로 くありません이 있다.

あつい　덥다 → あつく　ない 덥지 않다

あつく　ないです/ありません 덥지 않습니다.

3. い형용사가 명사를 수식할 때는 원형 그대로 붙이면 된다.

おもしろい ＋ 本(ほん) ＝ おもしろい本(ほん)

재미있다　　　책 → 재미있는 책

おもしろくない ＋ 本(ほん) ＝ おもしろくない本(ほん)

재미있지 않다　　　책 → 재미있지 않은 책

- この本(ほん)は 安(やす)いです。 이 책은 쌉니다.

　→この本(ほん)は 安(やす)く ないです/ありません。 이 책은 싸지 않습니다.

- ケーキは おいしいです。 케이크는 맛있습니다.

　→ケーキは おいしく ないです/ありません。 케이크는 맛있지 않습니다.

- これは 高(たか)いペンです。 이것은 비싼 펜입니다.

- もう少(すこ)し安(やす)いのは ありませんか。 조금 더 싼 것은 없습니까?

원형 어미가 い로 끝나기 때문에 い형용사라고도 한다.

형용사의 활용	의 미	형용사의 활용	의 미
い	~이다	い＋です	~입니다
어간＋くない	~지 않다	어간＋くないです くありません	~지 않습니다
어간＋かった	~였다	어간＋かったです	~였습니다
어간＋くなかった	~지 않았다	어간＋くなかったです くありませんでした	~지 않았습니다

おいしい	맛있다
おいしいです	맛있습니다
おいしくない	맛있지 않다
おいしくないです、おいしくありません	맛있지 않습니다
おいしかった	맛있었다
おいしかったです	맛있었습니다
おいしくなかった	맛있지 않았다
おいしくなかったです、おいしくありませんでした	맛있지 않았습니다

부정부터 활용형태가 변하는 것에 주의한다.

いい	좋다
いいです	좋습니다
よくない	좋지 않다
よくないです＝よくありません	좋지 않습니다
よかった	좋았다
よかったです	좋았습니다
よくなかったです＝よくありませんでした	좋지 않았습니다

天気(てんき)는 '날씨'고, いい는 '좋다' 라는 뜻이다. 그럼 "날씨가 좋네요"는 뭘까? 天気(てんき)がいいですね라고 하기 쉬우나 거꾸로 쓰는 것에 유의한다. いい天気(てんき)ですね로 말해야 맞다.

체언수식 – 형용사 뒤에 체언이 올 경우 그대로 수식한다.

おもしろい日本語(にほんご) 재미있는 일본어 あつい夏(なつ) 더운 여름
やさしい人(ひと) 착한 사람

ex〉春(はる)は暖(あたた)かいです。 봄은 따뜻합니다.

　　暖(あたた)かい春(はる)です。 따뜻한 봄입니다.

1) 夏(なつ)(여름), 暑(あつ)い(덥다)　　　　→

　　　　　　　　　　　　　　　　　　　→

2) 秋(あき)(가을), 涼(すず)しい(서늘하다)　→

　　　　　　　　　　　　　　　　　　　→

3) 冬(ふゆ)(겨울), 寒(さむ)い(춥다)　　　　→

　　　　　　　　　　　　　　　　　　　→

4) 猫(ねこ)(고양이), かわいい(귀엽다)　　→

　　　　　　　　　　　　　　　　　　　→

5) ピザ(피자), おいしい(맛있다)　　　　　→

　　　　　　　　　　　　　　　　　　　→

기본형	부정형	과거형	과거부정형
暑(あっ)い덥다 暑(あっ)いです 덥습니다	暑(あっ)くないです 暑(あっ)くありません 덥지 않습니다	暑(あっ)かったです 더웠습니다	暑(あっ)くなかったです 暑(あっ)くありませんでした 덥지 않았습니다
おいしい(맛있다)			
寒(さむ)い(춥다)			
かわいい(귀엽다)			
涼(すず)しい(서늘하다)			
大(おお)きい(크다)			
小(ちい)さい(작다)			
長(なが)い(길다)			
短(みじか)い(짧다)			
広(ひろ)い(넓다)			
いい(좋다)			

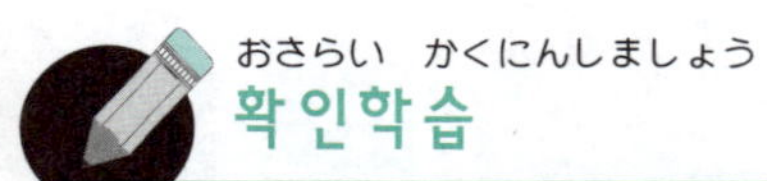

おさらい　かくにんしましょう
확인학습

① 귀여운 고양이입니다. (かわいい、猫(ねこ))

② 겨울은 춥습니다. (冬(ふゆ)、寒(さむ)い)

③ 여름은 가을보다 덥습니다. (夏(なつ)、秋(あき)、暑(あつ)い)

④ 이 케이크는 맛있지 않습니다. (ケーキ、おいしい)

⑤ 서늘한 가을(涼(すず)しい)

71page ⊙ 체언 수식

1. 夏(なつ)は暑(あつ)いです。暑(あつ)い夏(なつ)です。

2. 秋(あき)は涼(すず)しいです。涼(すず)しい秋(あき)です。

3. 冬(ふゆ)は寒(さむ)いです。寒(さむ)い冬(ふゆ)です。

4. 猫(ねこ)はかわいいです。かわいい猫(ねこ)です。

5. ピザはおいしいです。おいしいピザです。

72page ⊙ 형용사 활용 연습

おいしい → おいしくないです。	おいしかったです。	おいしくなかったです。
おいしくありません。		おいしくありませんでした。
寒(さむ)い → 寒くないです。	寒かったです。	寒くなかったです。
寒くありません。		寒くありませんでした。
かわいい → かわいくないです。	かわいかったです。	かわいくなかったです。
かわいくありません。		かわいくありませんでした。
涼(すず)しい → 涼しくないです。	涼しかったです。	涼しくなかったです。
涼しくありません。		涼しくありませんでした。
大(おお)きい → 大きくないです。	大きかったです。	大きくなかったです。
大きくありません。		大きくありませんでした。
小(ちい)さい → 小さくないです。	小さかったです。	小さくなかったです。
小さくありません。		小さくありませんでした。
長(なが)い → 長くないです。	長かったです。	長くなかったです。
長くありません。		長くありませんでした。
短(みじか)い → 短くないです。	短かったです。	短くなかったです。
短くありません。		短くありませんでした。
広(ひろ)い → 広くないです。	広かったです。	広くなかったです。
広くありません。		広くありませんでした。
いい → よくないです。	よかったです。	よくなかったです。
よくありません。		よくありませんでした。

1. かわいい猫（ねこ）です。

2. 冬（ふゆ）は寒（さむ）いです。

3. 夏（なつ）は秋（あき）より暑（あつ）いです。

4. このケーキはおいしくないです。（おいしくありません）

5. 涼（すず）しい秋（あき）。

第 **6** 課
がんばれ！

一時に約束したのに、今何時だと思ってるのよ。

すみません。ガソリンあると思ってきたんだけど、ガソリンなくなっちゃって、途中で止まってしまいました。

だからといって、連絡もなしにこんなに遅れるなんてひどいんじゃない？

"엥꼬 났어요."

연료통에 연료가 바닥났을 때 흔히 '엥꼬 났다'고 한다. 하지만, 일본어로 えんこ(엥꼬)는 전차, 자동차 등이 고장이 나서 움직이지 못하는 상태를 나타낸다. 움직이지 못한다는 데서 뜻을 같이 하긴 하지만, '기름이 바닥나다'는 의미는 없다.

일본어 えんこ의 원래 어원은 어린아이가 바닥에 털썩 주저앉거나 축 퍼져 있는 모습을 나타내는 것이며, エンジン故障(こしょう), 즉 '엔진고장'의 준말이라는 말도 있다. 그러나, 실생활에서는 えんこ라는 단어를 그대로 쓰는 경우는 별로 없고 상황에 맞게 고쳐서 쓰고 있다.

ガソリンなくなったんです。

リエ　　一時に約束したのに、今何時だと思ってるのよ。

威（たけし）　　すみません。ガソリンあると思ってきたんだけど、ガソリン

なくなっちゃって、途中で止まってしまいました。

リエ　　だからといって、連絡もなしにこんなに遅れるなんてひどい

んじゃない？

표현연구　　　　　　　　　　　　　　　　　　　　　　　ひょうけん

리에　　약속시간이 1시인데, 지금 몇 시라고 생각하는 거예요?

다케시　　미안해요. 기름이 있다고 생각하고 왔는데, 기름이 바닥나서 도중에 서버렸어요.

리에　　그렇다고, 연락도 없이 이렇게 늦은 건 심한 거 아녜요?

約束(やくそく) 약속　**したのに** 했는데　**今(いま)** 지금　**何時(なんじ)** 몇 시　**思(おも)ってる** 생각하고 있다　**ガソリン** 기름, 휘발유　**ある** 있다　**と** (인용) ～라고　**思(おも)ってきた** 생각하고 왔다　**だけど** ～인데　**なくなる** 없어지다, 다 떨어지다　**なくなっちゃって** 없어져버려서, 다 떨어져서(＝なくなってしまって)　**途中(とちゅう)** 도중　**止(と)まる** 서다, 멈추다　**止(と)まってしまいました** 멈춰버렸습니다(＝止(と)まっちゃいました)　**だからといって** 그렇다고 해서　**連絡(れんらく)** 연락　**なしに** 없이　**こんなに** 이렇게　**遅(おく)れるなんて** 늦다니　**ひどいんじゃない** 너무 심한 거 아니야

ちゃう 용법：1) てしまう(→ちゃう)(현재형)-해버리다, 2) てしまって(→ちゃって)(중지형)-해버려서, 3) てしまった(→ちゃった)(과거형)-해버렸다

なんか/なんて 용법：'～같은 것'으로 해석하면 가장 무난하다.

ex〉勉強(べんきょう)なんか/なんて、嫌(きら)いです。공부 같은 건 싫어요.

なんて만의 용법：1) '～라고/～라는' できないなんて、言(い)えない。못한다고는 말할 수 없다.

　　　　　2) '～라니(의외의 사실)' 彼(かれ)が結婚(けっこん)したなんて、知(し)らなかった。그가 결혼했다니 몰랐다.

| 1 | 시간(何時(なんじ) – 몇 시)

1時	2時	3時	4時	5時	6時
いちじ	にじ	さんじ	よじ	ごじ	ろくじ
7時	8時	9時	10時	11時	12時
しちじ	はちじ	くじ	じゅうじ	じゅういちじ	じゅうにじ

'몇 시'는 何時(なんじ)인데, 何(なん) 대신에 숫자를 넣으면 된다. 주의할 사항은 '4시'는 四時(よじ)임에 주의하자. 또, '7시'는 七時(しちじ)이지 七時(ななじ)는 절대 안 된다. '9시'도 예외적으로 九時(くじ)를 사용함에 주의한다.

| 2 | 분(何分(なんぷん) – 몇 분)

1分	2分	3分	4分	5分	6分
いっぷん	にふん	さんぷん	よんぷん	ごふん	ろっぷん
7分	8分	9分	10分	11分	12分
ななふん	はっぷん	きゅうふん	じゅっぷん	じゅういっぷん	じゅうにふん
13分	14分	15分	16分	17分	18分
じゅうさんぷん	じゅうよんぷん	じゅうごふん	じゅうろっぷん	じゅうななふん	じゅうはっぷん
19分	20分	30分	40分	50分	60分
じゅうきゅうふん	にじゅっぷん	さんじゅっぷん	よんじゅっぷん	ごじゅっぷん	ろくじゅっぷん

분을 읽는 방법은 分(ふん)、分(ぷん)이다. 1분 ~ 10분까지 외우면, 나머지는 다 같다. '몇 분'은 何分(なんぷん)으로 읽는다. 또한, '10분'을 じゅっぷん이 아니라 じっぷん으로 적어 놓은 책도 있지만, 되도록 じっぷん으로는 쓰지 말자. 아저씨들이 많이 쓰는 말이니까…

◉ 시계연습

EX〉デパート 10:00 - 8:00

→ A : デパートは何時(なんじ)から何時(なんじ)までですか。백화점은 몇 시부터 몇 시까지입니까?

→ B : 十時(じゅうじ)から八時(はちじ)までです。10시부터 8시까지입니다.

1) 郵便局(ゆうびんきょく)(우체국) 9:00 - 5:00

→ A :

→ B :

2) バイト(아르바이트) 7:00 - 10:00

→ A :

→ B :

3) 昼休(ひるやす)み(점심시간) 12:00 - 1:30

→ A :

→ B :

4) 病院(びょういん)(병원) 9:30 - 6:00

→ A :

→ B :

cf〉 병원은 病院(びょういん)이고, 미용실은 美容院(びよういん)이다. 발음이 비슷해서 들을 때 안 들릴 수도 있고, 실제로 택시를 타고 병원에 가자고 했는데 발음을 잘못해서 미용실로 간 예도 있다. 주의하자!

┃3┃ 시간에 필요한 필수단어

午前(ごぜん)	오전	午後(ごご)	오후
ちょうど	정각	前(まえ)	~ 전
30分 = 半(はん)	30분 = 반	から	~부터
		まで	~까지

A ： 今(いま) 何時(なんじ)ですか。 지금 몇 시입니까?

B ： 四時(よじ) 二十分(にじゅっぷん)です。 4시 20분입니다.

A ： 朝(あさ) 何時(なんじ)に起(お)きますか。 아침에 몇 시에 일어납니까?

B ： 七時(しちじ)に起(お)きます。 7시에 일어납니다.

A ： 学校(がっこう)は 何時(なんじ)から何時(なんじ)までですか。
　　학교는 몇 시부터 몇 시까지입니까?

B ： 九時(くじ)から五時(ごじ)までです。 9시부터 5시까지입니다.

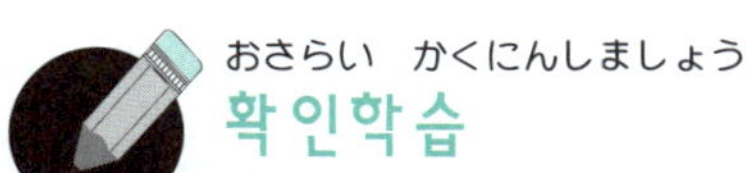

① 지금 몇 시입니까? (今(いま)、何時(なんじ))

② 학교는 몇 시부터 몇 시까지입니까? (学校(がっこう))

③ 백화점은 10시 30분부터 7시 30분까지입니다. (デパート)

④ 오늘은 1시부터 시험입니다. (テスト)

⑤ 정각 4시에 회의가 있습니다. (ちょうど、会議(かいぎ))

77page ◉ 시계 연습

ろくじじゅっぷん(6시 10분)　　くじさんじゅうごふん(9시 35분)
しちじはん(7시 반)　　さんじさんじゅうななふん(3시 37분)
よじよんぷん(4시 4분)　　じゅうにじじゅうにふん(12시 12분)

78page ◉ 보기와 같이 ____에 알맞은 말을 쓰세요.

1. A : 郵便局(ゆうびんきょく)は何時(なんじ)から何時(なんじ)までですか。

　　B : 九時(くじ)から五時(ごじ)までです。

2. A : バイトは何時(なんじ)から何時(なんじ)までですか。

　　B : 七時(しちじ)から十時(じゅうじ)までです。

3. A : 昼休(ひるやす)みは何時(なんじ)から何時(なんじ)までですか。

　　B : 十二時(じゅうにじ)から一時三十分(いちじさんじゅっぷん)(半(はん))までです。

4. A : 病院(びょういん)は何時(なんじ)から何時(なんじ)までですか。

　　B : 九時半(くじはん)(三十分(さんじゅっぷん))から六時(ろくじ)までです。

79page ✏ 확인학습

1. 今(いま)何時(なんじ)ですか。

2. 学校(がっこう)は何時(なんじ)から何時(なんじ)までですか。

3. デパートは十時半(じゅうじはん)(三十分(さんじゅっぷん))から七時半(しちじはん)(三十分(さんじゅっぷん))までです。

4. 今日(きょう)は一時(いちじ)からテストです。

5. ちょうど四時(よじ)に会議(かいぎ)があります。

ここは 親子丼 が有名なところです。

え？ 親子丼 って何ですか。

「親」が「鶏」で、「子供」が「卵」だから、親子丼 ですよ。

なるほどね。

第 7 課
がんばれ！

"오야는 부모님?"

영화에 나오는 조폭들(팔뚝에 꼭 最後(さいご)까지 (마지막까지)라는 문신을 새긴다)의 두목을 '오야붕'이라고 하고, 그 밑에 있는 부하들을 '꼬붕'이라고 한다. 그렇지만, 정작 일본에서는 親(おや)는 '부모님'을 가리키고, 子(こ)는 자식을 가리킨다. 어쩌면 진정한 의미의 오야붕은 스스로의 가정과 건강을 지키려 노력하는 사람들이 아닐까?

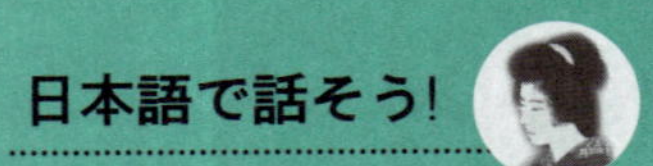

親分は親？

우성　ここは 親子丼（おやこどんぶり） が有名（ゆうめい）なところです。

リエ　え? 親子丼（おやこどんぶり） って何（なん）ですか。

우성　「親（おや）」が「鶏（にわとり）」で、「子供（こども）」が「卵（たまご）」だから、親子丼（おやこどんぶり） ですよ。

リエ　なるほどね。

표 현 연 구

ひょうげん

우성　여기는 親子丼(おやこどんぶり)로 유명한 곳이에요.
리에　에? 親子丼(おやこどんぶり)가 뭐예요?
우성　닭이 부모이고 계란이 자식이니까 親子丼(おやこどんぶり)(닭고기계란덮밥)예요.
리에　과연 그렇군요.

親子丼(おやこどんぶり) 닭고기계란덮밥　有名(ゆうめい)だ 유명하다　有名(ゆうめい)な所(ところ) 유명한 곳　って(=というのは) ~라는 것은　親(おや) 부모님　鶏(にわとり) 닭　鶏(にわとり)で 닭이고　子供(こども) 아이　卵(たまご) 계란　だから 그러니까　なるほど 과연

〈자주 먹는 음식이름〉
牛丼(ぎゅうどん) 소고기덮밥　うどん 우동　そば 메밀국수　ラーメン 라면　てんぷら定食(ていしょく) 튀김정식　お好(この)み焼(や)き 일본식빈대떡　トンカツ 돈까스　すきやき 전골　寿司(すし) 초밥　刺身(さしみ) 회　おにぎり 주먹밥　親子丼(おやこどんぶり) 닭고기계란덮밥　おでん 오뎅　焼(や)きざかな 생선구이　やきとり 닭꼬치구이　天丼(てんどん) 튀김덮밥

1 │ な형용사(= 형용동사)

일본어에는 우리말에 없는 품사가 있다. 바로 な형용사(= 형용동사)다. 이는, 형용사의 성격도 있고, 동사의 성격도 있는 단어를 중간적 느낌으로 な형용사(= 형용동사)라 명명했다.

또한, な형용사라고 부르는 이유는 명사를 수식할 때 어미 だ가 な로 바뀌기 때문에 な형용사 또는 형용동사라고 한다.

な형용사(= 형용동사)	긍정	부정
• 원형 だ로 끝나며 반말이다	きれいだ 예쁘다	きれいじゃない 예쁘지 않다
• 정중체 원형의 だ 대신 です를 붙이면 정중체가 된다.	きれいです(か) 예쁩니다(까?)	きれいではありません(か) 예쁘지 않습니다(까?)
• 명사수식 어미 だ를 な로 바꿔주고, 명사를 붙인다.	きれいな先生(せんせい) 예쁜 선생님	きれいじゃない先生(せんせい) 예쁘지 않은 선생님

2 │ な형용사(= 형용동사) 기본문형 연습

품사	정중문	의미	반말체	의미
な형용사 (= 형용동사)	です	~ㅂ니다	だ	~이다
	ではありません じゃありません	~지 않습니다	じゃない	~이 아니다
	でした	~였습니다	だった	~였다
	ではありませんでした	~지 않았습니다	じゃなかった	~이 아니었다

기본형	부정형	과거형	과거부정형
しずかだ(조용하다)	しずかじゃない	しずかだった	しずかじゃなかった
しずかです	しずかではありません	しずかでした	しずかではありませんでした
好(す)きだ (좋아하다)			
きれいだ (예쁘다)			
親切(しんせつ)だ (친절하다)			
暇(ひま)だ (한가하다)			
有名(ゆうめい)だ (유명하다)			
まじめだ (성실하다)			
嫌(きら)いだ (싫어하다)			
便利(べんり)だ (편리하다)			
不便(ふべん)だ (불편하다)			
上手(じょうず)だ (잘하다)			

| 3 |　な형용사(= 형용동사) 체언수식

な형용사(= 형용동사) 다음에 명사가 오면 어미 だ는 무조건 な로 바꿔준다.

な형용사(= 형용동사)와 명사 사이에 な를 넣는다.

静(しず)かだ、部屋(へや) → 静(しず)かな部屋(へや)(조용한 방)

暇(ひま)だ、人(ひと) → 暇(ひま)な人(ひと)(한가한 사람)

親切(しんせつ)だ、日本人(にほんじん) → 親切(しんせつ)な日本人(にほんじん)(친절한 일본인)

ex〉 花(はな)/きれいだ → きれいな花(はな)(예쁜 꽃)

1) 魚(さかな)、新鮮(しんせん)だ → (신선한 생선)

2) 先生(せんせい)、有名(ゆうめい)だ → (유명한 선생님)

3) 椅子(いす)、楽(らく)だ → (편한 의자)

4) 子供(こども)、元気(げんき)だ → (건강한 아이)

5) 図書館(としょかん)、静(しずか)だ → (조용한 도서관)

ex〉예와 같이 쓰세요. 親切(しんせつ)だ(친절하다) / 若者(わかもの)(젊은이)
　　　　→ 親切(しんせつ)な若者(わかもの)です。

1) 丈夫(じょうぶ)だ(튼튼하다)、体(からだ)(몸) →

2) きれいだ(예쁘다)、女優(じょゆう)(여배우) →

3) 便利(べんり)だ(편리하다)、地下鉄(ちかてつ)(지하철) →

4) 派手(はで)だ(화려하다)、セーター(스웨터) →

5) きれいだ(깨끗하다)、部屋(へや)(방) →

| 4 |　って의 용법

1) '～라고'(= と)
　　行(い)くって(= と)、言(い)いました。 간다고 말했습니다.

2) '～라고 하는'(= という)
　　できないって(= という)、ことですか。 할 수 없다는 겁니까?

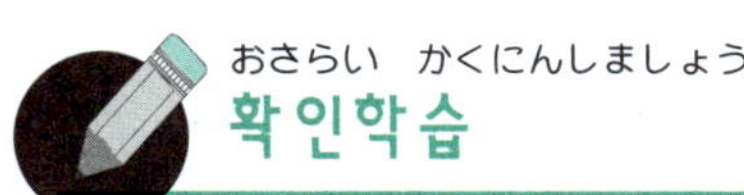

① 내 방은 언제나 깨끗합니다. (部屋(へや)、いつも)

② 일본어 선생님은 예쁩니다. (きれいだ)

③ 조용한 공원 (静(しずか)だ)

④ 건강하세요? (元気(げんき)だ)

⑤ 일본인은 친절합니다. (親切(しんせつ)だ)

84page ◉ 형용사 활용연습

기본형	부정형	과거형	과거부정형
好(す)きだ(좋아하다) すきです	すきじゃない すきではありません	すきだった すきでした	すきじゃなかった すきではありませんでした
きれいだ(예쁘다) きれいです	きれいじゃない きれいではありません	きれいだった きれいでした	きれいじゃなかった きれいではありませんでした
親切(しんせつ)だ(친절하다) しんせつです	しんせつじゃない しんせつではありません	しんせつだった しんせつでした	しんせつじゃなかった しんせつではありませんでした
暇(ひま)だ(한가하다) ひまです	ひまじゃない ひまではありません	ひまだった ひまでした	ひまじゃなかった ひまではありませんでした
有名(ゆうめい)だ(유명하다) ゆうめいです	ゆうめいじゃない ゆうめいではありません	ゆうめいだった ゆうめいでした	ゆうめいじゃなかった ゆうめいではありませんでした
まじめだ(성실하다) まじめです	まじめじゃない まじめではありません	まじめだった まじめでした	まじめじゃなかった まじめではありませんでした
嫌(きら)いだ(싫어하다) きらいです	きらいじゃない きらいではありません	きらいだった きらいでした	きらいじゃなかった きらいではありませんでした
便利(べんり)だ(편리하다) べんりです	べんりじゃない ベンリではありません	べんりだった べんりでした	べんりじゃなかった べんりではありませんでした
不便(ふべん)だ(불편하다) ふべんです	ふべんじゃない ふべんではありません	ふべんだった ふべんでした	ふべんじゃなかった ふべんではありませんでした
上手(じょうず)だ(잘하다) じょうずです	じょうずじゃない じょうずではありません	じょうずだった じょうずでした	じょうずじゃなかった じょうずではありませんでした

84page ◉ な형용사 체언수식

1. 新鮮(しんせん)な魚(さかな)　**2.** 有名(ゆうめい)な先生(せんせい)　**3.** 楽(らく)な椅子(いす)

4. 元気(げんき)な子供(こども)　**5.** 静(しず)かな図書館(としょかん)

85page ◉

1. 丈夫(じょうぶ)な体(からだ)です。　**2.** きれいな女優(じょゆう)です。　**3.** 便利(べんり)な地下鉄(ちかてっ)です。　**4.** 派手(はで)なセーターです。　**5.** きれいな部屋(へや)です。

85page ✏ 확인학습

1. 私(わたし)の部屋(へや)はいつもきれいです。**2.** 日本語(にほんご)の先生(せんせい)はきれいです。

3. 静(しず)かな公園(こうえん)　**4.** お元気(げんき)ですか。　**5.** 日本人(にほじん)は親切(しんせつ)です。

この道路、でこぼこですね。

また工事中なんで…。

工事はいつまでですか。

去年の十二月から始まって、今年の三月三日までです。

第 **8** 課
がんばれ！

"길이 데꾸보꾸해요."

흔히 울퉁불퉁한 비포장도로를 '데꾸보꾸' 하다고 하는데, 이 말이 한국어인줄 알고 있는 분들이 많다. 사실은 '데꾸보꾸' 는 일본어로서 **でこぼこ** 즉, **'요철, 울퉁불퉁한 것'** 을 나타낸다. **또한 불균형한 상태를 나타내기도 한다.** 데꾸보꾸한 길은 특히 여성들이 하이힐을 신고 걸어가기 너무 힘들다.

ここの道路、でこぼこですね。

リエ　ここの道路、でこぼこですね。

たけし
威　まだ工事中なんで。。。

リエ　工事はいつまでですか。

たけし
威　去年の十二月から始まって、今年の三月三日までです。

표현연구　　　　　　　　　　　　　　　　　　　　　　　ひょうげん

리에　　여기 도로는 울퉁불퉁하네요.
다케시　아직 공사 중이어서요.
리에　　공사는 언제까지죠?
다케시　작년 12월에 시작되어서 올해 3월 3일까지입니다.

道路(どうろ) 도로　凸凹(でこぼこ) 울퉁불퉁　まだ 아직　工事中(こうじちゅう) 공사중　去年(きょねん) 작년　始(はじ)まる
시작되다　始(はじ)まって 시작되어　今年(ことし) 올해　いつ 언제　から 부터　まで 까지

문법 | KEY POINT

| 1 | 월 (何月(なんがつ) – 몇 월)

1月	2月	3月	4月
いちがつ	にがつ	さんがつ	しがつ
5月	6月	7月	8月
ごがつ	ろくがつ	しちがつ	はちがつ
9月	10月	11月	12月
くがつ	じゅうがつ	じゅういちがつ	じゅうにがつ

'월'은 月(がつ)로 읽고, 몇 월은 何月(なんがつ)니까, 何(なん) 대신에 숫자를 집어넣어 읽으면 된다. 단, 예외적으로 '4월'은 四月(しがつ)이고, '9월'은 九月(くがつ)임에 주의하자. 또한, '7월'은 七月(しちがつ)이며, 七月(なながつ)로는 읽지 않는다.

| 2 | 일(何日(なんにち) – 몇 일)

1日	2日	3日	4日	5日
ついたち	ふつか	みっか	よっか	いつか
6日	7日	8日	9日	10日
むいか	なのか	ようか	ここのか	とおか
11日	12日	13日	14日	15日
じゅういちにち	じゅうににち	じゅうさんにち	じゅうよっか	じゅうごにち
16日	17日	18日	19日	20日
じゅうろくにち	じゅうしちにち	じゅうはちにち	じゅうくにち	はつか
21日	22日	23日	24日	25日
にじゅういちにち	にじゅうににち	にじゅうさんにち	にじゅうよっか	にじゅうごにち
26日	27日	28日	29日	30日
にじゅうろくにち	にじゅうしちにち	にじゅうはちにち	にじゅうくにち	さんじゅうにち

31日	今日は何月何日ですか。 오늘은 몇 월 며칠입니까?
さんじゅういちにち	お誕生日はいつですか。 생일은 언제입니까?

이 부분이 가장 어려운 부분이다. 아무리 일본어를 잘한다 하더라도, 갑자기 '~일'을 물으면 제대로 대답 못한다. 30일 중 반이 예외이기 때문이다. 특히 1일~10일까지는

전부 예외이므로 주의하자. 또한 20일은 はつか로 읽는 것에 주의하자.

ex〉田中(たなか)さんの誕生日(たんじょうび) 4월 10일
  A：田中(たなか)さんの誕生日(たんじょうび)はいつですか。
  B：四月十日(しがつとおか)です。

1) テスト(시험) 9월 12일

   A：テストはいつからですか。

   B：＿＿＿＿＿＿＿＿＿からです。

2) 夏休(なつやす)み(여름방학) 7월 20일~31일

   A：夏休(なつやす)みはいつからいつまでですか。

   B：＿＿＿＿＿＿＿＿から ＿＿＿＿＿＿＿＿までです。

3) セール(세일) 5월 1일~17일

   A：セールはいつからいつまでですか。

   B：＿＿＿＿＿＿＿＿から ＿＿＿＿＿＿＿＿までです。

4) 出張(しゅっちょう)(출장) 8월 7일~20일

   A：出張(しゅっちょう)はいつからいつまでですか。

   B：＿＿＿＿＿＿＿＿から ＿＿＿＿＿＿＿＿までです。

5) あなた 誕生日(たんじょうび)(생일)

   A：あなたの誕生日(たんじょうび)はいつですか。

   B：＿＿＿＿＿＿＿＿ です。

| 3 |　요일(何曜日(なんようび) - 무슨 요일)

月曜日(월요일)	火曜日(화요일)	水曜日(수요일)	木曜日(목요일)
げつようび	かようび	すいようび	もくようび
金曜日(금요일)	土曜日(토요일)	日曜日(일요일)	何曜日(무슨요일)
きんようび	どようび	にちようび	なんようび

おととい(그저께)	昨日(きのう)(어제)	今日(きょう)(오늘)	明日(あした)(내일)	あさって(모레)
先週(せんしゅう)(지난 주)		今週(こんしゅう)(이번 주)		来週(らいしゅう)(다음 주)
先月(せんげつ)(지난 달)		今月(こんげつ)(이번 달)		来月(らいげつ)(다음 달)
去年(きょねん)・昨年(さくねん)(작년)		今年(ことし)(올해)		来年(らいねん)(내년)

5 ~中(ちゅう)、~中(じゅう)、~中(なか)의 비교

中은 읽는 방법에 따라 의미가 달라지니까 잘 알아두자. ~中(ちゅう)로 읽을 때는 이번 달 중, 휴가 중, 부재중 등과 같은 시간과 기간을 나타날 때나 일하는 중, 식사 중, 체재중 등과 같이 일정 기간 지속되는 동작을 표현하는 명사에 붙어 그 기간 중에 있음을 나타낸다. ~中(じゅう)로 읽을 때에는 시간과 장소를 나타내는 말에 붙어 그 기간 죽, 그 장소 전체라는 의미를 나타낸다. 마지막으로 ~中(なか)로 읽을 때에는 ~안/속의 의미를 나타낸다.

- 今(いま)、授業中(じゅぎょうちゅう)です。 지금 수업중입니다.

- 夏休(なつやす)み中(ちゅう)にバイトをします。 여름방학중에 아르바이트를 하겠습니다.

- あなたは世界中(せかいじゅう)の誰(だれ)よりきれいです。
  당신은 전세계 누구보다 아름답습니다.

- 우성은 昨日(きのう) 一晩中(ひとばんじゅう)寝(ね)ないで、勉強(べんきょう)しました。
  우성는 어제 밤새 안 자고 공부했습니다.

- 引(ひ)き出(だ)しの中(なか)にはさみがあります。 서랍 안에 가위가 있습니다.

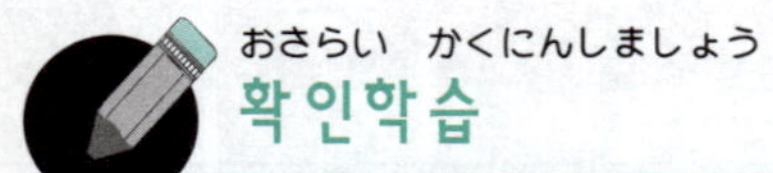

확인학습

① 오늘은 몇 월 며칠 무슨 요일입니까? (何月(なんがつ)、何日(なんにち)、何曜日(なんようび))

② 생일은 언제입니까? ((お)誕生日(たんじょうび))

③ 겨울방학은 언제부터 언제까지입니까? (冬休(ふゆやす)み)

④ 3월부터 5월까지 봄입니다. (春(はる))

⑤ 오늘은 5월 11일 수요일입니다. (水曜日(すいようび))

✿ Exercise 종합문제

✿ 다음 단어의 반대말을 쓰세요.

1. 暑(あ)い(덥다) →　　　　　　　　**2.** 高(たか)い(비싸다) →

3. おいしい(맛있다) →　　　　　　　**4.** 好(す)きだ(좋아하다) →

5. 便利(べんり)だ(편리하다) →　　　　**6.** 上手(じょうず)だ(잘하다, 능숙하다) →

✿ 다음 단어를 ひらがな로 써보세요.

1. 勉強 ＿＿＿＿＿＿＿＿＿＿＿　　　**2.** 英語 ＿＿＿＿＿＿＿＿＿＿＿

3. 魚 ＿＿＿＿＿＿＿＿＿＿＿＿　　　**4.** 出張 ＿＿＿＿＿＿＿＿＿＿＿＿

✿ 다음 단어를 한자로 써보세요.

1. しずかだ ＿＿＿＿＿＿＿＿＿　　　**2.** あたらしい ＿＿＿＿＿＿＿＿

3. なつ. ＿＿＿＿＿＿＿＿＿＿＿　　　**4.** なんじ ＿＿＿＿＿＿＿＿＿＿

✿ 다음을 작문하세요.

1. 시험은 몇 시부터 몇 시까지입니까? ＿＿＿＿＿＿＿＿＿＿＿＿＿＿＿＿＿

2. 여름은 덥습니다. ＿＿＿＿＿＿＿＿＿＿＿＿＿＿＿＿＿＿＿＿

3. 겨울은 춥습니다. ＿＿＿＿＿＿＿＿＿＿＿＿＿＿＿＿＿＿＿

4. 귀여운 고양이입니다. ＿＿＿＿＿＿＿＿＿＿＿＿＿＿＿＿＿

5. 지금 몇 시입니까? ＿＿＿＿＿＿＿＿＿＿＿＿＿＿＿＿＿＿＿

6. 오늘은 몇 월 며칠입니까? ＿＿＿＿＿＿＿＿＿＿＿＿＿＿＿＿

7. 생일은 언제입니까? ＿＿＿＿＿＿＿＿＿＿＿＿＿＿＿＿＿＿

8. 2시부터 3시 반까지 시험입니다. ______________________________________

9. 겨울은 여름보다 춥습니다. ______________________________________

10. 당신의 방은 깨끗합니다. ______________________________________

11. 일본어 선생님은 예쁩니까? ______________________________________

12. 조용한 공원입니다. ______________________________________

90page ◉ 2. 일

1. B : 九月十二日(くがつじゅうににち)からです。
2. B : 七月二十日(しちがつはつか)から三十一日(さんじゅういちにち)までです。
3. B : 五月一日(ごがつついたち)から十七日(じゅうしちにち)までです。
4. B : 八月七日(はちがつなのか)から二十日(はつか)までです。
5. B : 五月十一日(ごがつじゅういちにち)です。(자기 생일을 붙여보세요.)

92page 확인학습

1. 今日(きょう)は何月何日何曜日(なんがつなんにちなんようび)ですか。
2. お誕生日(たんじょうび)はいつですか。
3. 冬休(ふゆやす)みはいつからいつまでですか。
4. 三月(さんがつ)から五月(ごがつ)まで春(はる)です。
5. 今日(きょう)は五月十一日水曜日(ごがつじゅういちにちすいようび)です。

❀ 다음 단어의 반대말을 쓰세요.

1. 寒(さむ)い
2. 安(やす)い
3. まずい
4. 嫌(きら)いだ
5. 不便(ふべん)だ
6. 下手(へた)だ

❀ 다음 단어를 ひらがな로 쓰세요.

1. べんきょう
2. えいご
3. さかな
4. しゅっちょう

❀ 다음 단어를 한자로 쓰세요.

1. 静(しず)かだ
2. 新(あたら)しい
3. 夏(なつ)
4. 何時(なんじ)

❀ 다음을 작문하세요.

1. テストは何時(なんじ)から何時(なんじ)までですか。
2. 夏(なつ)は暑(あつ)いです。
3. 冬(ふゆ)は寒(さむ)いです。
4. かわいい猫(ねこ)です。
5. 今(いま)何時(なんじ)ですか。
6. 今日(きょう)は何月何日(なんがつなんにち)ですか。
7. お誕生日(たんじょうび)はいつですか。
8. 二時(にじ)から三時半(さんじはん)までテストです。
9. 冬(ふゆ)は夏(なつ)より寒(さむ)いです。
10. あなたの部屋(へや)はきれいです。
11. 日本語(にほんご)の先生(せんせい)はきれいですか。
12. 静(しず)かな公園(こうえん)です。

第9課
がんばれ！

"이빠이 채워주세요."

'이빠이' 는 흔히 뜻을 '아주' 라고 생각하기 쉬운데, '이빠이' 는 일본어로 '가득' 이란 뜻이다. 一杯(いっぱい)는 '가득히' 라는 의미로 우리 생활에서 정말 자주 들을 수 있는 단어 중 하나다. 술을 마시며 "잔에 입빠이 채워라", 또는 주유소에 가서 "입빠이 넣어 주세요"라고 말하기도 한다. 일본어로는 '가득' 이라는 뜻 외에도, '한잔' '한 그릇' 의 뜻도 있다.

いっぱい入れて！

威　いらっしゃいませ。どれぐらい入れましょうか。

우성　満タン。

威　一万ウォン分ですか。

우성　いっぱい入れて！

표현연구

ひょうげん

다케시	어서 오세요. 어느 정도 넣을까요?
우성	만땅!
다케시	만원 정도면 될까요?
우성	가득 넣어줘요!

• 満(まん)タン(가득)은 일본어와 외래어로 이루어진 일본식 외래어다. '가득'이라는 의미의 満과 タンク(tank)의 줄임말인 タン 이 합쳐진 말로, 연료 등을 탱크 가득히 채우는 것을 뜻한다. 기름 넣을 때에는 一杯(いっぱい), 満(まん)タン 두 가지 다 쓰인다.

いらっしゃいませ 어서 오세요　どれぐらい 어느 정도　入(い)れる 넣다　入(い)れましょうか 넣을까요?　満(ま ん)タン 가득　一万(いちまん)ウォン分(ぶん) 만 원어치　いっぱい 가득　入(い)れて 넣어

|1| いらっしゃいませ。 어서 오세요.

일본 어느 상점이나 음식점에 들어갔을 때, 제일 먼저 듣는 소리다. 들어가자마자 큰
소리로 いらっしゃいませ라는 말을 들으면 내가 대접받고 있다는 느낌이 든다. 또한
나갈 때에는 항상 ありがとうございました라고 말한다. 요즘 우리나라도 서비스가
많이 좋아졌지만, 상점에서 안 사고 나가면 "안녕히 가세요"라는 말이 아직도 잘 안
나온다. 기본적인 인사말은 잘 써줬으면 한다.

|2| 동사의 구별

동사의 종류	설 명
5단 동사 (1그룹 동사)	1) 끝이 る로 끝나지 않는 모든 동사 ex) はなす、のむ 등 2) 끝이 る로 끝난 경우 る앞이 あ、う、お단으로 끝난 경우 ex) わかる、つくる、のる 등 3) 예외 5단 동사 ex) かえる、はいる、しる 등
상1단 동사 (2그룹 동사)	る앞이 い단으로 끝나는 경우 ex) おきる、みる、おちる 등
하1단 동사 (2그룹 동사)	る앞이 え단으로 끝나는 경우 ex) ねる、たべる、おしえる 등
カ행 변격 동사 (3그룹 동사)	くる(오다)
サ행 변격 동사 (3그룹 동사)	する(하다)

동사는 모두 u단으로 끝난다. う、く、ぐ、す、ず、つ、づ、ぬ、ふ、ぶ、ぷ、む、
ゆ、る로 끝나면 동사로 보면 된다. 그렇지만, 다양한 글자로 끝나기 때문에 가장 잘
어울리는 동사끼리 구별한다. 크게 3가지로 구분하는데, 1그룹 동사인 5단 동사, 2그
룹 동사인 상ㆍ하 1단 동사, 3그룹 동사인 カ변격ㆍサ변격 동사다.
5단 동사는 끝이 る로 끝나서는 안 된다. 그러나, る로 끝날 때는 る 앞에 오는 글자
가 a, u, o단이어야 한다. 또한 예외 5단 동사가 있는데, 이는 무조건 외워야 한다. 예
외 5단 동사는 모습은 2그룹인데, 활용을 1그룹 즉 5단 활용을 하기 때문에 예외 5단
동사라고 한다. 밑에서 자세하게 나누기로 하자.
상ㆍ하 1단 동사는 끝이 무조건 る로 끝난다. る 앞에 오는 글자가 i단이면 상 1단 동

사, e단이면 하 1단 동사다.

마지막으로 力변격 동사는 か행에 있는 来(く)る(오다) 하나뿐이고, サ변격 동사는 さ행에 있는 する(하다) 하나뿐이다.

3 | 예외 5단 동사

※ 빨리 외우는 방법 – 욕이랑 비슷하다. 이렇게 해서라도 외워야 한다.
　　(하 이 케 시 키 야 카)로 외우는 방식이 가장 쉬웠어요.

하	이	케	시	키	야	카
入(はい)る	要(い)る	蹴(け)る	知(し)る	切(き)る		帰(かえ)る
들어가다	필요하다	차다(발)	알다	자르다		돌아가다
走(はし)る						
달리다						

※ 형태는 상 1단 동사와 같지만 5단 활용하는 것

要(い)る	필요하다	走(はし)る	달리다	踏(ふみ)にじる	짓밟다
知(し)る	알다	参(まい)る	가다, 오다(겸양)	ねじる	비틀다, 꼬다
散(ち)る	(꽃, 잎 등) 지다	限(かぎ)る	한정하다	混(ま)(交ま)じる	섞이다
切(き)る	자르다	陥(おちい)る	빠지다, 걸리다	もぎる(もぐ)	비틀어 뜯다
入(はい)る	들어가다	握(にぎ)る	(손) 쥐다, 잡다	遮(さえぎ)る	가로지르다
千切(ちぎ)る	비틀어 뜯다	いじる	만지작거리다		

※ 형태는 하 1단 동사와 같지만 5단 활용하는 것

帰(かえ)る	돌아오(가)다	ふける	빠지다(일)	練(ね)る	단련하다
減(へ)る	줄다, 감소	しゃべる	지껄이다	茂(しげ)る	무성하다
蹴(け)る	(발로) 차다	すべる	미끄러지다	煉(ね)る	반죽을 개다
照(て)る	(햇볕) 들다	つねる	꼬집다	錬(ね)る	연마하다

동사의 종류

동사의 종류	ます형 / ません형
5단 동사(1그룹 동사)	う段 → い段 ＋ます / ません
상·하 1단 동사(2그룹 동사)	る빼고 ます / ません
カ변격 동사 来る(3그룹 동사)	来(き)ます(옵니다) / 来(き)ません(오지 않습니다)
サ변격 동사 する(3그룹 동사)	します(합니다) / しません(하지 않습니다)

동사는 종류도 3종류이기 때문에 '~입니다'를 붙이는 방식도 3가지다. 동사는 ます를 붙이는데 뜻은 '~입니다/하겠습니다' 두 가지다. 5단 동사는 마지막 u단을 i단으로 바꿔주고, ます를 붙인다. 상·하 1단은 끝에 る를 빼고 ます를 붙이면 된다. カ변격동사 来(く)る는 来(き)ます로, サ변격 동사 する는 します로 변한다. 또한, ます의 부정형은 ません(~지 않습니다/하지 않겠습니다)이다.

동사	의미	종류	ます형	ません형
買(か)う	사다	5단 동사	買(か)います	買(か)いません
見(み)る	보다	상 1단 동사	見(み)ます	見(み)ません
待(ま)つ	기다리다	5단 동사		
食(た)べる	먹다	하 1단 동사		
死(し)ぬ	죽다	5단 동사		
会(あ)う	만나다	5단 동사		
送(おく)る	보내다	5단 동사		
ある	있다	5단 동사		
*要(い)る	필요하다	5단 동사		
*帰(かえ)る	돌아가다	5단 동사		
*する	하다	サ변격 동사		
*来(く)る	오다	カ변격 동사		

* 표시에 주의! 예외 5단 동사와 カ변격 동사, サ변격 동사다.

다음 문장에 ます형을 붙여보자

手紙(てがみ)を書(か)く	手紙を書きます	味噌汁(みそしる)を作(つく)る	味噌汁を作ります
편지를 쓰다		된장국을 만들다	
テニスをする		一人(ひとり)で遊(あそ)ぶ	
테니스를 치다		혼자서 놀다	
コーヒーを飲(の)む		スキーをする	
커피를 마시다		스키를 타다	
音楽(おんがく)を聞(き)く		プールで泳(およ)ぐ	
음악을 듣다		수영하다	
刺身(さしみ)を食(た)べる		バスに乗(の)る	
회를 먹다		버스를 타다	
雨(あめ)が降(ふ)る		映画(えいが)を見(み)る	
비가 내리다		영화를 보다	
朝(あさ)早(はや)く起(お)きる		掃除(そうじ)をする	
아침 일찍 일어나다		청소를 하다	
日本語(にほんご)で話(はな)す		ピアノを弾(ひ)く	
일본어로 말하다		피아노를 치다	
夜(よる)遅(おそ)く寝(ね)る		帽子(ぼうし)をかぶる	
밤늦게 자다		모자를 쓰다	
電話(でんわ)をかける		タクシーに乗(の)る	
전화를 걸다		택시를 타다	
手紙(てがみ)を送(おく)る		走(はし)る	
편지를 보내다		달리다	
本(ほん)を読(よ)む		ビールを飲(の)む	
책을 읽다		맥주를 마시다	
電話(でんわ)を切(き)る		英語(えいご)を教(おし)える	
전화를 끊다		영어를 가르치다	
ご飯(はん)を食(た)べる		薬(くすり)を飲(の)む	
밥을 먹다		약을 먹다	
知(し)る		写真(しゃしん)を撮(と)る	
알다		사진을 찍다	
買(か)い物(もの)をする		お酒(さけ)を飲(の)む	
쇼핑을 하다		술을 마시다	
かばんを買(か)う		顔(かお)を洗(あら)う	
가방을 사다		세수를 하다	

◉ 아래의 단어를 이용해서 작문을 해보자.

起(お)きる 일어나다 顔(かお)を洗(あら)う 세수하다 歯(は)を磨(みが)く 이를 닦다 洋服(ようふく)を着(き)る 양복을 입다 朝(あさ)ご飯(はん)を食(た)べる 아침을 먹다 学校(がっこう)へ行(い)く 학교에 가다 友達(ともだち)と話(はな)す 친구와 이야기하다 勉強(べんきょう)する 공부하다 昼(ひる)ご飯(はん)を食(た)べる 점심을 먹다 電車(でんしゃ)で帰(かえ)る 전철로 돌아오다 予習(よしゅう)と復習(ふくしゅう)をする 예습과 복습을 하다 晩(ばん)ご飯(はん)を食(た)べる 저녁을 먹다 テレビを見(み)る 텔레비전을 보다 お風呂(ふろ)に入(はい)る 목욕을 하다 寝(ね)る 자다

1. 나는 6시에 일어납니다.

2. 세수를 합니다.

3. 이를 닦습니다.

4. 옷을 입습니다.

5. 아침을 먹습니다.

6. 8시에 학교에 갑니다.

7. 교실에서 친구와 이야기합니다.

8. 12시까지 공부합니다.

9. 12시에 점심을 먹습니다.

10. 5시에 전철로 돌아옵니다.

11. 집에서 예습과 복습을 합니다.

12. 7시 반에 저녁을 먹습니다.

13. 10시까지 텔레비전을 봅니다.

14. 11시에 목욕을 합니다.

15. 11시 반에 잡니다.

16. 당신은 몇 시에 일어납니까?

17. 당신은 몇 시에 잡니까?

동사에 ます를 붙이는 공식에 ます 대신 ましょうか를 넣으면 '〜할까요?'(권유)의 표현이 된다.

帰(かえ)る → 帰(かえ)りましょうか。(돌아갈까요?)

行(い)く → 行(い)きましょうか。(갈까요?)

食(た)べる → 食(た)べましょうか。(먹을까요?)

入(い)れる → 入(い)れましょうか。(넣을까요?)

勉強(べんきょう)する → 勉強(べんきょう)しましょうか。(공부할까요?)

会(あ)う → 会(あ)いましょうか。(만날까요?)

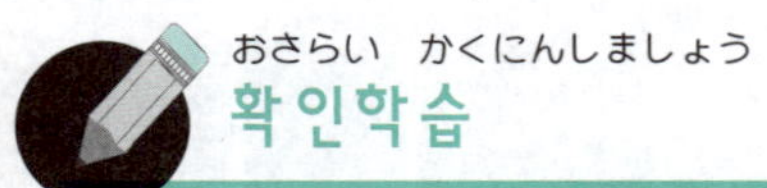

おさらい　かくにんしましょう
확인학습

① 항상 9시에 잡니다. (いつも、寝(ね)る)

② 8시까지 일본어 공부를 합니다. (勉強(べんきょう)、する)

③ 점심은 먹지 않겠습니다. (昼(ひる)ご飯(はん)、食(た)べる)

④ 책을 읽습니다. (読(よ)む)

⑤ 예습은 하지 않습니다. (予習(よしゅう))

101page ◉ 4. 동사의 ます형

買う → 買います	買いません	見る → 見ます	見ません
待つ → 待ちます	待ちません	食べる → 食べます	食べません
死ぬ → 死にます	死にません	会う → 会います	会いません
送る → 送ります	送りません	ある → あります	ありません
要る → 要ります	要りません	帰る → 帰ります	帰りません
する → します	しません	来る → 来ます	来ません

102page ◉ 다음 문장에 ます형을 붙여보자.

テニスをします。	一人(ひとり)で遊(あそ)びます。
コーヒーを飲(の)みます。	スキーをします。
音楽(おんがく)を聞(き)きます。	プールで泳(およ)ぎます。
刺身(さしみ)を食(た)べます。	バスに乗(の)ります。
雨(あめ)が降(ふ)ります。	映画(えいが)を見(み)ます。
朝(あさ)早(はや)く起(お)きます。	掃除(そうじ)をします。
日本語(にほんご)ではなします。	ピアノを弾(ひ)きます。
夜(よる)遅(おそ)く寝(ね)ます。	帽子(ぼうし)をかぶります。
電話(でんわ)をかけます。	タクシーに乗(の)ります。
手紙(てがみ)をおくります。	走(はし)ります。
本(ほん)を読(よ)みます。	ビールを飲(の)みます。
電話(でんわ)を切(き)ります。	英語(えいご)を教(おし)えます。
ご飯(はん)を食(た)べます。	薬(くすり)を飲(の)みます。
知(し)ります。	写真(しゃしん)を撮(と)ります。
買(か)い物(もの)をします。	お酒(さけ)を飲(の)みます。
かばんを買(か)います。	顔(かお)を洗(あら)います。

103page ⊙ 아래 단어를 이용해서 작문을 해보자.

1. 私(わたし)は六時(ろくじ)に起(お)きます。

2. 顔(かお)を洗(あら)います。

3. 歯(は)を磨(みが)きます。

4. 服(ふく)を着(き)ます。

5. 朝(あさ)ご飯(はん)を食(た)べます。

6. 八時(はちじ)に学校(がっこう)へ行(い)きます。

7. 教室(きょうしつ)で友(とも)だちと話(はな)します。

8. 十二時(じゅうにじ)まで勉強(べんきょう)します。

9. 十二時(じゅうにじ)に昼(ひる)ご飯(はん)を食(た)べます。

10. 五時(ごじ)に電車(でんしゃ)で帰(かえ)ります。

11. 家(うち)で予習(よしゅう)と復習(ふくしゅう)をします。

12. 七時半(しちじはん)に夕(ゆう)ご飯(はん)を食(た)べます。

13. 十時(じゅうじ)までテレビを見(み)ます。

14. 十一時(じゅういちじ)にお風呂(ふろ)に入(はい)ります。

15. 十一時半(じゅういちじはん)に寝(ね)ます。

16. あなたは何時(なんじ)に起(お)きますか。

17. あなたは何時(なんじ)に寝(ね)ますか。

104page ✎ 확인학습

1. いつも九時(くじ)に寝(ね)ます。

2. 八時(はちじ)まで日本語(にほんご)の勉強(べんきょう)をします。

3. 昼(ひる)ご飯(はん)は食(た)べません。

4. 本(ほん)を読(よ)みます。

5. 予習(よしゅう)はしません。

おじさん!! バケツありますか。
これとこれとどちらが安いですか。
こちらの方が丈夫で、安いですよ。
じゃ、これください。

第**10**課
がんばれ！

"바께쓰 있어요?"

옛날 분들은 "빠께쓰 좀 가져와라"고 말씀하시곤 한다. '빠께쓰'가 맞는 말인지, '바께쓰'가 맞는 말인지 혼동할 수도 있겠지만, 양쪽 다 틀린 말이다. 우리말로는 '양동이'가 맞다. 일본어로는 バケツ(bucket)라고 한다. 어쩐지 촌스러운 느낌이 나는 듯해도 '양동이'가 순 우리말이다.

バケツありますか。

リエ　おじさん! バケツありますか。

これとこれとどちらが安(やす)いですか。

威(たけし)　こちらの方(ほう)が丈夫(じょうぶ)で、安(やす)いですよ。

リエ　じゃ、これください。

 **표현연구**　ひょうげん

리에　　아저씨! 양동이 있어요? 이 거랑 이 거랑 어떤 것이 싸요?
다케시　이쪽이 튼튼하고 싸요.
리에　　그럼, 이거 주세요.

おじさん 아저씨　**どちら** 어느 쪽　**安(やす)い** 싸다　**こちらの方(ほう)** 이쪽(편)　**丈夫(じょうぶ)だ** 튼튼하다　**丈夫(じょうぶ)で** 튼튼하고　**じゃ** 그럼　**ください** 주세요

문법 | KEY POINT

|1| 2개 비교

명사 と 명사 と どちらが ～ですか : ～하고 ～하고, 어느 쪽이 ～입니까?
명사 の方(ほう)が 명사 より ～です : ～쪽이 ～보다 ～입니다

ex〉A : 백설공주하고 저하고, 어느 쪽이 예뻐요?

    B : 당신 쪽이 백설공주보다 예뻐요.

    A : 白雪姫(しらゆきひめ)と私(わたし)とどちらがきれいですか。

    B : あなたの方(ほう)が白雪姫(しらゆきひめ)よりきれいです。

1) A: 서울하고 동경하고 어느 쪽이 넓습니까?

    B: 동경 쪽이 서울보다 넓습니다.
    ソウル 서울　東京(とうきょう) 동경　広(ひろ)い 넓다

    A: ＿＿＿＿＿＿＿＿＿＿＿＿＿＿＿

    B: ＿＿＿＿＿＿＿＿＿＿＿＿＿＿＿

2) A: 버스하고 택시하고 어느 쪽이 편리합니까?

    B: 택시가 버스보다 편리합니다.
    バス 버스　タクシー 택시　便利(べんり)だ 편리하다

    A: ＿＿＿＿＿＿＿＿＿＿＿＿＿＿＿

    B: ＿＿＿＿＿＿＿＿＿＿＿＿＿＿＿

3) A: 나하고 그 여자하고 어느 쪽이 예쁩니까?

    B: 당신 쪽이 그 여자보다 예쁩니다.
    彼女(かのじょ) 그 여자　きれいだ 예쁘다

    A: ＿＿＿＿＿＿＿＿＿＿＿＿＿＿＿

    B: ＿＿＿＿＿＿＿＿＿＿＿＿＿＿＿

|2| 3개 이상 비교(*회화에서 가장 많이 쓰임)

명사の中(なか)で　何(なに)(무엇)が　一番(いちばん) ＿＿＿＿ ですか
             どこ(어디)
             だれ(누구)
             いつ(언제)
→ 명사が　一番(いちばん) ＿＿＿＿ です ～이/가(을) 제일 ～합니다.

ex〉韓国料理(かんこくりょうり)(한국음식) おいしい(맛있다)

A : 韓国料理(かんこくりょうり)の中(なか)で何(なに)が一番(いちばん)おいしいですか。
한국음식 중에서 무엇이 가장 맛있습니까?

B : キムチ鍋(なべ)が一番(いちばん)おいしいです。
김치찌개가 가장 맛있습니다.

1) 果物(くだもの)(과일) 好(す)きだ(좋아하다)

A : 과일 중에서 무엇을 가장 좋아합니까? ________________________

B : ________________________

果物(くだもの)(과일)

りんご 사과 なし 배 いちご 딸기 ぶどう 포도 もも 복숭아 すいか 수박 みかん 귤
かき 감 オレンジ 오렌지 バナナ 바나나 メロン 메론

2) 季節(きせつ)(계절) 嫌(きら)いだ(싫어하다)

A : 계절 중에서 언제를 가장 싫어합니까? ________________________

B : ________________________

季節(きせつ)(계절)

春(はる)(봄) 夏(なつ)(여름) 秋(あき)(가을) 冬(ふゆ)(겨울)

3) スポーツ(스포츠, 운동) 好(す)きだ(좋아하다)

A : 스포츠 중에서 무엇을 가장 좋아합니까? ________________________

B : ________________________

スポーツ(스포츠, 운동)

水泳(すいえい) 수영 野球(やきゅう) 야구 スキー 스키 スケート 스케이트 ゴルフ 골프
相撲(すもう) 일본씨름 バスケットボール 농구 テニス 테니스 サッカー 축구
バレーボール 배 山登(やまのぼ)り 등산

4) 歌手(かしゅ)(가수) 好(す)きだ(좋아하다)

A : 가수 중에서 누구를 가장 좋아합니까? ________________________

B : ________________________

	出来(でき)る		할 수 있다
	分(わ)かる		알다, 이해하다
	上手(じょうず)だ		잘하다, 능숙하다
	下手(へた)だ		못하다, 서투르다
～が	欲(ほ)しい	～을/를	원하다, 갖고싶다
	得意(とくい)だ		특기이다, 잘하다
	苦手(にがて)だ		질색이다, 못하다
	好(す)きだ		좋아하다
	嫌(きら)いだ		싫어하다

- 翻訳(ほんやく)のできる人(ひと)はいませんか。 번역할 수 있는 사람은 없습니까?

- 私(わたし)は日本語(にほんご)が上手(じょうず)です。 나는 일본어를 잘합니다.

- コンピューターが出来(でき)ます。 컴퓨터를 할 수 있습니다.

- 新(あたら)しいカメラがほしいです。 새 카메라를 갖고 싶습니다.

- 料理(りょうり)が得意(とくい)です。 요리가 특기입니다. 요리를 잘합니다.

- 運転(うんてん)が苦手(にがて)です。 운전은 딱 질색입니다. 운전을 못합니다.

- 内容(ないよう)が分(わ)かります。 내용을 이해합니다.

- ゴルフが下手(へた)です。 골프를 못 칩니다.

- 刺身(さしみ)が嫌(きら)いです。 회를 싫어합니다.

- ヨン様(さま)が好(す)きです。 욘사마를 좋아합니다.

◉ **다음 괄호 안에 를나 가를 넣으세요.**

1) 本(ほん)(   )読(よ)みます。

2) 日本語(にほんご)の辞書(じしょ)(   )ほしいです。

3) 私(わたし)は猫(ねこ)(   )嫌(きら)いです。

4) デパートでカレー（　　　）買(か)いました。

5) 旅行(りょこう)（　　　）好(す)きです。

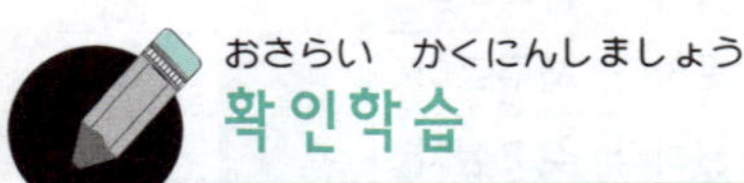

확인학습

① 일본어랑 영어랑 어느 쪽이 어렵습니까? (難(むずか)しい)

② 연예인 중에서 누구를 가장 좋아합니까? (芸能人(げいのうじん))

③ 노래를 잘합니다. (歌(うた))

④ 콜라를 원합니다. (コーラ)

⑤ 木村拓也(きむらたくや)를 좋아합니다. (好(す)きだ)

109page ⊙ 1. 2개 비교

1. A : ソウルと東京(とうきょう)とどちらが広(ひろ)いですか。

 B : 東京(とうきょう)の方(ほう)がソウルより広(ひろ)いです。

2. A : バスとタクシーとどちらが便利(べんり)ですか。

 B : タクシーの方(ほう)がバスより便利(べんり)です。

3. A : 私(わたし)と彼女(かのじょ)とどちらがきれいですか。

 B : あなたの方(ほう)が彼女(かのじょ)よりきれいです。

110page ⊙ 2. 3개 이상 비교

1. 果物(くだもの)の中(なか)で何(なに)が一番(いちばん)好(す)きですか。

2. 季節(きせつ)の中(なか)でいつが一番(いちばん)嫌(きら)いですか。

3. スポーツの中(なか)で何(なに)が一番(いちばん)好(す)きですか。

4. 歌手(かしゅ)の中(なか)で誰(だれ)が一番(いちばん)好(す)きですか。

111page ⊙ 다음 괄호 안에 를나 가를 넣으세요.

1. を   **2.** が
3. が   **4.** を
5. が

112page ✏ **확인학습**

1. 日本語(にほんご)と英語(えいご)とどちらが難(むずか)しいですか。

2. 芸能人(げいのうじん)の中(なか)で誰(だれ)が一番(いちばん)好(す)きですか。

3. 歌(うた)が上手(じょうず)です。

4. コーラがほしいです。

5. 木村拓也(きむらたくや)が好(す)きです。

玉ねぎとにんじんとピーマンの中で何が一番嫌い？

全部嫌い！

じんちゃんでもあるまいし…。だから大きくならないんだよ。

第 **11** 課
がんばれ！

"다마네기도 싫어요."

'다마네기'도 일상 생활에서 많이 쓰는 표현이다. 玉(たま)는 '구슬'이고 ねぎ는 '파'다. 구슬처럼 둥근 파니까 양파(玉(たま)ねぎ)인 것이다. 언젠가 NHK에 한국 가수인 '양파'가 나온 적이 있다. 크게 생각하지 않았는데, 일본방송 NHK에서 玉(たま)ねぎさん이라고 말하니 어쩐지 좀 웃겨서 한참을 웃은 적이 있다.

玉ねぎも嫌いです。

リエ　玉ねぎとにんじんとピーマンの中で何が一番嫌い？

우성　全部嫌い！

リエ　しんちゃんでもあるまいし｡｡｡ だから大きくならないんだよ。

表 현 연 구　　　　　　　　　　　　　　　ひょうけん

리에　양파랑 당근이랑 피망 중에서 뭘 제일 싫어해?
우성　다 싫어!
리에　짱구도 아니고… 그러니까 키가 안 크는 거야.

玉(たま)ねぎ 양파　にんじん 당근　ピーマン 피망　一番(いちばん) 가장　嫌(きら)い 싫음, 싫어함　全部(ぜんぶ) 전부
でもあるまいし ～이지도 않으면서　だから 그러니까　大(おお)きくなる 커지다　大(おお)きくならない 커지지
않는다, 안 큰다

1 비교할 때 알아두면 유용한 단어

果物(くだもの) 과일

りんご 사과　なし 배　いちご 딸기　ぶどう 포도　もも 복숭아　すいか 수박　みかん 귤
柿(かき) 감　バナナ 바나나　オレンジ 오렌지　メロン 메론　ライチ 라이치　マンゴー 망고
レモン 레몬　さくらんぼう 체리　ざくろ 석류　すもも 자두　なつめ 대추　うめ 매실

季節(きせつ) 계절

春(はる) 봄　夏(なつ) 여름　秋(あき) 가을　冬(ふゆ) 겨울

スポーツ 운동 · 스포츠

水泳(すいえい) 수영　野球(やきゅう) 야구　スキー 스키　ゴルフ 골프　スケート 스케이트　相撲(すもう) 일본씨름　バスケットボール 농구　テニス 테니스　サッカー 축구　バレーボール 배구　山登(やまのぼ)り 등산　マラソン 마라톤

飲(の)み物(もの) 마실 것

ジュース 주스　オレンジジュース 오렌지주스　ぶどうジュース 포도주스　コーラ 콜라
ビール 맥주　生(なま)ビール 생맥주　ワイン 와인　ウィスキー 위스키　コーヒー 커피　お水(みず) 물　お茶(ちゃ) 차, 녹차　ココア 코코아　紅茶(こうちゃ) 홍차　カクテル 칵테일　サイダー 사이다　牛乳(ぎゅうにゅう) 우유　焼酎(しょうちゅう) 소주　ウーロン茶(ちゃ) 우롱차

野菜(やさい) 야채

キャベツ 양배추　トマト 토마토　大根(だいこん) 무　にんじん 당근　ほうれんそう 시금치　玉(たま)ねぎ 양파　ピーマン 피망　きゅうり 오이　ごぼう 우엉　じゃがいも 감자　さつま芋(いも) 고구마　レタス 상추　サニーレタス 양상추　ききょう 도라지　茄子(なす) 가지　もやし 콩나물　茸(きのこ) 버섯　朝鮮人参(ちょうせんにんじん) 인삼

薬味(やくみ) 양념

醤油(しょうゆ) 간장　味(あじ)の素(もと) 미원　巣(す) 식초　砂糖(さとう) 설탕　油(あぶら) 기름　胡麻油(ごまあぶら) 참기름

魚(さかな) 생선

鯛(たい) 도미　鱈(たら) 대구　鯖(さば) 고등어　さんま 꽁치　ひらめ 넙치　烏賊(いか) 물오징어　する

め 말린 오징어 いりこ 멸치 たこ 문어 鰯(いわし) 정어리 鮭(さけ) 연어

その他(ほか) 그 밖에…

米(こめ) 쌀 麦(むぎ) 보리 豆腐(とうふ) 두부 大豆(だいず) 콩 小豆(あずき) 팥 粟(あわ) 좁쌀 そば 메밀(국수) きび 수수 小麦粉(こむぎこ) 밀가루 納豆(なっとう) 낫또

명사の中(なか)で 何(なに)(무엇)が 一番(いちばん) ＿＿＿＿ ですか
どこ(어디)
だれ(누구)
いつ(언제)
→ 명사が 一番(いちばん) ＿＿＿＿ です ～이/가(을) 제일 ～합니다.

◉ 회화연습

1) 飲(の)み物(もの)の中(なか)で何(なに)が一番(いちばん)好(す)きですか。
마실 것 중에서 무엇을 가장 좋아합니까?

2) コーヒーが好(す)きですか? 커피를 좋아합니까?

好(す)きな場合(ばあい)(좋아하는 경우)：どんなコーヒーが好(す)きですか。
어떤 커피를 좋아합니까?

3) ご飯(はん)を食(た)べるとき、どんな飲(の)み物(もの)を飲(の)みますか。
밥 먹을 때 어떤 음료수를 마십니까?

4) 好(す)きな喫茶店(きっさてん)やカフェがありますか。 좋아하는 찻집이나 카페가 있습니까?

5) 韓国(かんこく)では体(からだ)にいい飲(の)み物(もの)は何(なん)ですか。

한국에서는 몸에 좋은 음료수는 무엇입니까?

6) 魚(さかな)の中(なか)で何(なに)が一番(いちばん)嫌(きら)いですか。

생선 중에서 무엇을 가장 싫어합니까?

全部(ぜんぶ)嫌(きら)いな場合(ばあい)(전부 싫어하는 경우) : 魚(さかな)なら全部(ぜんぶ)嫌(きら)いです。

생선이라면 모두 싫어합니다.

全部(ぜんぶ)好(す)きな場合(ばあい)(전부 좋아하는 경우) : 魚(さかな)なら全部(ぜんぶ)(何(なん)でも)好(す)きです。

생선이라면 모두(뭐든지) 좋아합니다.

7) スポーツの中(なか)で何(なに)が一番(いちばん)上手(じょうず)ですか。

스포츠 중에서 무엇을 가장 잘합니까?

| 3 |　　まい

1. ~하지 않을 것이다(추측)
2. ~하지 않을 것이다(각오)
   문말에 쓰여서 주로 혼잣말 할 때 많이 쓰는 말이다.

   · 明日(あした)は雨(あめ)が降(ふ)るまい。 내일은 비가 오지 않을 것이다.

   · 彼(かれ)は二度(にど)と来(く)るまい。 그는 두 번 다시 오지 않을 것이다.

   · そこには二度(にど)と行(い)くまい。 거기에는 두 번 다시 가지 않을 것이다.

   · 彼(かれ)とは二度(にど)と約束(やくそく)するまい。

   그와는 두 번 다시 약속하지 않을 것이다.

・二度(にど)と失敗(しっぱい)は繰(く)り返(かえ)すまい。

두 번 다시 실패는 되풀이하지 않을 것이다.

あるまいし ～도 아니고, ～도 아닌데

・子供(こども)じゃあるまいし。 애들도 아니고!

・学生(がくせい)じゃあるまいし。 학생도 아닌데!

・女(おんな)の子(こ)じゃあるまいし。 여자애도 아니고!

・男(おとこ)の子(こ)じゃあるまいし。 남자애도 아니고!

・減(へ)るものじゃあるまいし。 줄어드는 것도 아닌데!

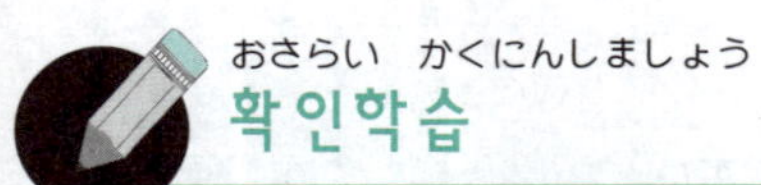

확인학습

① 내일은 학교에 가지 않을 것이다. (明日(あした)、学校(がっこう)、行(い)く)

② 주스를 좋아합니까? (ジュース、好(す)きだ)

③ 음료수 중에서 무엇을 가장 싫어합니까? (飲(の)み物(もの)、嫌(きら)いだ)

④ 이 우동은 서울에서 가장 맛있습니다. (うどん、ソウル、一番(いちばん)、おいしい)

⑤ 음식 중에서 무엇을 가장 좋아합니까? (食(た)べ物(もの)、好(す)きだ)

118page ◉ 회화연습

1. ＿＿＿＿＿＿＿＿ が一番(いちばん)好(す)きです。

2. はい、好(す)きです。好(す)きな場合(ばあい)：ブラックコーヒーが好(す)きです。いいえ、嫌(きら)いです。

3. ＿＿＿＿＿＿＿＿ を飲(の)みます。

4. はい、あります。いいえ、ありません。

5. ＿＿＿＿＿＿＿＿ が体(からだ)にいいです。

6. ＿＿＿＿＿＿＿＿ が一番(いちばん)嫌(きら)いです。

7. ＿＿＿＿＿＿＿＿ が一番(いちばん)上手(じょうず)です。

120page 확인학습

1. 明日(あした)は学校(がっこう)へ行(い)くまい。

2. ジュースが好(す)きですか。

3. 飲(の)み物(もの)の中(なか)で何(なに)が一番(いちばん)嫌(きら)いですか。

4. このうどんはソウルで一番(いちばん)おいしいです。

5. 食(た)べ物(もの)の中(なか)で何(なに)が一番(いちばん)好(す)きですか。

ビール早飲み大会です！

川崎さんは、たしか前回 優勝しましたよね。

いいえ、二位でしたよ。

それじゃ、今回は一本勝負で勝ってください。

第**12**課

がんばれ！

"쇼부칠까요?"

쇼부는 일본어로서 勝負(しょうぶ)(승부)다. 또한 한판승부는 一本勝負(いっぽんしょうぶ)로 쓴다. 요즘은 쇼부라는 말을 너무나도 많이 쓰는 경향이 있는데, '결정짓다, 한판 붙다, 협의, 합의' 등 여러 가지 뜻으로 두루 쓰이고 있다. 예를 들어, 상점에서 맘에 드는 옷을 발견했는데, 너무 비싸서 자기가 해결 못할 때, "엄마랑 쇼부 치고 올게요" 이런 식으로 자주 말하곤 한다. 합의나 협의에까지 쇼부라는 단어는 곤란하다. 적당한 다른 말을 찾는 것도 좋을 듯싶다.

一本勝負で勝ってください。

うせい　ビール　早飲み大会です！

川崎さんは、たしか前回　優勝しましたよね。

威（たけし）　いいえ、二位でしたよ。

うせい　それじゃ、今回は一本勝負で勝ってください。

표현연구

ひょうげん

우성　맥주 빨리 마시기 대회입니다!
　　　가와사키 씨는 분명히 지난번에 우승했지요?
다케시　아니요, 2등 했는데요.
리에　그러면, 이번에는 한판승부로 이겨주세요.

ビール 맥주　早飲(はやの)み 빨리 마시기　大会(たいかい) 대회　確(たし)か 분명히, 확실히　前回(ぜんかい) 저번, 저번 대회　優勝(ゆうしょう) 우승　二位(にい) 2등　それじゃ(＝それでは) 그러면　今回(こんかい) 이번, 이번 대회　一本勝負(いっぽんしょうぶ) 한판승부　勝(か)ってください 이겨주세요

• 이름이 왜 갑자기 川崎(かわさき)로 바뀌었을까? 여기서 威(たけし)는 이름이고 川崎(かわさき)는 성이다. 정말 친한 친구나 가족이 아닌 이상, 주로 성에다가 さん를 붙여서 말하는 것이 원칙이다.

문법 | KEY POINT

|1| 동사 과거 연습

일상생활에서 쓰이는 표현은 전부 동사의 과거체라고 해도 과언이 아니다. 특히 한국 사람들은 만나면 "밥 먹었어요?"라고 묻는 게 인사인데, 동사 과거로 이루어져 있다. 또, 과거체를 구사할 수 있어야 일기를 쓸 수 있다. 외국어를 잘하려면 한 줄이라도 일기를 쓰는 습관도 중요하다. 과거형을 꼭 잘 익혀서 유용하게 써먹자!

ます형 · 기본형 〜ㅂ니다/〜하겠습니다	부정형 〜지 않습니다	과거형 〜했습니다	과거부정형 〜하지 않았습니다
書(か)く (쓰다) 書(か)きます			
食(た)べる (먹다)			
呼(よ)ぶ (부르다)			
会(あ)う (만나다)			
寝(ね)る (자다)			
見(み)る (보다)			
死(し)ぬ (죽다)			
起(お)きる (일어나다)			
*知(し)る (알다)			
*来(く)る (오다)			
*する (하다)			

※ 표시주의(예외 5단 동사 · カ변격 동사 · サ변격 동사에 항상 주의하자!)

동사 과거도 9과에서 했던 ます를 붙이는 공식과 같다. 5단 동사는 u단을 i단으로 바꿔주고 ます를 붙이고, 상·하 1단 동사는 끝의 る를 빼고 ます를 붙이고, くる는 무조건 きます로, する는 무조건 します로 바꾸었는데 공식은 같다. ます(~ㅂ니다/~하겠습니다)의 부정은 ません(~지않습니다/~하지 않겠습니다)이고, 과거형은 ました(~했습니다)이며, 과거부정은 ませんでした(~지 않았습니다)가 된다.

'~했습니까?'에 해당하는 의문문은 어떻게 될까? 과거형 ました(~했습니다)에 끝에 か를 붙여서 ましたか(했습니까?)를 붙이면 된다.

一昨日(おととい)그저께	先先週(せんせんしゅう)지지난주	先先月(せんせんげつ)지지난달	一昨年(おととし)재작년
昨日(きのう)어제	先週(せんしゅう)지난주	先月(せんげつ)지난달	去年(きょねん)작년
今日(きょう)오늘	今週(こんしゅう)이번주	今月(こんげつ)이번달	今年(ことし)올해
明日(あした)내일	来週(らいしゅう)다음주	来月(らいげつ)다음달	来年(らいねん)내년
明後日(あさって)모레	再来週(さらいしゅう)다다음주	再来月(さらいげつ)다다음달	再来年(さらいねん)내후년

※시제 표현에서 중요한 어휘들이다. 꼭 외우자!

⊙ **연습**

1. A : 朝(あさ)、何時(なんじ)に ＿＿＿＿＿＿＿＿＿＿＿＿＿＿＿＿＿＿＿＿＿＿＿。

　　起(お)きる(일어나다)

　 B : いつも、七時(しちじ)に ＿＿＿＿＿＿＿＿＿＿＿＿＿＿＿＿＿＿＿＿＿。

※ いつも(항상)의 뜻에 주의한다. "항상 7시에 일어납니다"의 평서문이 알맞다.

2. A : よく 映画(えいが)を ＿＿＿＿＿＿＿＿＿＿＿＿＿＿＿＿＿＿＿＿＿。

　　見(み)る(보다)

　 B : いいえ、あまり ＿＿＿＿＿＿＿＿＿＿＿＿＿＿＿＿＿＿＿＿。

※ あまり(그다지/별로)이므로 뒤에 항상 부정형이 오며, 평서문이 알맞다.

3. A : 昨日(きのう)、何時(なんじ)に ＿＿＿＿＿＿＿＿＿＿＿＿＿＿＿＿＿＿＿＿＿。

　　寝(ね)る(자다)

　 B : 十一時(じゅういちじ)に ＿＿＿＿＿＿＿＿＿＿＿＿＿＿＿＿＿＿＿＿＿。

※ 昨日(きのう)(어제)가 관건이다. 시제를 일치시켜 주자. 과거 문장이 알맞다.

4. A：昨日(きのう)、日本語(にほんご)の勉強(べんきょう)を ____________________________。

    する(하다)

  B：いいえ、____________________________。

※ いいえ(아니오)로 대답했기 때문에 과거 부정형으로 써야 맞다.

5. A：今朝(けさ)、新聞(しんぶん)を ____________________________。

    読(よ)む(읽다)

  B：はい、____________________________。

※ 今朝(けさ)(오늘아침)는 이미 지나간 것이니까 과거 문장으로 쓴다.

| 3 | 같은 어순으로 인해 실수하는 것(꼭 알아둬야 할 용법)

※ 이 용법을 알아야 회화나 작문할 때도 실수 없이 매끄럽게 할 수 있다.
분명히 한글과 일본어가 어순이 같아서 그대로 말을 하고 작문을 하곤 하는데, 항상 같기만 하면 재미없을 것이다. 이것을 꼭 알아둬서 센스 있게 쓰자. 예를 들어 '아침에'를 작문할 때 朝(あさ)に를 붙이면 틀린 용법이다. 朝(あさ)만 쓴다. 아무것도 아닌 것 같아도 큰 실수를 할 수 있다.

★ に를 붙이는 경우
秒(초), 分(분), 時(시), 日(일), 月(월), 年(년), ごろ／ころ(경, 쯤 - 붙이기도 하고 안 붙이기도 한다)

★ に를 안 붙이는 경우
朝(あさ)아침, 昼(ひる)점심, 晩(ばん)밤, 夜(よる)저녁, 午前(中)(ごぜんちゅう)오전(중), 午後(ごご)오후, 昨日(きのう)어제, 今日(きょう)오늘, 明日(あした)내일, 春(はる)봄, 夏(なつ)여름, 秋(あき)가을, 冬(ふゆ)겨울, 去年(きょねん)작년, 今年(ことし)올해, 最近(さいきん)최근, このごろ요즘, 昔(むかし)옛날, 将来(しょうらい)장래, 未来(みらい)미래 등

- 요즈음에는 → 最近(さいきん)は
- 오전 중에 → 午前中(ごぜんちゅう)
- 작년 봄에 → 去年(きょねん)の春(はる)
- 아침에 → 朝(あさ)
- 10일경에 → 十日(とおか)ごろ(に)

- 내년에 → 来年(らいねん)
- 어제 → 昨日(きのう)
- 장래에 → 将来(しょうらい)
- 4월에 → 四月(しがつ)に
- 2005년에 → 2005年(ねん)に

• 옛날에는 → 昔(むかし)は

ex〉 • 다음달에 일본으로 돌아갑니다. 来月(らいげつ)、日本(にほん)へ帰(かえ)ります。

　　 • 작년에 정장을 샀습니다. 去年(きょねん)、スーツを買(か)いました。

　　 • 장래에 무엇이 되고 싶습니까? 将来(しょうらい)、何(なに)になりたいですか。

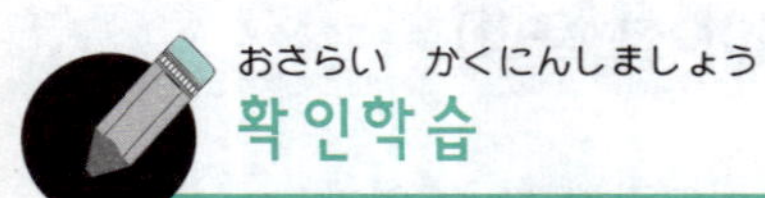

확인학습

① 어제 몇 시에 잤습니까? (昨日(きのう)、寝(ね)る)

② 9시에 일어났습니다. (起(お)きる)

③ 아침밥은 안 먹었습니다. (朝(あさ)ご飯(はん))

④ 텔레비전을 봤습니다. (見(み)る)

⑤ 친구와 도서관에서 공부했습니다. (図書館(としょかん)、勉強(べんきょう))

🏵 Exercise 종합문제

🏵 다음 단어의 반대말을 쓰세요.

1. 行く(가다) ________________

2. 起きる(일어나다) ________________

3. 座る(앉다) ________________

4. 泣く(울다) ________________

🏵 다음 단어를 ひらがな로 써보세요.

1. 買物 ________________

2. 料理 ________________

3. 先週 ________________

4. 勉強 ________________

🏵 다음 단어를 한자로 써보세요.

1. きょう ________________

2. せんしゅう ________________

3. にほんご ________________

4. おんがく ________________

🏵 다음을 작문하세요.

1. 스포츠 중에서 무엇을 잘합니까? ________________

2. 과일 중에서 무엇을 좋아합니까? ________________

3. 몇 시에 일어납니까? ________________

4. 몇 시에 일어났습니까? ________________

5. 신문을 봤습니다. ________________

6. 텔레비전을 봅니다. ________________

7. 커피를 마셨습니다. ________________

8. 새 카메라를 갖고 싶습니다. ________________

9. 담배를 피웁니다. ________________________________

10. 쇼핑을 했습니까? ________________________________

11. 영화를 봤습니다. ________________________________

12. 밥을 먹었습니까? ________________________________

'신문을 보다' 라고 하면 新聞を見る로 쓰기 쉬운데, 우리는 '신문을 본다'고 말은 하지만 실제로는 읽는 것이

다. 이런 것들을 주의해서 잘 쓸 줄 알아야 번역을 잘하게 된다.

125page ◉ 동사과거 연습

ます형·기본형 ~ㅂ니다/하겠습니다	부정형 ~지 않습니다	과거형 ~했습니다	과거부정형 ~하지 않았습니다
書(か)く(쓰다) 書(か)きます	書きません	書きました	書きませんでした
食(た)べる(먹다) 食(た)べます	食べません	食べました	食べませんでした
呼(よ)ぶ(부르다) 呼(よ)びます	呼びません	呼びました	呼びませんでした
会(あ)う(만나다) 会(あ)います	会いません	会いました	会いませんでした
寝(ね)る(자다) 寝(ね)ます	寝ません	寝ました	寝ませんでした
見(み)る(보다) 見(み)ます	見ません	見ました	見ませんでした
死(し)ぬ(죽다) 死(し)にます	死にません	死にました	死にませんでした
起(お)きる(일어나다) 起(お)きます	起きません	起きました	起きませんでした
*知(し)る(알다) 知(し)ります	知りません	知りました	知りませんでした
*来(く)る(오다) 来(き)ます	来ません	来ました	来ませんでした
*する(하다) します	しません	しました	しませんでした

1. A : 朝（あさ）、何時（なんじ）に起（お）きますか。

    B : いつも七時（しちじ）に起（お）きます。

2. A : よく映画（えいが）を見（み）ますか。

    B : いいえ、あまり見（み）ません。

3. A : 昨日（きのう）、何時（なんじ）に寝（ね）ましたか。

    B : 十一時（じゅういちじ）に寝（ね）ました。

4. A : 昨日（きのう）、日本語（にほんご）の勉強（べんきょう）をしましたか。

    B : いいえ、しませんでした。

5. A : 今朝（けさ）、新聞（しんぶん）を読（よ）みましたか。

    B : はい、読（よ）みました。

128page 확인학습

1. 昨日（きのう）、何時（なんじ）に寝（ね）ましたか。

2. 九時（くじ）に起（お）きました。

3. 朝（あさ）ご飯（はん）は食（た）べませんでした。

4. テレビを見（み）ました。

5. 友達（ともだち）と図書館（としょかん）で勉強（べんきょう）しました。

❀ 다음 단어의 반대말을 쓰세요.

1. 来(く)る

2. 寝(ね)る

3. 立(た)つ

4. 笑(わら)う

❀ 다음 단어를 ひらがな로 써보세요.

1. かいもの

2. りょうり

3. せんしゅう

4. べんきょう

❀ 다음 단어를 한자로 써보세요.

1. 今日(きょう)

2. 先週(せんしゅう)

3. 日本語(にほんご)

4. 音楽(おんがく)

❀ 다음을 작문하세요.

1. スポーツの中(なか)で何(なに)が上手(じょうず)ですか。

2. 果物(くだもの)の中(なか)で何(なに)が好(す)きですか。

3. 何時(なんじ)に起(お)きますか。

4. 何時(なんじ)に起(お)きましたか。

5. 新聞(しんぶん)を読(よ)みました。

6. テレビを見(み)ます。

7. コーヒーを飲(の)みました。

8. 新(あたら)しいカメラがほしいです。

9. タバコを吸(す)います。

10. 買物(かいもの)をしましたか。

11. 映画(えいが)を見(み)ました。

12. ご飯(はん)を食(た)べましたか。

一年前までは それでも ゆるゆるだったのに。

今はぴったり。

本当にそうだね。

前はもんぺだったのに。

第 **13** 課
がんばれ！

"**몸빼**가 제격이야."

우리가 생각할 때 아줌마들이 가슴 밑까지 올려서 입고, 헐렁헐렁한, 꽃무늬 고무줄 바지를 '몸빼'라고 하는 것 같다. 사실은 '몸빼'는 일본어의 바지 또는 작업복을 나타내는 **もんぺ**에서 나온 말이다. 아줌마들끼리 "몸빼바지 입은 걸 보니 일하러 가는가 보네"라고도 자주 쓴다. 그 정도로 편안함을 말하는 것이겠지만, 여성들이여, 몸빼의 편안함을 느끼면 몸이 몸빼(여포복 = 여자이기를 포기한 복장)처럼 될지도 모른다.

もんべが一番です。

リエ 一年前（いちねんまえ）までは　それでも　ゆるゆるだったのに。

今はぴったり。

威（たけし） 本当（ほんとう）にそうだね。

リエ 前（まえ）はもんべだったのに。

표현연구

ひょうげん

리에 1년 전까지는 그래도 헐렁헐렁했는데 지금은 딱 맞네.
다케시 정말 그렇네.
리에 전에는 몸뻬였는데…

一年(いちねん) 1년　前(まえ) 전, 앞　まで 까지　それでも 그래도　ゆるゆる 헐렁헐렁　今(いま) 지금　ぴったり 꼭, 딱　本当(ほんとう)だ 정말이다, 사실이다　本当(ほんとう)に 정말로　そうだ 그렇다　もんべ 몸뻬바지, 작업복

문법 | KEY POINT

1 조수사(何年(なんねん) - 몇 년)

1年	2年	3年	4年	5年	6年
いちねん	にねん	さんねん	よねん	ごねん	ろくねん
7年	8年	9年	10年	100年	何年
しち・ななねん	はちねん	きゅうねん	じゅうねん	ひゃくねん	なんねん

何年(なんねん)은 '몇 년'이고 何(なん) 대신에 숫자를 대입해서 읽으면 된다. 여기서 한 가지 주의해야 할 사항은 '4년'을 四年(よねん)으로 읽는다는 것이다. 10단위가 넘어가도 十四年(じゅうよねん)、二十四年(にじゅうよねん) 이런 식으로 읽는다.

2 형용사·な형용사(= 형용동사)의 과거형

동사에서도 과거를 알아야 일기도 쓰고 대화가 된다고 했지만, 형용사와 な형용사(= 형용동사)도 마찬가지다. 정확한 용법을 알아두어 실수 없도록 하자!

ーい 〜이다	ーいです 〜입니다	ーくない 〜아니다	ーくないです ーくありません 〜아닙니다
暑(あつ)い 덥다	暑いです 덥습니다	暑くない 덥지않다	暑くないです 덥지 않습니다 暑くありません
寒(さむ)い 춥다			
おもしろい 재미있다			
高(たか)い 비싸다			
いい 좋다			

ーだ 〜이다	ーです 〜입니다	ーじゃない 〜아니다	ーではありません 〜아닙니다
元気(げんき)だ 건강하다	元気です 건강합니다	元気じゃない 건강하지 않다	元気ではありません 건강하지 않습니다
静(しず)かだ 조용하다			
きれいだ 예쁘다			
好(す)きだ 좋아하다			
先生(せんせい)だ 선생님이다			

ーかった 〜였다	ーかったです 〜였습니다	ーくなかった 〜아니었다	ーくなかったです ーくありませんでした 〜아니었습니다
暑(あつ)かった 더웠다	暑かったです 더웠습니다	暑くなかった 덥지 않았다	暑くなかったです 덥지 않았습니다 暑くありませんでした
寒(さむ)い			
おもしろい			
高(たか)い			
いい			

ーだった 〜였다	ーでした 〜였습니다	ーじゃなかった 〜아니었다	ーではありませんでした 〜아니었습니다
元気(げんき)だった 건강했다	元気でした 건강했습니다	元気じゃなかった 건강하지 않았다	元気ではありませんでした 건강하지 않았습니다
静(しず)かだ			
きれいだ			
好(す)きだ			
先生(せんせい)だ			

※ いいの活用

いい　좋다

いいです。좋습니다.

よくない。좋지 않다.

よくないです。(＝よくありません。) 좋지 않습니다.

よかった。좋았다.

よかったです。좋았습니다.

よくなかった。좋지 않았다.

よくなかったです。(＝よくありませんでした。) 좋지 않았습니다.

⊙ 과거형 연습문제

• 밑줄 친 곳에 알맞은 말을 써넣으세요.

1. あのレストランは親切(しんせつ)でしたか。그 레스토랑은 친절했습니까?

   いいえ、あまり ________________________________ あまり(그다지/별로)

   ※ 여기에서 あの는 말하는 사람, 듣는 사람 둘 다 알고 있는 상황이기 때문에 '저'로 해석하
   　 지 않고 '그'로 해석한다.

2. 昨日(きのう)は忙(いそが)しかったですか。어제는 바빴습니까?

   はい、とても ________________________________ とても(굉장히/매우)

3. 富士山(ふじさん)はきれいでしたか。후지산은 깨끗했습니까?/아름다웠습니까?

   はい、とても ________________________________

4. テストは難(むずか)しかったですか。시험은 어려웠습니까?

   いいえ、あまり ________________________________

5. 魚(さかな)は新鮮(しんせん)でしたか。생선은 신선했습니까?

   はい、とても ________________________________

• 시제에 맞게 써넣으세요.

ex〉忙(いそが)しいです。 → 先週(せんしゅう)は忙(いそが)しかったです。

1. 暑(あつ)いです。 → 昨日(きのう)は ________________________

2. 楽(たの)しくないです。 → 昨日(きのう)のパーティーは ________________________

3. いいです。 → 昨日(きのう)の天気(てんき)はあまり ________________________

4. 昨日(きのう)は暑(あつ)かったですか。(いいえ) → ________________________

5. 今朝(けさ)は寒(さむ)かったですか。(はい) → ________________________

6. ケーキはおいしかったですか。(いいえ) → ________________________

7. お茶(ちゃ)は熱(あつ)かったですか。(はい) → ________________________

(단어정리)
忙(いそが)しい 바쁘다　パーティー 파티　天気(てんき) 날씨　今朝(けさ) 오늘아침　あ茶(ちゃ) 차　熱(あつ)い 뜨겁다

| 3 |　な형용사(＝ 형용동사)와 명사 구별법

앞 과에서 봤듯이 な형용사(＝ 형용동사)와 명사는 활용이 똑같기 때문에 활용연습을 할 때는 편하지만, 어떤 것이 な형용사(＝ 형용동사)인지, 어떤 것이 명사인지 구별이 가지 않는다. 이럴 때는 뒤에 な를 넣어서 말이 되면 な형용사(＝ 형용동사)고, 말이 되지 않으면 명사다.

きれい(예쁨, 깨끗함) → きれいな(예쁜, 깨끗한) ∴ な형용사(＝ 형용동사)
先生(せんせい)(선생님) → 先生(せんせい)な(선생님인) ∴ 명사
便利(べんり)(편리) → 便利(べんり)な(편리한) ∴ な형용사(＝ 형용동사)
勉強(べんきょう)(공부) → 勉強(べんきょう)な(공부인) ∴ 명사
好(す)き(좋아함) → 好(す)きな(좋아하는) ∴ な형용사(＝ 형용동사)
電話(でんわ)(전화) → 電話(でんわ)な(전화인) ∴ 명사
最悪(さいあく)(최악) → 最悪(さいあく)な(최악인) ∴ な형용사(＝ 형용동사)

| 4 |　のに(～인데) 용법

のに는 앞의 조건 때문에 당연히 그에 대한 결과가 기대되는데 실제로는 그에 반대되는 결과가 나타날 때 쓴다.

· 今(いま)まで勤(つと)めてきたのに、会社(かいしゃ)を辞(や)めるんですって。
지금까지 근무해왔는데 회사 그만둔대.

· お金(かね)もないのに、むだづかいばかりしている。
돈도 없는데, 낭비만 하고 있다.

· 勉強(べんきょう)がしたいのに、忙(いそが)しくて時間(じかん)がありません。
공부를 하고 싶은데, 바빠서 시간이 없습니다.

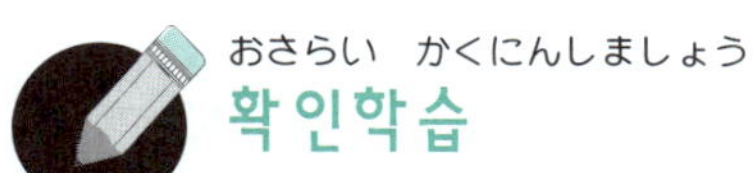

확인학습

① 이 책은 어땠습니까? (本(ほん))

② 아주 재미있었습니다. (面白(おもしろ)い)

③ 영화는 별로 재미있지 않았습니다. (映画(えいが))

④ 굉장히 깨끗한 방이었습니다. (きれいだ、部屋(へや))

⑤ 시험은 그다지 어렵지 않았습니다. (テスト、難(むずか)しい)

137page ◉ 형용사 · な형용사(= 형용동사)의 과거형

−い 〜이다	−いです 〜입니다	−くない 〜아니다	−くないです −くありません 〜아닙니다
暑(あつ)い 덥다	暑いです 덥습니다	暑くない 덥지않다	暑くないです 덥지 않습니다 暑くありません
寒(さむ)い 춥다	寒いです	寒くない	寒くないです 寒くありません
おもしろい 재미있다	おもしろいです	おもしろくない	おもしろくないです おもしろくありません
高(たか)い 비싸다	高いです	高くない	高くないです 高くありません
いい 좋다	いいです	よくない	よくないです よくありません

−だ 〜이다	−です 〜입니다	−じゃない 〜아니다	−ではありません 〜아닙니다
元気(げんき)だ 건강하다	元気です 건강합니다	元気じゃない 건강하지 않다	元気ではありません 건강하지 않습니다
静(しず)かだ 조용하다	静かです	静かじゃない	静かではありません
きれいだ 예쁘다	きれいです	きれいじゃない	きれいではありません
好(す)きだ 좋아하다	好きです	好きじゃない	好きではありません
先生(せんせい)だ 선생님이다	先生です	先生じゃない	先生ではありません

-かった ~였다	-かったです ~였습니다	-くなかった ~아니었다	-くなかったです -くありませんでした ~아니었습니다
暑(あつ)かった 더웠다	暑かったです 더웠습니다	暑くなかった 덥지 않았다	暑くなかったです 덥지 않았습니다 暑くありませんでした
寒(さむ)かった	寒かったです	寒くなかった	寒くなかったです 寒くありませんでした
おもしろかった	おもしろかったです	おもしろくなかった	おもしろくなかったです おもしろくありませんでした
高(たか)かった	高かったです	高くなかった	高くなかったです 高くありませんでした
よかった	よかったです	よくなかった	よくなかったです よくありませんせした

-だった ~였다	-でした ~였습니다	-じゃなかった ~아니었다	-ではありませんでした ~아니었습니다
元気(げんき)だった 건강했다	元気でした 건강했습니다	元気じゃなかった 건강하지 않았다	元気ではありませんでした 건강하지 않았습니다
静(しず)かだった	静かでした	静かじゃなかった	静かではありませんでした
きれいだった	きれいでした	きれいじゃなかった	きれいではありませんでした
好(す)きだった	好きでした	好きじゃなかった	好きではありませんでした
先生(せんせい)だった	先生でした	先生じゃなかった	先生ではありませんでした

139page ◉ 과거형 연습문제

밑줄 친 곳에 알맞은 말을 써넣으세요.

1. いいえ、あまり親切(しんせつ)ではありませんでした。

2. はい、とても忙(いそが)しかったです。

3. はい、とてもきれいでした。

4. いいえ、あまり難(むずか)しくなかったです。（難(むずか)しくありませんでした）

5. はい、とても新鮮(しんせん)でした。

140page ◉ 시제에 맞게 써넣으세요.

1. 暑(あつ)かったです。

2. 楽(たの)しくなかったです。（楽(たの)しくありませんでした。）

3. よくなかったです。（よくありませんでした。）

4. いいえ、暑(あつ)くなかったです。（暑(あつ)くありませんでした。）

5. はい、寒(さむ)かったです。

6. いいえ、おいしくなかったです。（おいしくありませんでした。）

7. はい、熱(あつ)かったです。

141page 🖊 확인학습

1. この本(ほん)はどうでしたか。

2. とても面白(おもしろ)かったです。

3. 映画(えいが)はあまり面白(おもしろ)くなかったです。（面白(おもしろ)くありませんでした。）

4. とてもきれいな部屋(へや)でした。

5. テストはあまり難(むずか)しくなかったです。（難(むずか)しくありませんでした。）

工場に仕事をする人が足りなくて、
締め切りに間に合わないですよ。
じゃ、何人くらい採用したらいいかな。
若い人を四五人雇いましょう、
経験者を二、三人募集したほうがいいんじゃないですか。

第14課
がんばれ！

"지금 시다가 부족해요."

우리가 알고 있는 시다는 일본어 下(した)(아래)에서 나온 말로서, '아랫사람, 일을 보조하는 사람' 정도로 생각하면 될 것이다. 그렇지만, 직접적으로 시다(下(した))로 쓰지는 않는다는 데 주의하자! 사람을 上(うえ), 下(した)라는 식으로 차별용어를 쓰는 느낌이 든다. 年下(としした)(연하/나이가 어림), 年上(としうえ)(연상/나이가 많음) 이런 경우에는 쓰이지만 거의 쓰이지 않는다. 괜히 써서 감정 상하게 하지 말고 주의하자!

人が足りないんです。

우성 工場（こうじょう）に仕事（しごと）をする人（ひと）が足（た）りなくて、締（し）め切（き）りに間（ま）に合（あ）わないですよ。

威（たけし） じゃ、何人（なんにん）くらい採用（さいよう）したらいいかな。

우성 若（わか）い人（ひと）を四五人（しごにん）雇（やと）いましょうよ。

威（たけし） 経験者（けいけんしゃ）を二、三人（にさんにん）募集（ぼしゅう）したほうがいいんじゃないですか。

표현연구

ひょうげん

우성	공장에 시다(일 할 사람)가 부족해서 기일을 못 맞추겠어요.
다케시	그럼, 몇 명 정도 뽑는 것이 좋을까?
우성	젊은 사람으로 네 다섯 명 정도 뽑지요.
다케시	경력자로 두 세 명 뽑는 것이 좋지 않겠어요?

工場（こうじょう）공장　仕事（しごと）일　仕事（しごと）をする 일을 하다　人（ひと）사람　足（た）りない 부족하다　足（た）りなくて 부족해서　締（し）め切（き）り 마감일　間（ま）に合（あ）う 제시간에 대다, 제시간에 맞다　間（ま）に合（あ）わない 제시간에 맞지 않다　何人（なんにん）몇 명　くらい（＝ぐらい）정도　採用（さいよう）채용　したら 한다면(가정)　若（わか）い 젊다　四五人（しごにん）네 다섯 명　雇（やと）う 고용하다　経験者（けいけんしゃ）경험자　二三人（にさんにん）두 세 명　募集（ぼしゅう）모집　－したほうがいい ～하는 편이 좋다

문법 | KEY POINT

|1| 동사의 체언수식

형용사 다음에 체언이 오면 暑(あつ)い夏(なつ)(더운 여름), 暑(あつ)くない夏(なつ)(덥지 않은 여름)처럼 그대로 붙인다. な형용사(= 형용동사) 다음에 체언이 오면 静(しず)かな教室(きょうしつ)(조용한 교실)처럼 어미 だ를 な로 바꿔주었다. 동사도 체언수식이 있다. 동사 다음에 그대로 붙여주면 된다. 이때, 원형에 붙이면 아직 하지 않은 상태이고, 과거형 た에 체언을 붙이면 이미 한 상태가 된다.

- 天安にいる友達(ともだち) 천안에 있는 친구

- いつ帰(かえ)る予定(よてい)ですか。 언제 돌아갈 예정입니까?

- あした映画(えいが)を見(み)るつもりです。 내일 영화를 볼 예정입니다.

- ここで降(お)りる人(ひと)はいませんか。 여기에서 내릴 사람은 없습니까?

- このレストランでサンドイッチを食(た)べるつもりです。
  이 레스토랑에서 샌드위치를 먹을 생각입니다.

- 駅(えき)まで行(い)くバスはどれですか。 역까지 가는 버스는 어느 것입니까?

|2| ～ましょう ～합시다

ます의 권유형이다. 상대방의 동의를 얻어서 자기가 행동을 일으키는 제안을 할 때 쓰인다. 따라서 어떤 때에는 권유의 뜻이 되며, 어떤 때에는 화자의 의지를 표현한다. 또한 ましょう(～합시다)는 윗사람한테는 쓰지 않는 편이 좋다. 상대방의 의향을 물을 때에는 ましょうか(～할까요?)가 된다.

- このケーキ、一緒(いっしょ)に食(た)べましょう。 이 케이크 같이 먹읍시다.

- ここで写真(しゃしん)でも撮(と)りましょう。 여기에서 사진이라도 찍읍시다.

- 十分間(じゅっぷんかん)休憩(きゅうけい)しましょう。 10분간 쉽시다. *休憩(きゅうけい)(휴게/휴식)

- 先生(せんせい)に聞(き)いてみましょう。 선생님께 물어봅시다. * 聞(き)く(듣다/묻다)

- どこで会(あ)いましょうか。 어디에서 만날까요?

- 会議(かいぎ)は何時(なんじ)にしましょうか。 회의는 몇 시로 할까요?

'몇 명' 만큼은 두 가지로 쓰인다. (何人_(なんにん)、何名_(なんめい)) 어떤 식으로 쓰일지 모르니 둘 다 외워두도록 하자. 이런 에피소드가 있다. 한국의 부부(夫婦_(ふうふ))가 동경 디즈니랜드에 놀러갔을 때의 일이다. 매표소에서 何名_(なんめい)ですか(몇 명입니까?)라는 말을 듣고는 이를 '남매'로 알아듣고 いいえ、夫婦_(ふうふ)です(아니요, 부부예요)라고 대답했다는 에피소드가 있다. 그만큼 많이 쓰인다는 증거이니 둘 다 외우자!

몇 명 〈何人(なんにん) / 何名(なんめい)〉

1명	2명	3명	4명
一人(ひとり)	二人(ふたり)	三人(さんにん)	四人(よにん)
5명	6명	7명	8명
五人(ごにん)	六人(ろくにん)	七人(しちにん)	八人(はちにん)
9명	10명	…	11명
九人(きゅうにん)	十人(じゅうにん)		十一人(じゅういちにん)

1) 다 합쳐서 몇 명입니까? (皆_(みんな)で)

2) 다같이 어디에 갑니까? (どこへ)

3) 교실에 선생님이 1명, 학생이 14명 있습니다. (教室_(きょうしつ))

4) 몇 명 있습니까? (何人_(なんにん)/何名_(なんめい))

5) 6명 있습니다. (六人_(ろくにん)) ※ '있습니다' 인지 '입니다' 인지 구분하자!

	冊(さつ)	回(かい)	台(だい)	番(ばん)
1	いっさつ	いっかい	いちだい	いちばん
2	にさつ	にかい	にだい	にばん
3	さんさつ	さんかい	さんだい	さんばん
4	よんさつ	よんかい	よんだい	よんばん
5	ごさつ	ごかい	ごだい	ごばん
6	ろくさつ	ろっかい	ろくだい	ろくばん
7	ななさつ	ななかい	ななだい	ななばん
8	はっさつ	はっかい	はちだい	はちばん
9	きゅうさつ	きゅうかい	きゅうだい	きゅうばん
10	じゅっさつ	じゅっかい	じゅうだい	じゅうばん
☆	何冊(なんさつ)	何回(なんかい)	何台(なんだい)	何番(なんばん)
	책, 사전(권)	횟수(번)	자동차, 컴퓨터 등	순서
	~ヶ月(かげつ)	倍(ばい)	足(そく)	円(えん)
1	いっかげつ	いちばい	いっそく	いちえん
2	にかげつ	にばい	にそく	にえん
3	さんかげつ	さんばい	☆さんぞく	さんえん
4	よんかげつ	よんばい	よんそく	☆よえん
5	ごかげつ	ごばい	ごそく	ごえん
6	ろっかげつ	ろくばい	ろくそく	ろくえん
7	ななかげつ	ななばい	ななそく	ななえん
8	はっかげつ	はちばい	はっそく	はちえん
9	きゅうかげつ	きゅうばい	きゅうそく	きゅうえん
10	じゅっかげつ	じゅうばい	じゅっそく	じゅうえん
☆	何ヵ月(なんかげつ)	何倍(なんばい)	☆何足(なんぞく)	☆いくら
	~개월	~배	구두, 양말 등	엔(일본화폐단위)

	人（ひと）	개수	枚（まい）	杯（ばい）
1	☆ひとり	ひとつ	いちまい	☆いっぱい
2	☆ふたり	ふたつ	にまい	にはい
3	さんにん	みっつ	さんまい	☆さんばい
4	☆よにん	よっつ	よんまい	よんはい
5	ごにん	いつつ	ごまい	ごはい
6	ろくにん	むっつ	ろくまい	☆ろっぱい
7	しちにん	ななつ	しち / ななまい	ななはい
8	はちにん	やっつ	はちまい	☆はっぱい
9	きゅうにん	ここのつ	きゅうまい	きゅうはい
10	じゅうにん	とお	じゅうまい	☆じゅっぱい
☆	何人（なんにん）/何名（なんめい）	いくつ	何枚（なんまい）	☆何杯（なんばい）
	사람(명)	사과, 달걀(개)	종이, 손수건(장)	음료수(잔)
	才（さい）/歳（さい）	階（かい）	本（ほん）	匹（ひき）
1	いっさい	いっかい	☆いっぽん	☆いっぴき
2	にさい	にかい	にほん	にひき
3	さんさい	☆さんがい	☆さんぼん	☆さんびき
4	よんさい	よんかい	よんほん	よんひき
5	ごさい	ごかい	ごほん	ごひき
6	ろくさい	ろっかい	☆ろっぽん	☆ろっぴき
7	ななさい	ななかい	ななほん	ななひき
8	はっさい	はっかい	☆はっぽん	☆はっぴき
9	きゅうさい	きゅうかい	きゅうほん	きゅうひき
10	じゅっさい	じゅっかい	☆じゅっぽん	☆じゅっぴき
☆	何才（なんさい）	☆何階（なんがい）	☆何本（なんぼん）	☆何匹（なんびき）
	나이(살) 예외 : はたち(20살)	층	긴 물건 셀 때	작은 동물(마리)

① 이거 먹을 사람 없어요? (人(ひと))

② 같이 사진을 찍을 예정입니다. (写真(しゃしん)を撮(と)る)

③ 조금 쉴까요? (少(すこ)し)

④ 교실에 네 다섯 명 정도 있습니다. (四五人(しごにん))

⑤ 다 합쳐서 47명입니다. (皆(みんな)で)

148page ⊙ 몇 명

1. 皆(みんな)で何人(なんにん)ですか。

2. 皆(みんな)でどこへ行(い)きますか。

3. 教室(きょうしつ)に先生(せんせい)が一人(ひとり)、学生(がくせい)が十四人(じゅうよにん)います。

4. 何人(なんにん)いますか。

5. 六人(ろくにん)います。

151page 확인학습

1. これ食(た)べる人(ひと)いませんか。

2. 一緒(いっしょ)に写真(しゃしん)を撮(と)るつもりです。

3. 少(すこ)し休(やす)みましょうか。

4. 教室(きょうしつ)に四五人(しごにん)くらいいます。

5. 皆(みんな)で四十七人(よんじゅうななにん)です。

じゃ、そろそろ帰ろうか。

私、仕事が多くて。。。

じゃ、お先に失礼します。

時間後（じかんご）

これでおしまい！やっと終わった。私も帰ろう。

第15課

がんばれ！

"이제 시마이하지요."

일하다가 자주 '시마이' 하자고 하기도 하고, 공부하다가도 '시마이' 라는 말을 쓴다. 분명히 '끝내자, 그만하자' 는 뜻인 것 같은데 사투리인지 표준어인지 애매했을 것 같다. 하지만, 이는 일본어 **おしまい**(끝)에서 나온 말이다.

そろそろ帰（かえ）ろうか。

うせい　じゃ、そろそろ帰（かえ）ろうか。

リエ　私（わたし）、仕事（しごと）が多（おお）くて。。。

うせい　じゃ、お先（さき）に失礼（しつれい）します。

三時間後（さんじかんご）

リエ　これでおしまい！ やっと終（お）わった。私（わたし）も帰（かえ）ろう。

 표 현 연 구

ひょうげん

우성　자, 슬슬 집에 갈까?
리에　난 일이 많아서…
우성　그럼, 먼저 실례하겠습니다.
리에　이것으로 끝! 겨우 끝났네. 나도 퇴근해야지.

じゃ（＝では）그럼, 자　そろそろ 슬슬, 천천히　帰（かえ）る 돌아가다　帰（かえ）ろうか 돌아갈까(의지・권유형+か)　仕事（しごと）일　多（おお）い 많다　多（おお）くて 많고, 많아서, 많으며　お先（さき）に失礼（しつれい）します 먼저 실례하겠습니다　これで 이것으로　おしまい 끝　やっと 겨우　終（お）わる 끝나다　終（お）わった 끝났다

| 1 | 의지/권유형(~해야지/~하자)

의지/권유형은 말하는 사람의 의지, 권유, 추측의 뜻을 나타낸다. 의지/권유형의 동사
접속 방법은 5단은 u단을 o단으로 바꿔주고 う를 붙이며, 상·하 1단에 접속할 때는
る를 빼고 よう를 붙이며, する는 しよう(하자, 해야지), 来(く)る는 来(こ)よう(오자, 와
야지)다.

동사의종류	의지·권유형		
5단 동사	う段 → お段 + う		
상·하 1단 동사	る를 빼고 → よう		
カ변격 동사	こよう		
サ변격 동사	しよう		
기본형	의지/권유형	기본형	의지/권유형
書(か)く	書(か)こう	教(おし)える(가르치다)	
読(よ)む	読(よ)もう	取(と)る(잡다, 쥐다)	
買(か)う	買(か)おう	習(なら)う(배우다)	
待(ま)つ	待(ま)とう	結婚(けっこん)する(결혼하다)	
撮(と)る	撮(と)ろう	聞(き)く(듣다, 묻다)	
見(み)る	見(み)よう	ほめる(칭찬하다)	
起(お)きる	起(お)きよう	持(も)つ(들다, 가지다)	
寝(ね)る	寝(ね)よう	飲(の)む(마시다)	
勉強(べんきょう)する	勉強(べんきょう)しよう	食(た)べる(먹다)	
来(く)る	来(こ)よう	立(た)つ(서다)	

- 早(はや)く結婚(けっこん)しよう。 일찍 결혼하자. 일찍 결혼해야지.

- 早(はや)く寝(ね)よう。 일찍 자자. 일찍 자야지.

- 日本語(にほんご)で書(か)こう。 일본어로 쓰자. 일본어로 써야지.

- 英語(えいご)で話(はな)そう。 영어로 이야기하자. 영어로 이야기해야지.

- 先生(せんせい)に聞(き)こう。 선생님께 묻자. 선생님께 물어야지.

말을 자연스럽게 잇기 위해서는 て형(~하고/~해서/~하며)을 잘 알아야 한다. 명사는 で만 붙이면 되고, な형용사(= 형용동사)는 だ를 で로 바꿔주면 되고, 형용사는 い를 빼고 くて를 붙이면 된다. 단, いい는 よくて(좋고/좋아서/좋으며)임에 주의하자.
일부러 한자와 뜻을 적지 않았다. 이러한 연습도 해야 정확하게 품사를 구별할 수 있다.

품사	て형				
명사	で				
な형용사	だ → で				
형용사	い → くて (いい → よくて)				
단어	て형	단어	て형	단어	て형
たかい		きらいだ		すきだ	
おおい		せんせい		いい	
やさしい		べんりだ		あつい	
きれいだ		おいしい		にほんじん	

끝에 い로 끝난다고 모두 형용사가 아니다. な형용사(= 형용동사)에서도 편의상 だ를 뺄 수도 있다. 그렇게 되면 い로 끝났다고 くて를 쓰는 경향도 있는데, 주의해야 한다. きれい는 끝은 い이지만 な형용사기 때문에 きれくて로 하면 큰일난다.

⊙ て형 연습

例(れい)> 日本語(にほんご)はおもしろくて易(やさ)しいです。

   (おもしろい 재미있다) (易(やさ)しい 쉽다)

1) あのレストランは ＿＿＿＿＿＿＿＿＿＿＿＿＿＿＿。
   (有名(ゆうめい)だ 유명하다) (きれいだ 깨끗하다)

2) 川崎(かわさき)さんは頭(あたま)が ＿＿＿＿＿＿＿＿＿＿＿＿＿＿＿。
   (いい 좋다) (ハンサムだ 잘생기다, 미남이다)

3) 日本(にほん)のすしは ＿＿＿＿＿＿＿＿＿＿＿＿＿＿＿。
   (新鮮(しんせん)だ 신선하다) (おいしい 맛있다)

4) このかばんは ＿＿＿＿＿＿＿＿＿＿＿＿＿＿＿。
   (大(おお)きい 크다) (重(おも)い 무겁다)

5) 地下鉄(ちかてつ)は ＿＿＿＿＿＿＿＿＿＿＿＿＿＿＿＿＿＿。
   (安(やす)い 싸다) (便利(べんり)だ 편리하다)

例(れい)> ミョンドンはにぎやかで、人(ひと)が多(おお)いです。 명동은 번화하고 사람이 많습니다.
     (にぎやかだ 번화하다)

1) あそこのコーヒーは＿＿＿＿＿＿＿おいしいです。 저기 커피는 싸고 맛있습니다.
       (安(やす)い 싸다)

2) 川崎(かわさき)さんは＿＿＿＿＿＿＿親切(しんせつ)です。 카와사끼 씨는 유명하고 친절합니다.
       (有名(ゆうめい)だ 유명하다)

3) 日本語(にほんご)は＿＿＿＿＿＿＿簡単(かんたん)です。 일본어는 재미있고 간단합니다.
       (おもしろい 재미있다)

4) この魚(さかな)は＿＿＿＿＿＿＿おいしいです。 이 생선은 신선하고 맛있습니다.
       (新鮮(しんせん)だ 신선하다)

5) ケータイは＿＿＿＿＿＿＿軽(かる)いです。 휴대폰은 작고 가볍습니다.
       (小(ちい)さい 작다)

① 내일은 일찍 일어나야지. (早(はや)く)

----

② 오늘부터 공부해야지. (勉強(べんきょう))

----

③ 이 케이크는 맛있고 쌉니다. (おいしい、安(やす)い)

----

④ 그녀는 예쁘고, 키가 큽니다. (彼女(かのじょ)、きれいだ、背(せ)が高(たか)い)

----

⑤ 그는 키는 작지만, 머리가 좋고 잘 생겼습니다. (彼(かれ)、背(せ)は低(ひく)い、頭(あたま)、ハンサムだ)

155page ◉ 의지/권유형

教(おし)える → 教(おし)えよう

習(なら)う → 習(なら)おう

聞(き)く → 聞(き)こう

持(も)つ → 持(も)とう

食(た)べる → 食(た)べよう

取(と)る → 取(と)ろう

結婚(けっこん)する → 結婚(けっこん)しよう

ほめる → ほめよう

飲(の)む → 飲(の)もう

立(た)つ → 立(た)とう

156page ◉ 명사, な형용사, 형용사 て형

たかい	たかくて	きらいだ	きらいで	すきだ	すきで
おおい	おおくて	せんせい	せんせいで	いい	よくて
やさしい	やさしくて	べんりだ	べんりで	あつい	あつくて
きれいだ	きれいで	おいしい	おいしくて	にほんじん	にほんじんで

156page ◉ て형 연습

1. 有名(ゆうめい)できれいです。

2. よくてハンサムです。

3. 新鮮(しんせん)でおいしいです。

4. 大(おお)きくて重(おも)いです。

5. 安(やす)くて便利(べんり)です。

1. 安(やす)くて

2. 有名(ゆうめい)で

3. おもしろくて

4. 新鮮(しんせん)で

5. 小(ちい)さくて

157page ✎ 확인학습

1. 明日(あした)は早(はや)く起(お)きよう。

2. 今日(きょう)から勉強(べんきょう)しよう。

3. このケーキはおいしくて安(やす)いです。

4. 彼女(かのじょ)はきれいで、背(せ)が高(たか)いです。

5. 彼(かれ)は背(せ)は低(ひく)いが、頭(あたま)がよくてハンサムです。

あ、お腹すいた。うどん、食べたいな。
一緒に食べに行かない？
いいよ、行こうよ。
僕は、かけうどんにする。
私は、たぬきうどんにしたい。

第16課 がんばれ！

"우동 먹으러 가자."

흔히들 밥보다 조금 간단한 면류가 먹고 싶을 때 "우동 한 그릇 어때?" "우동 먹으러 갈까?"라는 말을 쓴다. 지금은 서울 한복판에 당당하게 일본어 그대로 우동이라는 단어가 쓰이고 있지만, 예전 일본어 추방운동이 한창일 때에는 **가락국수**라는 명칭이 쓰였다. 그렇지만 오리지널 우동은 아니다.

うどん、食べに行かない？

たけし　威　あ、お腹すいた。うどん、食べたいな。

一緒に食べに行かない？

リエ　いいよ、行こうよ。

たけし　威　僕は、かけうどんにする。

リエ　私は、たぬきうどんにしたい。

표현연구 ひょうげん

다케시　아, 배고파라. 우동 먹고 싶어. 같이 먹으러 가지 않을래?
리에　　좋아. 가자.
다케시　난 그냥 우동으로 할래.
리에　　난, 튀김우동으로 할까봐.

〈우동 종류에 대하여〉

かけうどん 전통적인 우동　きつねうどん 유부우동　たぬきうどん 튀김우동　ネギいりうどん 파가 들어간 우동　肉(にく)うどん 고기가 들어간 우동　醤油(しょうゆ)うどん 간장을 넣어 먹는 우동　カレーうどん 카레우동　月見(つきみ)うどん 달걀노른자를 띄운 우동　なべうどん 냄비우동

〈표현연구〉

食(た)べたい 먹고 싶다(ます形 + たい ～하고싶다)　な 혼자서 중얼거릴 때　お腹(なか)すいた 배고프다(과거형인데도 불구하고 배가 고팠던 상태이기 때문에 현재로 해석함)　けど ～인데(역접)(=けれども、けれど)의 줄인 말　一緒(いっしょ)に 함께　食(た)べに行(い)く 먹으러 가다(ます形 + に + 行(い)く～하러 가다)　行(い)かない 가지 않는다　いい 좋다　行(い)こう 가자(의지·권유형)　僕(ぼく) 나(남자만 사용)　～にする ～로 하다　～にしたい ～로 하고 싶다

| 1 | 희망표현 : ます形 + たい ～하고싶다

飲(の)みたい (です)	마시고 싶습니다
飲(の)みたくない (です)	마시고 싶지 않습니다
飲(の)みたかった (です)	마시고 싶었습니다
飲(の)みたくなかった (です)	마시고 싶지 않았습니다
食(た)べたい (です)	먹고 싶습니다
食(た)べたくない (です)	먹고 싶지 않습니다
食(た)べたかった (です)	먹고 싶었습니다
食(た)べたくなかった (です)	먹고 싶지 않았습니다
勉強(べんきょう)したい (です)	공부하고 싶습니다
勉強(べんきょう)したくない (です)	공부하고 싶지 않습니다
勉強(べんきょう)したかった (です)	공부하고 싶었습니다
勉強(べんきょう)したくなかった (です)	공부하고 싶지 않았습니다

たいは 동사의 ます형에 접속되어 '～하고싶다' 라는, 말하는 사람의 소망을 나타낸다. 또한, 끝이 -い로 끝나니까 형용사 활용을 한다.
-たいです(긍정), -たくないです(부정)

• ちょっと休(やす)みたいです。 좀 쉬고 싶어요.

• いいお天気(てんき)ですね。どこかへ行(い)きたいです。
날씨 좋네요. 어디 가고 싶어요.

※ ですを 빼면 반말체가 됩니다.

기본형	たいです 하고 싶습니다	たくないです 하고싶지 않습니다	たかったです 하고 싶었습니다	たくなかったです 하고싶지 않았습니다
行(い)く 가다				
見(み)る 보다				
*来(く)る 오다				
*入(はい)る 들어가다				
*帰(かえ)る 돌아가다				

※ 来(く)るは 力변격 동사, 入(はい)る와 帰(かえ)る는 예외 5단 동사 안 잊으셨죠?

2 　ます形 + に + 行(い)く(来(く)る) ～하러 가다(오다)

조사 に의 뜻은 '~에, ~에게'지만 앞에 동사의 ます形이 붙으면 '~러'로 뜻이 바뀐
다.

見(み)る 보다	買(か)う 사다
見(み)ます 봅니다	買(か)います 삽니다
見(み)に行(い)きます 보러 갑니다	買(か)いに来(き)ます 사러 옵니다

図書館(としょかん)へ本(ほん)を借(か)りに行(い)きました。도서관에 책을 빌리러 갔습니다.
友(とも)だちと映画(えいが)を見(み)に行(い)きました。친구랑 영화 보러 갔습니다.

1) 먹으러 가다 : (食(た)べる) →

2) 놀러오다 : (遊(あそ)ぶ) →

3) 사러가다 : (買(か)う) →

4) 마시러가다 : (飲(の)む) →

5) 보러가다 : (見(み)る) →

3 　-にする ～로 하다 / -にします ～로 하겠습니다.

식당에 가서 주문할 때, 여행날짜 등을 결정할 때 쓰는 말로, 일상생활에서 아주 유용
하게 쓰이지만, 거꾸로 작문을 할 경우 -に를 단순히 '~에' '~에게'로 해석하기 때
문에 아주 많이 틀리는 표현이다. 반드시 '~로'로 해석한다.

コーヒーにします。커피로 하겠습니다.
コーヒーとケーキにします。커피랑 케이크로 하겠습니다.

ex〉(커피) コーヒー → コーヒーにします。

① (오렌지주스) オレンジジュース →

② (우동) うどん →

③ (케이크) ケーキ →

④ (콜라) コーラ →

⑤ (샌드위치) サンドイッチ →

| 4 | ―にする(~로 하다)를 이용한 숙어 만들기

手(て)にする	손에 넣다, 자기 것으로 만들다, 구하다
目(め)にする	(눈으로) 보다
口(くち)にする	말하다, 입에 담다, 먹다, 입에 갖다대다
耳(みみ)にする	(귀로) 듣다
今度(こんど)にする	다음으로 하다, 다음 기회로 미루다
本気(ほんき)にする	진짜로 하다, 곧이 듣다, 믿다
ものにする	(기술) 익히다, 자기 것으로 만들다
ばかにする	바보 취급하다, 무시하다
粗末(そまつ)にする	소홀히 하다, 하찮게 여기다
一緒(いっしょ)にする	함께 취급하다, 동일시하다

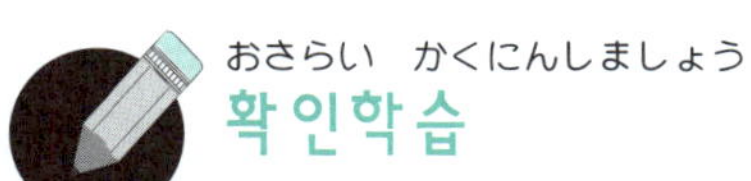

おさらい　かくにんしましょう
확인학습

① 일찍 결혼하고 싶습니다. (結婚(けっこん))

② 장소는 어디로 하겠습니까? (場所(ばしょ))

③ 오늘은 학교에 가지 않는다. (学校(がっこう))

④ 오늘은 공부해야지. (勉強(べんきょう))

⑤ 회의는 언제로 하겠습니까? (会議(かいぎ))

❀ Exercise | れんしゅうしましょう
종합문제

❀ 다음 단어를 ひらがな로 써보세요.

1. 今朝 ___________________   **2.** 新鮮 ___________________

3. 熱い ___________________   **4.** 予定 ___________________

5. 休憩 ___________________   **6.** 何名 ___________________

7. 仕事 ___________________   **4.** 頭 ___________________

❀ 다음 단어를 한자로 써보세요.

1. しんぱい ___________________   **2.** がっこう ___________________

3. しゃしん ___________________   **4.** なんにん ___________________

5. さかな ___________________   **6.** べんきょう ___________________

7. でんわ ___________________   **8.** しんせつ ___________________

❀ 다음을 작문하세요.

1. 어제는 더웠습니다. ___________________

2. 생선은 신선하지 않았습니다. ___________________

3. 영화는 재미있었습니까? ___________________

4. 다 합쳐서 얼마입니까? ___________________

5. 다같이 어디에 갑니까? ___________________

6. 교실에 학생이 34명 있습니다. ___________________

7. 김상은 머리가 좋고 미남입니다. ___________________

8. 내 방은 깨끗하고 넓습니다. ___________________

9. 무엇으로 하겠습니까? ____

10. 햄버거와 콜라로 하겠습니다. ________________________________

11. 어디로 하겠습니까? ____

12. 동경으로 하겠습니다. ____

161page ⊙ 희망표현

行(い)く	行きたいです	行きたくないです	行きたかったです	行きたくなかったです
見(み)る	見たいです	見たくないです	見たかったです	見たくなかったです
*来(く)る	来(き)たいです	来たくないです	来たかったです	来たくなかったです
*入(はい)る	入りたいです	入りたくないです	入りたかったです	入りたくなかったです
*帰(かえ)る	帰りたいです	帰りたくないです	帰りたかったです	帰りたくなかったです

162page ⊙ ます形 + に + 行く(来る)

1. 食(た)べに行(い)く

2. 遊(あそ)びに来(く)る

3. 買(か)いに行(い)く

4. 飲(の)みに行(い)く

5. 見(み)に行(い)く

163page ⊙ －にする／－にします

1. オレンジジュースにします。

2. うどんにします。

3. ケーキにします。

4. コーラにします。

5. サンドイッチにします。

163page 　確認학습

1. 早(はや)く結婚(けっこん)したいです。

2. 場所(ばしょ)はどこにしますか。

3. 今日(きょう)は学校(がっこう)へ行(い)かない。

4. 今日(きょう)は勉強(べんきょう)しよう。

5. 会議(かいぎ)はいつにしますか。

❀ 다음 단어를 ひらがな로 써보세요.

1. けさ
2. しんせん
3. あつい
4. よてい
5. きゅうけい
6. なんめい
7. しごと
8. あたま

❀ 다음 단어를 한자로 써보세요.

1. 心配
2. 学校
3. 写真
4. 何人
5. 魚
6. 勉強
7. 電話
8. 親切

❀ 다음을 작문하세요.

1. 昨日(きのう)は暑(あつ)かったです。
2. 魚(さかな)は新鮮(しんせん)ではありませんでした。
3. 映画(えいが)は面白(おもしろ)かったですか。
4. 全部(ぜんぶ)でいくらですか。
5. 皆(みんな)でどこへ行(い)きますか。
6. 教室(きょうしつ)に学生(がくせい)が三十四人(さんじゅうよにん)います。
7. 金さんは頭(あたま)がよくてハンサムです。
8. 私(わたし)の部屋(へや)はきれいで、広(ひろ)いです。
9. 何(なに)にしますか。
10. ハンバーガーとコーラにします。
11. どこにしますか。
12. 東京(とうきょう)にします。

あの人の二重、ちょっとおかしいよ。
美容院に行って、5万ウォンでしてきたんじゃない？
それは、闇でしょう。あぶないね。

第 **17** 課
がんばれ！

"야매로 쌍꺼풀 수술했지요?"

"야매로 운전을 배웠더니 하나도 모르겠어" "야매로 쌍꺼풀 수술을 했더니 티가 확 나네" 이렇듯 '야매' 라는 말은 많이 쓰이는데, 흔히 비합법적인 방법으로 일을 할 때 쓰는 말이다. 물건을 팔 때나 살 때, 혹은 어떤 일을 배울 때 많이 쓰인다. 하지만 이는 일본어의 闇(やみ)에서 나온 말로서, **闇(やみ)**는 '어둠, 암흑, 아무런 희망이 없음, 암거래, 사리 분별력을 잃음' 등의 뜻으로 쓰인다.

リエ　あの人の二重、ちょっとおかしいよ。

ウソン　美容院に行って、5万ウォンでしてきたんじゃない？

リエ　それは、闇でしょう。あぶないね。

표 현 연 구

리에　저 사람 쌍꺼풀, 좀 이상해요.
우성　미용실에 가서 5만원 내고 하고 온 거 아닐까?
리에　그거, 야매지요? 소름끼쳐요.

二重(ふたえ) 쌍꺼풀　ちょっと 조금　おかしい 이상하다　美容院(びょういん) 미용실(病院(びょういん) 병원 – 발음에 주의)
行(い) 가다　行(い)って 가고, 가서, 가며　してくる 하고 오다　してきた 하고 왔다　闇(やみ) 암거래, 어둠, 암흑, 희망
이 없음(비합법적인 방법)　あぶない 원래는 위험하다는 뜻이나 여기서는 '소름끼친다' 정도로 해주면 좋을 듯하다.

1 동사의 て(〜하고/〜해서/〜하며)형

앞에서 형용사와 な형용사(= 형용동사)에서 て를 붙였다. 형용사는 い를 くて로 바꿔 주었고,(단 いい는 よくて다) な형용사(= 형용동사)는 だ를 で로 바꿔주었다. 동사에 도 て를 붙이는데 조금 복잡하다. 일단 동사는 종류가 3종류이기 때문에 3가지만 붙 이면 된다 생각할지 모르겠지만, 거의 10가지나 된다. 무조건 외우는 수밖에 없다. 일 본어를 학습하는 사람들은 거의 동사에서 주춤했다가 て를 붙이는 부분에서 포기를 많이 한다. 그러나 그렇게 어렵지 않다. 이를 잘 외워서 회화할 때에 많이 써먹자! て 형을 모르면 아무것도 할 수 없다.

동사의 て형

동사의 종류	만드는 방법	예
5단 동사	1) う、つ、る로 끝나는 동사 うつる를 って로 바꾼다.	1) 買(か)う → 買(か)って 待(ま)つ → 待(ま)って 帰(かえ)る → 帰(かえ)って
	2) ぬ、む、ぶ로 끝나는 동사 ぬむぶ를 んで로 바꾼다.	2) 死(し)ぬ → 死(し)んで 読(よ)む → 読(よ)んで 遊(あそ)ぶ → 遊(あそ)んで
	3) く、ぐ로 끝나는 동사 く는 いて로, ぐ는 いで로 바꾼다.	3) 書(か)く → 書(か)いて 泳(およ)ぐ → 泳(およ)いで
	4) す로 끝나는 동사 す를 して로 바꾼다.	4) 話(はな)す → 話(はな)して
	〈예외〉行く는 무조건 行って로 바꾼다.	行(い)く → 行(い)って
상·하 1단 동사	어미 る를 빼고 て를 붙인다.	見(み)る → 見(み)て 食(た)べる → 食(た)べて
カ변격 동사		来(く)る → 来(き)て
サ변격 동사		する → して

다음을 て형으로 고치세요.

의미	동사	て형	의미	동사	て형
사다	買(か)う		피우다	吸(す)う	
쓰다	書(か)く		사용하다	使(つか)う	
읽다	読(よ)む		기다리다	待(ま)つ	
보다	見(み)る		이야기하다	話(はな)す	
놀다	遊(あそ)ぶ		하다	*する	
걷다	歩(ある)く		죽다	死(し)ぬ	
쉬다	休(やす)む		나오다	出(で)る	
먹다	食(た)べる		오다	*来(く)る	
수영하다	泳(およ)ぐ		자르다	*切(き)る	
가다	*行(い)く		마시다	飲(の)む	
서두르다	急(いそ)ぐ		듣다	聞(き)く	
자다	寝(ね)る		일하다	働(はたら)く	
일어나다	起(お)きる		돌아오다	*帰(かえ)る	
만나다	会(あ)う		씻다	洗(あら)う	
타다	乗(の)る				

※ 표시에 주의! 예외 표현이다. (예외 5단 동사, カ변격 동사, サ변격 동사)

◉ 연습

て형으로 연결해서 쓰세요. 마지막은 ます로 써주세요.

> 朝(あさ)起(お)きる 아침에 일어나다　顔(かお)を洗(あら)う 세수를 하다　ニュースを聞(き)く 뉴스를 보다　コーヒーを飲(の)む 커피를 마시다　家(うち)を出(で)る 집을 나가다　歩(ある)く 걷다　地下鉄(ちかてつ)に乗(の)る 지하철을 타다　ソウル駅(えき)で乗(の)り換(か)える 서울역에서 갈아타다　学校(がっこう)まで来(く)る 학교까지 오다　家(うち)へ帰(かえ)る 집에 돌아가다　テレビを見(み)る 텔레비전을 보다　友達(ともだち)に電話(でんわ)をする 친구에게 전화를 하다　手紙(てがみ)を書(か)く 편지를 쓰다　寝(ね)る 자다

~て います ~고 있습니다(상태, 진행, 완료)
~て ください ~해주세요
~て から ~하고 나서

			~하고 있습니다 ています	~해주세요 てください	~하고 나서 てから
5단 동사	う、つ、る→って	買(か)う	買っています	買ってください	買ってから
		待(ま)つ	待っています	待ってください	待ってから
		帰(かえ)る	帰っています	帰ってください	帰ってから
	ぬ、む、ぶ→んで	死(し)ぬ	死んでいます	死んでください	死んでから
		読(よ)む	読んでいます	読んでください	読んでから
		遊(あそ)ぶ	遊んでいます	遊んでください	遊んでから
	く→いて、 ぐ→いで	書(か)く	書いています	買いてください	書いてから
		泳(およ)ぐ	泳いでいます	泳いでください	泳いでから
	す→して	話(はな)す	話しています	話してください	話してから
	〈예외〉	行(い)く	行っています	行ってください	行ってから
상·하 1단 동사	る→て	見(み)る	見ています	見てください	見てから
		食(た)べる	食べています	食べてください	食べてから
カ변격	来る→来て	来(く)る	来(き)ています	来てください	来てから
サ변격	する→して	する	しています	してください	してから

해석주의! (상태 : ~해 있습니다.)

1) 行(い)く (가다) – 行(い)っています。(가 있습니다.)

2) 来(く)る (오다) – 来(き)ています。(와 있습니다.)

3) 帰(かえ)る (돌아가다) – 帰(かえ)っています。(돌아가 있습니다.)

4) 立(た)つ (서다) – 立(た)っています。(서 있습니다.)

5) 金さんは 結婚(けっこん)していますか。김상은 결혼했습니까?

★ 지금 현재 결혼생활을 하고 있는지의 질문이다. 이것을 結婚(けっこん)しましたか(결혼했습니까?)로 질문하면 과거에 결혼한 적 있냐는 질문이 되고, 굉장히 실례가 되는 것이니 주의하자! 그러나 시제로 쓰일 때는 괜찮다. 예를 들어 "2004년도에 결혼했습니다"와 같은 문장에서는 당연히 과거 문장을 쓴다.

6) 田中(たなか)さんは 知(し)っていますか。타나까 씨를 알고 있습니까?

★ '알다'에는 知(し)る와 分(わ)かる가 있다. 分(わ)かる는 '듣거나 가르쳐줘서 알게 되다'라는 의미가 있으니 이 경우는 知(し)る를 쓰도록 한다. 또, "그 사람 누구야?"라는 질문을 들었을 때 "아는 사람이야"라는 말을 하는데, 이때도 知(し)り合(あ)い(지인, 아는 사람)를 쓴다.

⊙ 보기와 같이 묻고 쓰세요.

A：何(なに)をしていますか。무엇을 하고 있습니까?

B：テレビを見(み)ています。텔레비전을 보고 있습니다.

1) 寝(ね)る(자다)

A : ____________________

B : ____________________

2) 友達(ともだち)と話(はな)す(친구랑 이야기하다)

A : ____________________

B : ____________________

3) 勉強(べんきょう)する(공부하다)

A : ____________________

B : ____________________

4) ガムを噛(か)む(껌을 씹다)

A : ____________________

B : ____________________

5) ラジオを聞(き)く(라디오를 듣다)

A : ____________________

B : ____________________

6) タバコを吸(す)う(담배를 피우다)

A : ____________________

B : ____________________

⊙ 보기와 같이 −てください로 바꿔주세요.

見(み)る → ちょっと見(み)てください。좀 봐주세요.

1) 待(ま)つ(기다리다) →

2) 書(か)く(쓰다) →

3) 来(く)る(오다) →

4) 読(よ)む(읽다) →

5) 見(み)せる(보여주다) →

⊙ 보기와 같이 てから를 써서 문장을 이어주세요.

朝(あさ)ご飯(はん)を食(た)べる 아침을 먹다 散歩(さんぽ)する 산책하다
→ 朝(あさ)ご飯(はん)を食(た)べてから散歩(さんぽ)します。아침을 먹고 나서 산책합니다.

1) 薬(くすり)を飲(の)む(약을 먹다) ゆっくり休(やす)む(푹 쉬다)

   →

2) 昼(ひる)ご飯(はん)を食(た)べる(점심을 먹다) 仕事(しごと)をする(일을 하다)

   →

3) お風呂(ふろ)にはいる(목욕하다) 寝(ね)る(자다)

   →

4) テレビを見(み)る(텔레비전을 보다) 勉強(べんきょう)する(공부하다)

   →

5) 雨(あめ)が止(や)む(비가 그치다) 試合(しあい)をする(시합을 하다)

   →

| 3 |　각 품사별 て형

품 사	て형	
명 사 な형용사(= 형용동사)	で	
형용사	い를 빼고 くて (*예외 いい→よくて)	
동사	5단 동사	う、つ、る →って ぬ、む、ぶ →んで く→いて、ぐ→いで す→して
	예외	行く→行って
	상·하 1단 동사	る를 빼고 て
	来(く)る	来(き)て
	する	して

단어	て형	단어	て형	단어	て형
ゆうめい		しぬ		はなす	
しゅみ		ない		はいる	
いく		はしる		おおい	
おしえる		しずか		しろい	
おもしろい		しゃしん		へや	
あそぶ		おきる		あつい	
やさしい		しる		くる	
かく		する		きらい	
べんり		からい		じょうず	

※ 연습을 위해 한자를 붙이지 않았고, な형용사(= 형용동사)는 일부러 だ를 뺐다. 형용사로 착각하지 말고 차분히 해보자!

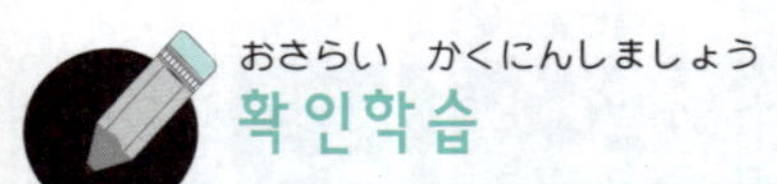

おさらい　かくにんしましょう
확인학습

① 나를 만나주세요. (〜に会(あ)う)

....

② 바로 병원에 가 주세요. (すぐ、病院(びょういん))

....

③ 편지를 쓰고 있습니다. (手紙(てがみ))

....

④ 비가 내리고 있습니다. (雨(あめ)、降(ふ)る)

....

⑤ 밥을 먹고 나서 학교에 갑니다. (ご飯(はん)、学校(がっこう))

....

172page ⊙ 다음을 て형으로 고치세요.

買(か)う	かって	吸(す)う	すって
書(か)く	かいて	使(つか)う	つかって
読(よ)む	よんで	待(ま)つ	まって
見(み)る	みて	話(はな)す	はなして
遊(あそ)ぶ	あそんで	*する	して
歩(ある)く	あるいて	死(し)ぬ	しんで
休(やす)む	やすんで	出(で)る	でて
食(た)べる	たべて	*来(く)る	きて
泳(およ)ぐ	およいで	*切(き)る	きって
*行(い)く	いって	飲(の)む	のんで
急(いそ)ぐ	いそいで	聞(き)く	きいて
寝(ね)る	ねて	働(はたら)く	はたらいて
起(お)きる	おきて	*帰(かえ)る	かえって
会(あ)う	あって	洗(あら)う	あらって
乗(の)る	のって		

172page ⊙ 연습

朝(あさ)起(お)きて、顔(かお)を洗(あら)って、ニュースを聞(き)いて、コーヒーを飲(の)んで、家(うち)を出(で)て、歩(ある)いて、地下鉄(ちかてつ)に乗(の)って、ソウル駅(えき)で乗(の)り換(か)えて、学校(がっこう)まで来(き)て、家(うち)へ帰(かえ)って、テレビを見(み)て、友達(ともだち)に電話(でんわ)をして、手紙(てがみ)を書(か)いて、寝(ね)ます。

174page ⊙ 보기와 같이 묻고 쓰세요.

1. A : 何(なに)をしていますか。 　　　 B : 寝(ね)ています。
2. A : 何(なに)をしていますか。 　　　 B : 友達(ともだち)と話(はな)しています。
3. A : 何(なに)をしていますか。 　　　 B : 勉強(べんきょう)しています。
4. A : 何(なに)をしていますか。 　　　 B : ガムを噛(か)んでいます。
5. A : 何(なに)をしていますか。 　　　 B : ラジオを聞(き)いています。
6. A : 何(なに)をしていますか。 　　　 B : タバコを吸(す)っています。

174page ◉ 보기와 같이 −てください로 바꿔주세요.

1. ちょっと待(ま)ってください。　**2.** ちょっと書(か)いてください。

3. ちょっと来(き)てください。　**4.** ちょっと読(よ)んでください。

5. ちょっと見(み)せてください。

174page ◉ 보기와 같이 てから를 써서 문장을 이어주세요.

1. 薬(くすり)を飲(の)んでからゆっくり休(やす)みます。

2. 昼(ひる)ご飯(はん)を食(た)べてから仕事(しごと)をします。

3. お風呂(ふろ)に入(はい)ってから寝(ね)ます。

4. テレビを見(み)てから勉強(べんきょう)します。

5. 雨(あめ)が止(や)んでから試合(しあい)をします。

176page ◉ て형 연습

ゆうめい	ゆうめいで	しぬ	しんで	はなす	はなして
しゅみ	しゅみで	ない	なくて	はいる	はいって
いく	いって	はしる	はしって	おおい	おおくて
おしえる	おしえて	しずか	しずかで	しろい	しろくて
おもしろい	おもしろくて	しゃしん	しゃしんで	へや	へやで
あそぶ	あそんで	おきる	おきて	あつい	あつくて
やさしい	やさしくて	しる	しって	くる	きて
かく	かいて	する	して	きらい	きらいで
べんり	べんりで	からい	からくて	じょうず	じょうずで

176page 🖋 확인학습

1. 私(わたし)に会(あ)ってください。

2. すぐ病院(びょういん)へ行(い)ってください。

3. 手紙(てがみ)を書(か)いています。

4. 雨(あめ)が降(ふ)っています。

5. ご飯(はん)を食(た)べてから学校(がっこう)へ行(い)きます。

はい、15000ウォンです。

いつもより高くなりましたね。もう少し安くなりませんか？

すみません。これ以上は無理です。赤字ですよ。

そうですか。仕方がありませんね。

第**18**課
がんばれ！

"이번 달 아까 났어요."

회계 용어로 쓸 때 '아까지' 또는 거래처에 물건을 팔았을 때 반품이 되었다든가 마이너스를 표시할 때에 '아까 났다'고 한다. 이는 일본어로서 **赤(あか)い**(붉다, 빨갛다)라는 단어에서 나온 말이다. 또한 경상도에서는 다칠 때 바르는 붉은색 약을 **'아까징끼'** 라고 하기도 한다. 왜 하필 '붉다' 라는 말을 쓸까? 적자가 나면 피를 쏟아야한다는 뜻일까?

今月、赤字ですよ。

威（たけし）　はい、15000ウォンです。

リエ　いつもより高（たか）くなりましたね。もう少（すこ）し安（やす）くなりませんか?

威（たけし）　すみません。これ以上（いじょう）は無理（むり）です。赤字（あかじ）ですよ。

リエ　そうですか。仕方（しかた）がありませんね。

표현연구　　　　　　　　　　　　　　　　　　　　　　　　　　　ひょうげん

다케시　네, 15000원입니다.

리에　평소 때보다 비싸졌네요. 더 싸게 안 되나요?

다케시　죄송합니다. 이 이상은 무리예요. 적자예요.

리에　그래요? 할 수 없네요.

ちょっと 조금　もう少（すこ）し 조금 더　安（やす）い 싸다　安（やす）くなる 싸지다　安（やす）くなります 싸집니다　安（やす）くなりませんか 싸게 되지 않습니까, 싸지지 않습니까　以上（いじょう）이상　無理（むり）무리　赤字（あかじ）적자　黒字（くろじ）흑자　仕方（しかた）がない 방법이 없다　仕方（しかた）がありません 방법이 없습니다, 어쩔 수 없습니다, 할 수 없습니다, 도리가 없습니다

|1| いつも 평소, 평상시, 여느 때

- いつもより早(はや)く来(く)る。 평소보다 일찍 오다.

- いつもとは違(ちが)う。 평소와는 다르다.

- いつもはこうじゃない。 평소는 이렇지 않다.

- いつものことです。 평소의 일이에요. 항상 그래요.

- いつもの味(あじ)とは違(ちが)う。 평소의 맛과는 다르다.

- いつもの彼(かれ)じゃない。 평소의 그이가 아니다.

- いつもの年(とし)より暑(あつ)い。 예년(평상시)보다 덥다

|2| 변화표현

오랜만에 만났을 때, 설령 그렇지 않더라도 인사말로 "예뻐졌네"라는 말을 한다. 앞에서 배웠기 때문에 '예뻐지다' 라는 단어가 きれいだ라는 것은 잘 알고 있다. 그러면, 이젠 응용을 해야 한다. '예뻐졌다' 또는 '예뻐지고 싶다' 등… 그뿐 아니라 "여름이 되어서인지 더워졌네요"와 같은 일상생활회화를 하기 위해서도 변화표현을 잘 알아 두어야 한다. 이젠 조금 더 고급회화를 해보자.

> 명사 : 명사 + になる ~이/가 되다
> な형용사(= 형용동사) : 어간 + になる ~해지다
> 형용사 : 어간 + くなる ~해지다
>
> ※ いい → いくなる(X), よくなる(O) 좋아지다

先生(せんせい) → 先生(せんせい)になる(선생님이 되다)
きれいだ → きれいになる(예뻐지다)
暑(あつ)い → 暑(あつ)くなる(더워지다)
背(せ)が高(たか)い → 背(せ)が高(たか)くなりました。 키가 커졌습니다.
点数(てんすう)がいい → 点数(てんすう)がよくなりました。 점수가 좋아졌습니다.
生活(せいかつ)が便利(べんり)だ → 生活(せいかつ)が便利(べんり)になりました。 생활이 편리해졌습니다.
顔(かお)がきれいだ → 顔(かお)がきれいになりました。 얼굴이 예뻐졌습니다.

단어	―なる	단어	―なる
上手(じょうず)(だ(잘하다)	上手(じょうず)になる	きれいだ(예쁘다)	
忙(いそが)しい(바쁘다)	忙(いそが)しくなる	暑(あつ)い(덥다)	
かわいい(귀엽다)		寒(さむ)い(춥다)	
下手(へた)だ(못하다)		静(しずか)だ(조용하다)	
嬉(うれ)しい(기쁘다)		ない(없다)	
長(なが)い(길다)		元気(げんき)だ(건강하다)	
好(す)きだ(좋아하다)		小(ちい)さい(작다)	
嫌(きら)いだ(싫어하다)		大(おお)きい(크다)	
いい(좋다)		有名(ゆうめい)だ(유명하다)	

◉ **예와 같이 말해보세요.**

> 先生(せんせい) → 先生(せんせい)になりました。선생님이 되었습니다.
> 水泳(すいえい)が上手(じょうず)だ → 水泳(すいえい)が上手(じょうず)になりました。수영을 잘하게 되었습니다.
> 七月(しちがつ)になって暑(あつ)い → 七月(しちがつ)になって暑(あつ)くなりました。7월이 되어 더워졌습니다.

1) 大学生(だいがくせい)(대학생)

2) 友達(ともだち)(친구)

3) 大人(おとな)(어른)

4) 三月(さんがつ)(3월)

5) あの先生(せんせい)は有名(ゆうめい)だ(저 선생님은 유명하다)

6) 前(まえ)は すしが嫌(きら)いでしたが、今(いま)は好(す)きだ (전에는 초밥을 싫어했는데 지금은 좋아하다)

7) 工事(こうじ)が終(お)わって静(しず)かだ (공사가 끝나서 조용하다)

8) 女性(じょせい)の結婚(けっこん)が遅(おそ)い (여성의 결혼이 늦다)

9) ケータイがだんだん小(ちい)さい (휴대폰이 점점 작다)

10) 交通事故(こうつうじこ)が多(おお)い (교통사고가 많다)

3 ｜ 변화표현 심화학습(1)

앞에서 ます형에 たい를 붙이면 '~하고싶다' 였다. たい는 い로 끝나기 때문에 형용사와 같은 활용을 한다. 따라서 になる、くなる를 붙여서 활용할 수 있다.
가령, 先生(せんせい)になる는 '선생님이 되다' 지만 先生(せんせい)になりたい는 '선생님이 되고 싶다' 가 되고 더 다양한 표현을 할 수도 있다. 예를 들면 先生(せんせい)になりたくなる는 '선생님이 되고 싶어지다' 라는 뜻이 된다. 앞으로 배운 것은 많이 응용하자!

きれいになりたいです。 예뻐지고 싶습니다.
きれいになりたくないです。（なりたくありません） 예뻐지고 싶지 않습니다.
きれいになりたくなりました。 예뻐지고 싶어졌습니다.

◉ 알맞게 변형시키세요.

1) 将来(しょうらい)、何(なに)に —————————— たいですか。(なる)
　　장래에, 무엇이 되고 싶습니까?

2) 医者(いしゃ)に —————————— たくないです。(なる) 의사가 되고싶지 않습니다.

3) 何(なに)も —————————— たくないです。(聞(き)く) 아무것도 듣고싶지 않습니다.

4) 誰(だれ)とも ——————— たくないです。(話(はな)す)

   누구와도 얘기하고 싶지 않습니다.

5) 何(なに)も ——————— たくないです。(食(た)べる) 아무것도 먹고 싶지 않습니다.

6) 何(なに)も ——————— たくないです。(飲(の)む) 아무것도 마시고 싶지 않습니다.

7) 何(なに)も ——————— たくないです。(する) 아무것도 하고싶지 않습니다.

8) 急(きゅう)に ——————— たくなりました。(会(あ)う) 갑자기 보고 싶어졌습니다.

9) 急(きゅう)に ——————— たくなりました。(泳(およ)ぐ) 갑자기 수영하고 싶어졌습니다.

10) ——————— たい映画(えいが)でもありますか。(見(み)る)

   보고 싶은 영화라도 있습니까?

4 | 변화표현 심화학습(2)

好(す)きになる가 항상 '좋아하게 되다'로 해석되는 것은 아니다. 여러 가지 표현이 있
으니 알아두면 좋을 것 같다.

1. 好(す)きにして。	좋을 대로 해.
2. 好(す)きにしろ。	좋을 대로 해라.
3. 好(す)きにしたら？	좋을 대로 하지 그래?
4. 好(す)きに食(た)べたら？	마음대로 먹어!
5. 好(す)きにやっといていいよ。	편한 대로 해두어도 돼!
6. 好(す)きに生(い)きる。	좋을 대로 살아가다.
7. 好(す)きなようにする。	좋을 대로 하다.
8. 人生(じんせい)を好(す)きなように行(い)きたい。	인생을 좋을 대로 살고 싶다.
9. 好(す)きなことを言(い)う。	제멋대로(좋을 대로) 말하다.
10. 好(す)き勝手(かって)にする。	자기 좋을 대로 하다.(강조)

원래는 仕方(しかた)가 없다(방법이 없다, 어쩔 수 없다, 도리가 없다, 소용없다)에서 しようがない、しょうがない로 변천되었다. 그 중 仕方(しかた)가 없다、しょうがない는 일반적으로 많이 쓰이는 표현이다.

- こんな物(もの)はもらっても、しょうがない。
  이런 것은 받아도 소용없다. (도움이 안 된다)

- 今(いま)さら後悔(こうかい)してもしょうがない。 이제 와서 후회해봤자 소용없다.

- こんな物(もの)は持(も)っていても、しょうがないから上(あ)げるよ。
  이런 건 가지고 있어도 소용없으니까 줄게.

- 泣(な)いても、しょうがない。 울어도 소용없어.

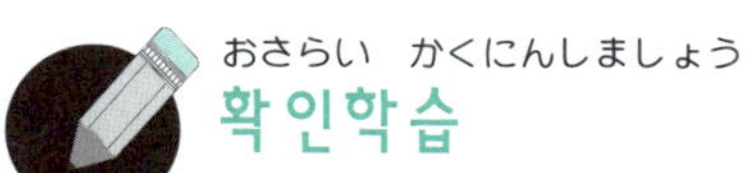

① 예뻐졌네요. (きれいだ)

② 선생님이 되고 싶습니다. (先生(せんせい))

③ 의사가 되고 싶어서 열심히 공부합니다. (医者(いしゃ)、一生懸命(いっしょうけんめい)、勉強(べんきょう))

④ 지금은 아무것도 먹고싶지 않습니다. (食(た)べる)

⑤ 혼자 있고 싶습니다. (一人(ひとり)で、いる)

182page ◉ 변화표현

かわいい → かわいくなる
下手(へた)だ → 下手になる
嬉(うれ)しい → うれしくなる
長(なが)い → 長くなる
好(す)きだ → 好(す)きになる
嫌(きら)いだ → 嫌いになる
いい → よくなる

きれいだ → きれいになる
暑(あつ)い → 暑くなる
寒(さむ)い → 寒くなる
静(しずか)だ → 静かになる
ない → なくなる
元気(げんき)だ → 元気になる
小(ちい)さい → 小さくなる
大(おお)きい → 大きくなる
有名(ゆうめい)だ → 有名になる

182page ◉ 예와 같이 말해보세요.

1. 大学生(だいがくせい)になりました。

2. 友達(ともだち)になりました。

3. 大人(おとな)になりました。

4. 三月(さんがつ)になりました。

5. あの先生(せんせい)は有名(ゆうめい)になりました。

6. 前(まえ)は寿司(すし)が嫌(きら)いでしたが、今(いま)は好(す)きになりました。

7. 工事(こうじ)が終(お)わって静(しずか)になりました。

8. 女性(じょせい)の結婚(けっこん)が遅(おそ)くなりました。

9. ケータイがだんだん小(ちい)さくなりました。

10. 交通事故(こうつうじこ)が多(おお)くなりました。

183page ◉ 알맞게 변형시키세요.

1. 将来(しょうらい)、何(なに)になりたいですか。

2. 医者(いしゃ)になりたくないです。

3. 何(なに)も聞(き)きたくないです。

4. 誰(だれ)とも話(はな)したくないです。

5. 何(なに)も食(た)べたくないです。

6. 何(なに)も飲(の)みたくないです。

7. なにもしたくないです。

8. 急(きゅう)に会(あ)いたくなりました。

9. 急(きゅう)に泳(およ)ぎたくなりました。

10. 見(み)たい映画(えいが)でもありますか。

185page ✎ 확인학습

1. きれいになりましたね。

2. 先生(せんせい)になりたいです。

3. 医者(いしゃ)になりたくて一生懸命(いっしょうけんめい)勉強(べんきょう)します。

4. 今(いま)は何(なに)も食(た)べたくないです。(食(た)べたくありません。)

5. 一人(ひとり)でいたいです。

君はいつもこのブランドの服を買うよね。

うん、このブランドはスタイルもいいし、格好いいし。

あそこに置いてある服もそのブランドの(もの)?

うーん、あれは偽物。

第**19**課
がんばれ！

"그 옷 간지 나는 걸!"

흔히 '간지 나는 스타일이 좋더라' '옷을 간지 나게 입으려면' '간지 스타일' 등의 말을 쓰는데 이것 또한 일본어다. 일본어의 感(かん)じ(느낌)에서 온 말인데, '느낌이 좋은' '느낌이 나는' 등의 의미로 쓰이고 있다. 한마디로 간지 스타일이라는 것은 보기 좋은 스타일, 느낌이 좋은 스타일 등을 말하는 것이다.

いつもこのブランドの服を買うよね。

우성　君はいつもこのブランドの服を買うよね。

リエ　うん。このブランドはスタイルもいいし、格好いいし。

우성　あそこに置いてある服もそのブランドの（もの）?

リエ　ううん、あれは偽物。

표 현 연 구　　ひょうげん

우성　너는 항상 이 브랜드 옷을 사지?
리에　응, 이 브랜드가 스타일(간지) 좋고, 멋있고…
우성　저기 놓여 있는 옷도 그 브랜드 제품이야?
리에　아니, 그건 짝퉁이야.

君(きみ) 너, 자네　**いつも** 항상　**ブランド** 브랜드　服(ふく) 옷　**スタイル** 스타일　格好(かっこう)いい 멋지다, 스타일 좋다　置(お)く 두다　置(お)いてある 놓여 있다　うん 응　ううん 아니　偽物(にせもの) 가짜, 모조품

|1| 格好(かっこう)いい 멋지다, 근사하다(사람/물건)

格好(かっこう)いい男(おとこ) 멋진 남자, 근사한 남자
格好(かっこう)いいけど、頭(あたま)は悪(わる)い 멋있는데 머리는 나쁘다
格好(かっこう)いいじゃない 멋있잖아 근사하잖아
格好(かっこう)悪(わる)い 멋없다, 볼 품 없다, 창피하다.
格好(かっこう)悪(わる)いよ 멋없어, 볼 품 없어.
その髪型(かみがた)、格好(かっこう)悪(わる)い。 그 머리형태 멋없어
あ、失敗(しっぱい)した。格好(かっこう)悪(わる)い。 아, 실패했다. 창피해

|2| ーし

어떤 것의 이유가 되는 것 중에서 특히 하나를 들어서 이야기할 때 쓴다. 이때 겉으로 드러내지는 않았지만 말하는 사람의 판단 속에는 다른 조건도 들어 있는 것이다. 또한, ーし ーし 이런 식으로 여러 개의 사실을 열거하며 이유, 원인을 나타낼 때 쓴다. 접속은 모든 품사의 원형, 부정형, 과거형, 진행형에 다 붙일 수 있다.

• 就職(しゅうしょく)もできたし、これからは自分(じぶん)でやっていきます。
  취업도 됐으니, 이제부터는 혼자서 해나가겠습니다.

• 仕事(しごと)もないし、こまりましたね。
  일거리도 없고 곤란하네요.

• 川崎(かわさき)さんはお酒(さけ)は飲(の)まないし、タバコも吸(す)わないし、真

  面目(まじめ)な人(ひと)ですよ。
  카와사끼 씨는 술도 안 마시지, 담배도 안 피우지, 성실한 사람이에요.

• 金さんはハンサムだし、優(やさ)しいし、頭(あたま)もいいですよ。
  김상은 멋지고, 착하고, 머리도 좋아요.

• この家(いえ)は立派(りっぱ)だし、静(しず)かだし、いいですね。
  이 집은 훌륭하고, 조용하고, 좋네요.

• 呉先生(せんせい)は優(やさ)しいし、きれいだし、育(そだ)てもいいし、もてもててますよ。
  오 선생님은 착하고, 예쁘고, 가정교육도 잘 받았고, 이성한테 인기가 많아요.

- 風(かぜ)も吹(ふ)くし、雨(あめ)も降(ふ)るし、大変(たいへん)だった。

  바람도 불고, 비도 오고 혼났다

- 交通(こうつう)も便利(べんり)だし、空気(くうき)もきれいだし、なかなかいい所

  (ところ)ですね。

  교통도 편리하고, 공기도 맑고, 꽤 좋은 곳이네요.

3 | 타동사 · 자동사

타동사란? 목적어 '을/를' 을 취하는 동사.
자동사란? 동작이나 작용이 주어 자신에게만 그칠 뿐, 다른 사물에 미치지 않는 동사.
목적어를 필요로 하지 않는다.

1) 타동사만 있는 동사

食(た)べる(먹다), 飲(の)む(마시다), 読(よ)む(읽다), 書(か)く(쓰다), 洗(あら)う(씻다), 着(き)る(입다), 作(つく)る(만들다) 등

2) 자동사만 있는 동사

歩(ある)く(걷다), 行(い)く(가다), 来(く)る(오다), 走(はし)る(달리다), 泣(な)く(울다), 眠(ねむ)る(잠들다), 咲(さ)く(피다), 困(こま)る(곤란하다, 난처하다) 등

3) 타동사로도 자동사로도 쓰이는 동사

開(ひら)く (~이 열리다 / ~을 열다)
吹(ふ)く (~이 불다 / ~을 불다)

4) 많이 쓰이는 자동사 · 타동사

자동사		타동사	
入(はい)る	들어가다	入(い)れる	넣다
つく	켜지다	つける	켜다
乗(の)る	타다	乗(の)せる	태우다
開(あ)く	열리다	開(あ)ける	열다
終(お)わる	끝나다	終(お)える	끝내다
始(はじ)まる	시작되다	始(はじ)める	시작하다
起(お)きる	일어나다	起(お)こす	깨우다
変(か)わる	바뀌다	変(か)える	바꾸다
落(お)ちる	떨어지다	落(お)とす	떨어뜨리다
閉(し)まる	닫히다	閉(し)める	닫다
消(き)える	꺼지다	消(け)す	끄다
かかる	잠기다	かける	잠그다
沸(わ)く	끓다	沸(わ)かす	끓이다
止(と)まる	서다	止(と)める	세우다
出(で)る	나오다	出(だ)す	꺼내다
見(み)つかる	발견되다	見(み)つける	발견하다
並(なら)ぶ	늘어서다	並(なら)べる	나란히 하다
集(あつ)まる	모이다	集(あつ)める	모으다

자동사 + ている	말하는 사람이 눈앞의 상태를 단지 사실 그대로 표현하는 방식. 의도성이 없는 표현이다. ドアが開(あ)いています。 창문이 열려 있습니다.
타동사 + てある	인위적인 행위의 결과를 나타낸다. 즉, 누군가 −ておく(~해두다)한 뒤의 상태에 비중을 두는 표현이다. ドアが開(あ)けてあります。 (제3자에 의해) 문이 열려 있습니다.

둘 다 뜻은 같다. 그리고, 말할 때 이것을 하나하나 구별해서 말하는 사람은 없다. 특히, 독해할 때 이 표현을 모르면 독해를 제대로 할 수 없다. 잘 알아두자!

◉ 연습

閉(し)める 닫다(타동사) 閉(し)まる 닫히다(자동사)

ドアを閉(し)めています。 (진행) 문을 닫고 있습니다.

ドアが閉(し)まっています。 (상태) 문이 닫혀 있습니다.

ドアが閉(し)めてあります。(상태) (누군가에 의해) 문이 닫혀 있습니다.

つける 켜다(타동사)　つく 켜지다(자동사)

テレビをつけています。(진행) 텔레비전을 켜고 있습니다.

テレビがついています。(상태) 텔레비전이 켜져 있습니다.

テレビがつけてあります。(상태) (누군가에 의해) 텔레비전이 켜져 있습니다.

1) 入(はい)る 들어가다(자동사)　入(い)れる 넣다(타동사)

　かばんにノートを入(い)れています。(진행) 가방에 공책을 넣고 있습니다.

　かばんにノートが入(はい)って ＿＿＿＿＿＿＿＿＿＿＿＿＿＿＿＿＿＿＿。

　かばんにノートが入(い)れて ＿＿＿＿＿＿＿＿＿＿＿＿＿＿＿＿＿＿＿。

2) 消(き)える 꺼지다(자동사)　消(け)す 켜다(타동사)

　電気(でんき)を消(け)しています。(진행) 불을 끄고 있습니다.

　電気(でんき)が消(き)えて ＿＿＿＿＿＿＿＿＿＿＿＿＿＿＿＿＿＿＿。

　電気(でんき)が消(け)して ＿＿＿＿＿＿＿＿＿＿＿＿＿＿＿＿＿＿＿。

3) かかる 잠기다(자동사)　かける 잠그다(타동사)

　鍵(かぎ)をかけています。(진행) 열쇠를 잠그고 있습니다.

　鍵(かぎ)がかかって ＿＿＿＿＿＿＿＿＿＿＿＿＿＿＿＿＿＿＿。

　鍵(かぎ)がかけて ＿＿＿＿＿＿＿＿＿＿＿＿＿＿＿＿＿＿＿。

4) 出(で)る 나오다(자동사)　出(だ)す 꺼내다(타동사)

　机(つくえ)の上(うえ)に本(ほん)を出(だ)しています。(진행) 책상 위에 책을 꺼내고 있습니다.

　机(つくえ)の上(うえ)に本(ほん)が出(で)て ＿＿＿＿＿＿＿＿＿＿＿＿＿＿＿＿＿＿＿。

　机(つくえ)の上(うえ)に本(ほん)が出(だ)して ＿＿＿＿＿＿＿＿＿＿＿＿＿＿＿＿＿＿＿。

5) 止(と)まる 서다(자동사)　止(と)める 세우다(타동사)

外(そと)に車(くるま)を止(と)めています。(진행) 밖에 차를 세우고 있습니다.

外(そと)に車(くるま)が止(と)まって ＿＿＿＿＿＿＿＿＿＿＿＿＿＿＿＿＿。

外(そと)に車(くるま)が止(と)めて ＿＿＿＿＿＿＿＿＿＿＿＿＿＿＿＿＿。

확인학습

① 노트에 이름이 쓰여 있습니다. (ノート、名前(なまえ))

② (누군가에 의해) 문이 열려있습니다. (ドア、開(あ)ける)

③ 그는 착하고, 머리도 좋고, 잘생겼습니다. (優(やさ)しい、頭(あたま)、ハンサムだ)

④ 텔레비전을 보고 있습니다. (テレビ、見(み)る)

⑤ 문이 닫혀 있습니다. (閉(し)まる)

194page ◉ 연습

1. 入(はい)っています。　　入(い)れてあります。

2. 消(き)えています。　　消(け)してあります。

3. かかっています。　　かけてあります。

4. 出(で)ています。　　出(だ)してあります。

5. 止(とま)っています。　　止(と)めてあります。

195page 　확인학습

1. ノートに名前(なまえ)が書(か)いてあります。

2. ドアが開(あ)けてあります。

3. 彼(かれ)は優(やさ)しいし、頭(あたま)もいいし、ハンサムです。

4. テレビを見(み)ています。

5. ドアが閉(しま)っています。

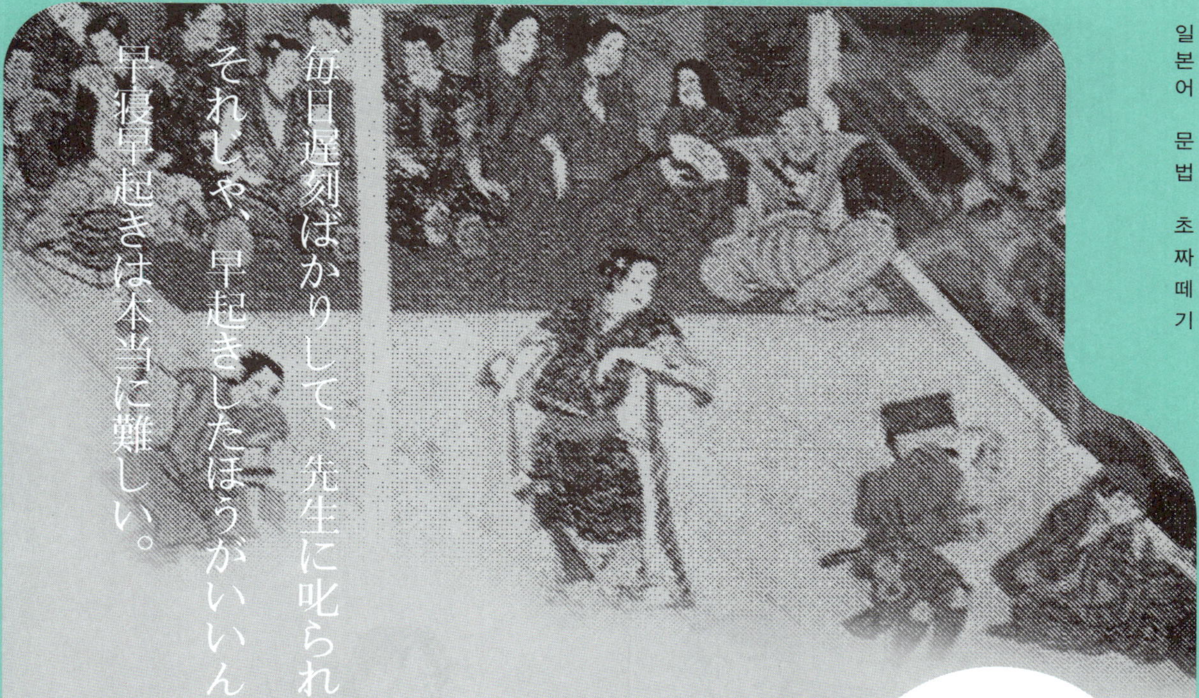

第20課
がんばれ！

"오늘도 선생님께 쿠사리 들었어."

'야단 맞다' '꾸중듣다' 등의 은어로 '쿠사리'를 많이 사용하는데, 사실 '쿠사리'는 '쿠사루'(腐(くさ)る－썩다)라는 동사에서 나온 말로 '썩은 음식'이란 뜻의 일본어다. 이 말이 '구박' '야단' '꾸중'의 뜻으로 변형되어 쓰이고 있는 것이다. 형용사로는 臭(くさ)い(썩은 냄새가 나다, 악취가 나다)가 많이 쓰인다. 완전히 뜻이 다르기 때문에 이 단어가 그대로 쓰이지는 않고 叱(しか)る(혼내다)라는 단어의 수동태인 叱(しか)られる(혼나다, 꾸중듣다)로 많이 쓰인다. 필자는 요즘 논문 진척이 안 된 관계로 매주 용사마(교수님)께 꾸지람을 듣고 있다(叱(しか)られている).

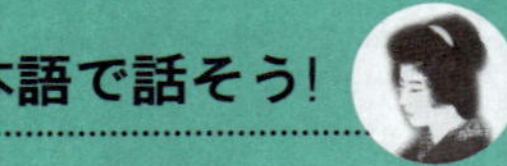

今日、先生に叱られた。

우성　毎日遅刻ばかりして、先生に叱られた。

리에　それじゃ、早起きしたほうがいいんじゃない?

우성　早寝早起きは本当に難しい。

표현연구

ひょうげん

우성　매일 지각해서 선생님한테 꾸중(쿠사리)들었어.
리에　그럼 일찍 일어나는 편이 좋지 않아?
우성　일찍 자고, 일찍 일어나는 것은 정말 어려운 일이야.

毎日(まいにち) 매일　遅刻(ちこく) 지각　ばかり 만, 뿐　する 하다　して 하고, 해서, 하며　叱(しか)る 혼내다　叱(しか)られる 혼나다　叱(しか)られた 혼났다　それじゃ 그러면　早(はや)い 이르다　早(はや)く 일찍　起(お)きる 일어나다　起(お)きた 일어났다　~たほうがいい ~하는 편이 좋다　早寝早起(はやねはやお)き 일찍 자고 일찍 일어남　本当(ほんとう)に 정말로　難(むずか)しい 어렵다

문법 | KEY POINT

|1| ばかり(~만 / ~쯤 / ~정도 / ~가량)

ばかり는 여러 용법으로 쓰이는데, 특히 두 가지가 중요하다. 수량을 나타내는 말에 붙어서 대강의 정도를 나타내거나, 그 외에는 없고 그것뿐이라는 뜻으로 쓰인다. 명사 뒤에 오는 것이 보통이나, 동사의 て형 뒤에 오기도 한다.

- 千(せん)ウォンばかり貸(か)してください。
  천 원만 빌려주세요.

- カップの中(なか)に水(みず)が半分(はんぶん)ばかり入(はい)っています。
  컵 속에 물이 반 정도 들어 있습니다.

- 金さんは毎日(まいにち)テレビばかり見(み)ています。
  김상은 매일 텔레비전만 보고 있습니다.

- 川崎(かわさき)さんは漫画(まんが)ばかり読(よ)んでいます。
  카와사키 씨는 만화만 읽고 있습니다.

- 田中(たなか)さんは一日中(いちにちじゅう)泣(な)いてばかりいます。
  타나카 씨는 하루종일 울고만 있습니다.

- 昨日(きのう)は一日中(いちにちじゅう)寝(ね)てばかりいました。
  어제는 하루종일 잠만 잤습니다.

⊙ 연습

田中(たなか)さんはゴルフをしています。 타나카 씨는 골프를 치고 있습니다.

→ 田中(たなか)さんはゴルフばかりしています。 타나카 씨는 골프만 치고 있습니다.

1) 田中(たなか)さんはテレビを見(み)ています。 타나카 씨는 텔레비전을 보고 있습니다.

  →

2) 山田(やまだ)さんは日本語(にほんご)の勉強(べんきょう)をしています。
  야마다 씨는 일본어공부를 하고 있습니다.

  →

3) 李さんは仕事(しごと)をしています。 이상은 일을 하고 있습니다.

$\rightarrow$

4) 木村(きむら)さんは手紙(てがみ)を書(か)いています。 키무라 씨는 편지를 쓰고 있습니다.

$\rightarrow$

5) 金さんは遊(あそ)んでいます。 김상은 놀고 있습니다.

$\rightarrow$

 ## 동사의 た(〜했다)형

앞에서 て형을 붙였다. た형은 '〜했다'는 뜻의 반말로, 형용사는 い를 かった로 바꿔 준다. 단 いい는 よかった다. 그리고 な형용사(= 형용동사)는 だ를 だった로 바꿔주면 되었다. 동사에도 た를 붙이는데, 앞에서 て형을 만드는 데 어려움 없었다면 쉽게 익 힐 수 있다. て 대신에 た만 붙여주면 되기 때문이다.

동사의 종류	만드는 방법	예
5단 동사	1) う、つ、る로 끝나는 동사 うつる를 った로 바꾼다.	1) 買(か)う → 買(か)った 待(ま)つ → 待(ま)った 帰(かえ)る → 帰(かえ)った
	2) ぬ、む、ぶ로 끝나는 동사 ぬむぶ를 んだ로 바꾼다.	2) 死(し)ぬ → 死(し)んだ 読(よ)む → 読(よ)んだ 遊(あそ)ぶ → 遊(あそ)んだ
	3) く、ぐ로 끝나는 동사 く는 いた로, ぐ는 いだ로 바꾼다.	3) 書(か)く → 書(か)いた 泳(およ)ぐ → 泳(およ)いだ
	4) す로 끝나는 동사 す를 した로 바꾼다.	4) 話(はな)す → 話(はな)した
	〈예외〉 行く는 무조건 行った로 바꾼다.	行(い)く → 行(い)った
상·하 1단 동사	어미 る를 빼고 た를 붙인다.	見(み)る → 見(み)た 食(た)べる → 食(た)べた
カ변격 동사		来(く)る → 来(き)た
サ변격 동사		する → した

의미	동사	た형	의미	동사	た형
사다	買(か)う		피우다	吸(す)う	
쓰다	書(か)く		사용하다	使(つか)う	
읽다	読(よ)む		기다리다	待(ま)つ	
보다	見(み)る		이야기하다	話(はな)す	
놀다	遊(あそ)ぶ		하다	*する	
걷다	歩(ある)く		죽다	死(し)ぬ	
쉬다	休(やす)む		나오다	出(で)る	
먹다	食(た)べる		오다	*来(く)る	
수영하다	泳(およ)ぐ		자르다	*切(き)る	
가다	*行(い)く		마시다	飲(の)む	
서두르다	急(いそ)ぐ		듣다	聞(き)く	
자다	寝(ね)る		일하다	働(はたら)く	
일어나다	起(お)きる		돌아오다	*帰(かえ)る	
만나다	会(あ)う		씻다	洗(あら)う	
타다	乗(の)る				

※ 표시 주의! 예외 5단 동사, カ변격 동사, サ변격 동사다.

| 3 | た형 응용 연습

た로 시작하는 숙어

〜たことがあります 〜한 적이 있습니다.

〜た方(ほう)がいいです 〜하는 편이 좋습니다.

〜たばかりです 지금 막 〜했습니다.

실수하기 쉬운 숙어

〜に会(あ)う 〜을/를 만나다   〜に乗(の)る 〜을/를 타다

5단동사	う、つ、る → った	買(か)う	買(か)ったことがあります。	산 적이 있습니다.
		待(ま)つ	待(ま)った方(ほう)がいいです。	기다리는 편이 좋습니다.
		帰(かえ)る	帰(かえ)ったばかりです。	막 돌아왔습니다.
	ぬ、む、ぶ → んだ	死(し)ぬ	死(し)んだことがあります。	죽은 적이 있습니다.
		遊(あそ)ぶ	遊(あそ)んだ方(ほう)がいいです。	노는 편이 좋습니다.
		読(よ)む	読(よ)んだばかりです。	막 읽었습니다.
	く → いた、 ぐ → いだ	書(か)く	書(か)いたことがあります。	쓴 적이 있습니다.
		泳(およ)ぐ	泳(およ)いだ方(ほう)がいいです。	수영하는 편이 좋습니다.
	す → した	話(はな)す	話(はな)したばかりです。	막 이야기했습니다.
	〈예외〉	行(い)く	行(い)ったことがあります。	간 적이 있습니다.
상·하 1단 동사	る → た	見(み)る	見(み)た方(ほう)がいいです。	보는 편이 좋습니다.
		食(た)べる	食(た)べたばかりです。	막 먹었습니다.
カ변격	来(く)る → 来(き)た	来(く)る	来(き)たことがあります。	온 적이 있습니다.
サ변격	する → した	する	した方(ほう)がいいです。	하는 편이 좋습니다.

◉ 연습 1

東京(とうきょう)へ行(い)く 동경에 가다
→ 東京(とうきょう)へ行(い)ったことがありますか。 동경에 간 적이 있습니까?
はい、行(い)ったことがあります。 네, 간 적이 있습니다.
いいえ、行(い)ったことがありません。 아니요, 간 적이 없습니다.

1) 芸能人(げいのうじん)に会(あ)う 연예인을 만나다

　→
....

....

2) 日本(にほん)の映画(えいが)を見(み)る 일본영화를 보다

　→
....

....

3) すしを食(た)べる 초밥을 먹다

　→
....

....

4) 自転車(じてんしゃ)に乗(の)る　자전거를 타다

　　→

5) カルビを食(た)べる　갈비를 먹다

　　→

病院(びょういん)へ行(い)く　병원에 가다
→ 病院(びょういん)へ行(い)った方(ほう)がいいです。병원에 가는 편이 좋습니다.

1) 毎日(まいにち)新聞(しんぶん)を読(よ)む　매일 신문을 보다

　　→

2) 明日(あした)は早(はや)く来(く)る　내일은 일찍 오다

　　→

3) ゆっくり休(やす)む　푹 쉬다

　　→

4) 焼(や)き肉(にく)はよく焼(や)く　불고기는 잘 굽다

　　→

5) 今日(きょう)より明日(あした)行(い)く　오늘보다 내일 가다

　　→

着(つ)く　도착하다
→ 着(つ)いたばかりです。지금 막 도착했습니다.

1) 先生(せんせい)に話(はな)す 선생님께 이야기하다

　→

2) 授業(じゅぎょう)が終(お)わる 수업이 끝나다

　→

3) さきほど起(お)きる 조금 전 일어나다

　→

4) 昼(ひる)ご飯(はん)を食(た)べる 점심을 먹다

　→

5) 私(わたし)も来(く)る 나도 오다

　→

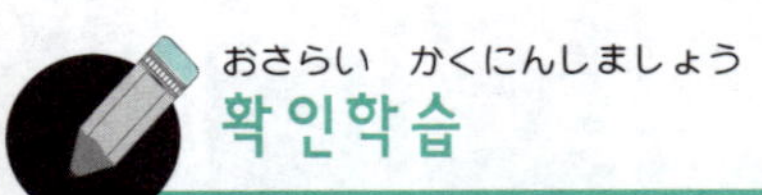

확인학습

① 김상은 하루종일 텔레비전만 보고 있습니다. (一日中(いちにちじゅう))

② 김상은 어제 일본에 돌아갔다. (昨日(きのう))

③ 대통령을 만난 적이 있습니까? (大統領(だいとうりょう))

④ 약을 먹는 편이 좋습니다. (薬(くすり)を飲(の)む)

⑤ 저도 지금 막 들었습니다. (聞(き)く)

❈ 다음 단어를 ひらがな로 써보세요.

1. 美容院 _________________________　　**2.** 散歩 _________________________

3. 仕事 _________________________　　**4.** お風呂 _________________________

5. 無理 _________________________　　**6.** 赤字 _________________________

7. 交通事故 _________________________　　**8.** 一生懸命 _________________________

❈ 다음 단어를 한자로 써보세요.

1. けっこん _________________________　　**2.** てがみ _________________________

3. あたま _________________________　　**4.** いちにちじゅう _________________________

5. じゅぎょう _________________________　　**6.** びょういん _________________________

7. えいが _________________________　　**8.** まいにち _________________________

❈ 다음을 작문하세요.

1. 친구를 만나서 영화를 봤습니다. _________________________

2. 지금 무엇을 하고 있습니까? _________________________

3. 예뻐졌네요. _________________________

4. 불이 켜져 있습니다. _________________________

5. 일본어를 가르치고 있습니다. _________________________

6. 추워졌습니다. _________________________

7. 저는 별로 가고 싶지 않습니다. _________________________

8. 김상은 텔레비전만 보고 있습니다. _________________________

9. 일본에 간 적이 있습니까? ____

10. 오늘보다 내일 가는 편이 좋습니다. ___________________________________

11. 택시를 타는 편이 좋습니다. ____

12. 지금 막 일어났습니다. ____

배점 | 32문제×3점, 마지막 문제는 4점 = 100점

1. 처음 뵙겠습니다. 잘 부탁드립니다. ______________________

2. 당신도 일본인입니까? ______________________

3. 책상 위에 연필과 노트가 있습니다. ______________________

4. 다 합쳐서 얼마입니까? 3600円입니다. ______________________

5. 봄은 따뜻하고, 여름은 덥고, 가을은 서늘하며, 겨울은 춥습니다.

____

6. 지금 몇 시입니까? 4시 반입니다. ______________________

7. 교통은 별로 편리하지 않습니다. ______________________

8. 생일은 언제입니까? 8월 7일입니다. ______________________

9. 항상 7시에 일어납니다. ______________________

10. 음식 중에서 무엇을 가장 좋아합니까? ______________________

11. 계절 중에서 언제를 가장 싫어합니까? ______________________

12. 같이 영화 보러 가지 않을래요? ______________________

13. 저 레스토랑은 싸고 맛있습니다. ______________________

14. 약을 먹는 편이 좋습니다. ______________________

15. 무엇을 갖고 싶습니까? ______________________

16. 학교에서 일본어를 배우고 있습니다. ______________________

17. 친구를 기다리고 있습니다. ______________________

18. 일본어로 이야기하는 편이 좋습니다. ______________________

19. 날씨는 어땠습니까? ____

20. 백화점은 10시 반부터 7시 반까지입니다. _______________________________

21. 일본어 선생님이 되고 싶습니다. _______________________________________

22. 당신은 커피를 좋아합니까? 네, 좋아합니다. ____________________________

23. 김상은 유명한 선생님입니다. ____

24. 사과는 한 개 100円입니다. ____

25. 저는 소주는 좋아합니다만, 맥주는 별로 좋아하지 않습니다.

____

26. 항상 몇 시에 학교에 갑니까? 9시에 갑니다. ___________________________

27. 지하철은 깨끗하고, 편리합니다. ______________________________________

28. 일본에 간 적이 있습니까? 아니요, 간 적이 없습니다.

____

29. 이 라면은 한국에서 가장 맛있습니다. _________________________________

30. 어제는 바빴습니다. ____

31. 30살이 되었습니다. 결혼하고 싶습니다. ______________________________

32. 야마다 씨는 잘 생기고, 키도 크고, 머리도 좋습니다.

____

33. 김상은 매일 텔레비전만 보고 있습니다. _______________________________

199page ◉ 연습

1. 田中(たなか)さんはテレビばかり見(み)ています。

2. 山田(やまだ)さんは日本語(にほんご)の勉強(べんきょう)ばかりしています。

3. 李さんは仕事(しごと)ばかりしています。

4. 木村(きむら)さんは手紙(てがみ)ばかり書(か)いています。

5. 金さんは遊(あそ)んでばかりいます。

201page ◉ 다음을 た형으로 바꾸세요.

買(か)う	かった	吸(す)う	すった	泳(およ)ぐ	およいだ	*切(き)る	きった
書(か)く	かいた	使(つか)う	つかった	*行(い)く	いった	飲(の)む	のんだ
読(よ)む	よんだ	待(ま)つ	まった	急(いそ)ぐ	いそいだ	聞(き)く	きいた
見(み)る	みた	話(はな)す	はなした	寝(ね)る	ねた	働(はたら)く	はたらいた
遊(あそ)ぶ	あそんだ	*する	した	起(お)きる	おきた	*帰(かえ)る	かえった
歩(ある)く	あるいた	死(し)ぬ	しんだ	会(あ)う	あった	洗(あら)う	あらった
休(やす)む	やすんだ	出(で)る	でた	乗(の)る	のった		
食(た)べる	たべた	*来(く)る	きた				

202page ◉ 연습1

1. 芸能人(げいのうじん)に会(あ)ったことがありますか。

　　はい、会(あ)ったことがあります。　いいえ、会(あ)ったことがありません。

2. 日本(にほん)の映画(えいが)を見(み)たことがありますか。

　　はい、見(み)たことがあります。　いいえ、見(み)たことがありません。

3. すしを食(た)べたことがありますか。

　　はい、食(た)べたことがあります。　いいえ、食(た)べたことがありません。

4. 自転車(じてんしゃ)に乗(の)ったことがありますか。

　　はい、乗(の)ったことがあります。　いいえ、乗(の)ったことがありません。

5. カルビを食(た)べたことがありますか。

　　はい、食(た)べたことがあります。　いいえ、食(た)べたことがありません。

1. 毎日(まいにち)新聞(しんぶん)を読(よ)んだ方(ほう)がいいです。

2. 明日(あした)は早(はや)く来(き)た方(ほう)がいいです。

3. ゆっくり休(やす)んだ方(ほう)がいいです。

4. 焼(や)き肉(にく)はよく焼(や)いた方(ほう)がいいです。

5. 今日(きょう)より明日(あした)行(い)った方(ほう)がいいです。

1. 先生(せんせい)に話(はな)したばかりです。

2. 授業(じゅぎょう)が終(お)わったばかりです。

3. さきほど起(お)きたばかりです。

4. 昼(ひる)ご飯(はん)を食(た)べたばかりです。

5. 私(わたし)も来(き)たばかりです。

1. 金さんは一日中(いちにちじゅう)テレビばかり見(み)ています。

2. 金さんは昨日(きのう)日本(にほん)へ帰(かえ)った。

3. 大統領(だいとうりょう)に会(あ)ったことがありますか。

4. 薬(くすり)を飲(の)んだ方(ほう)がいいです。

5. 私(わたし)も聞(き)いたばかりです。

17～20과 종합문제 정답

❀ 다음 단어를 ひらがな로 써보세요.

1. びょういん

2. さんぽ

3. しごと

4. おふろ

5. むり

6. あかじ

7. こうつうじこ

8. いっしょうけんめい

❈ 다음 단어를 한자로 써보세요.

1. 結婚
2. 手紙
3. 頭
4. 一日中
5. 授業
6. 病院
7. 映画
8. 毎日

❈ 다음을 작문하세요.

1. 友達(ともだち)に会(あ)って映画(えいが)を見(み)ました。
2. 今(いま)何(なに)をしていますか。
3. きれいになりましたね。
4. 電気(でんき)がついています。電気(でんき)がつけてあります。
5. 日本語(にほんご)を教(おし)えています。
6. 寒(さむ)くなりました。
7. 私(わたし)はあまり行(い)きたくないです。行(い)きたくありません。
8. 金さんはテレビばかり見(み)ています。
9. 日本(にほん)へ行(い)ったことがありますか。
10. 今日(きょう)より明日(あした)行(い)った方(ほう)がいいです。
11. タクシーに乗(の)った方(ほう)がいいです。
12. (今(いま))起(お)きたばかりです。

작문 총괄 테스트 정답

1. はじめまして。どうぞよろしくおねがいします。
2. あなたも日本人(にほんじん)ですか。
3. 机(つくえ)の上(うえ)に鉛筆(えんぴつ)とノートがあります。
4. 全部(ぜんぶ)でいくらですか。さんぜんろっぴゃくえんです。
5. 春(はる)は暖(あたた)かくて、夏(なつ)は暑(あつ)くて、秋(あき)は涼(すず)しくて、冬(ふゆ)は寒(さむ)いです。
6. 今(いま)何時(なんじ)ですか。四時半(よじはん)です。
7. 交通(こうつう)はあまり便利(べんり)ではありません。

8. お誕生日（たんじょうび）はいつですか。八月七日（はちがつなのか）です。

9. いつも七時（しちじ）に起（お）きます。

10. 食（た）べ物（もの）の中（なか）で何（なに）が一番（いちばん）好（す）きですか。

11. 季節（きせつ）の中（なか）でいつが一番（いちばん）嫌（きら）いですか。

12. 一緒（いっしょ）に映画（えいが）を見（み）に行（い）きませんか。

13. あのレストランは安（やす）くておいしいです。

14. 薬（くすり）を飲（の）んだ方（ほう）がいいです。

15. 何（なに）がほしいですか。

16. 学校（がっこう）で日本語（にほんご）を習（なら）っています。

17. 友達（ともだち）を待（ま）っています。

18. 日本語（にほんご）で話（はな）した方（ほう）がいいです。

19. 天気（てんき）はどうでしたか。

20. デパートは十時半（じゅうじはん）から七時半（しちじはん）までです。

21. 日本語（にほんご）の先生（せんせい）になりたいです。

22. あなたはコーヒーが好（す）きですか。はい、好（す）きです。

23. 金さんは有名（ゆうめい）な先生（せんせい）です。

24. りんごは一（ひと）つひゃくえんです。

25. わたしは焼酎（しょうちゅう）は好（す）きですが、ビールはあまり好（す）きではありません。

26. いつも何時（なんじ）に学校（がっこう）へ行（い）きますか。九時（くじ）に行（い）きます。

27. 地下鉄（ちかてつ）はきれいで便利（べんり）です。

28. 日本（にほん）へ行（い）ったことがありますか。いいえ、行（い）ったことがありません。

29. このラーメンは韓国（かんこく）で一番（いちばん）おいしいです。

30. 昨日（きのう）は忙（いそが）しかったです。

31. 三十歳（さんじゅっさい）になりました。結婚（けっこん）したいです。

32. 山田（やまだ）さんはハンサムで、背（せ）も高（たか）くて、頭（あたま）もいいです。

33. 金さんは毎日（まいにち）テレビばかり見（み）ています。

川崎さんは泳げますか。
いいえ、泳げません。
え？本当ですか。
でも、潜水は得意です。へへへ。

第**21**課
がんばれ！

"모구리의 달인은?"

'잠수'라는 단어 대신에 '모구리'라는 말을 많이 쓴다. 이 단어는 '잠입하다, 잠수하다, 숨어들다, 기어들다, 숨어서 몰래하다'의 뜻을 지닌 潜(もぐ)る라는 단어에서 나온 말이다. 스쿠버다이빙 등을 할 때 같이 들어가자는 의미로 一緒(いっしょ)に 潜(もぐ)りましょう라는 말을 쓰지만, 단어 자체로 '잠수'라는 뜻을 나타낼 때는 潜(もぐ)り보다는 潜水(せんすい)라는 말을 더 많이 쓴다. 필자는 수영도 潜水(せんすい)도 못한다.

潜水は得意です。

リエ（かわさき）
川崎さんは泳げますか。

たけし
威
いいえ、泳げません。

リエ
え? 本当ですか。

たけし
威
でも、潜水は得意です。へへへ。

표현연구　ひょうげん

리에	川崎(かわさき) 씨는 수영할 수 있어요?
다케시	아니요, 수영은 못해요.
리에	에? 정말요?
다케시	하지만, 잠수는 특기예요. 헤헤헤.

※ リエ는 木村(きむら)リエ다. 여기서, 木村(きむら)는 성이고, リエ가 이름이다. 친하지 않은 이상 주로 성에 さん을 붙여 부른다. 친해졌을 때 비로소 이름을 부를 수 있고, さん의 애칭인 ちゃん도 사용할 수 있는 것이다. 보통의 경우, 木村(きむら)さん이라 부르고, 친해졌을 때 リエちゃん이라고 부른다.
威(たけし)의 성은 川崎(かわさき)다. 교재에서는 편의상 川崎(かわさき)さん이라고 부르고, 친해지면 タケちゃん으로 쓸 수 있다.

泳(およ)ぐ 수영하다　泳(およ)げる 수영할 수 있다　泳(およ)げます 수영할 수 있습니다　本当(ほんとう) 정말, 사실　潜水(せんすい) 잠수　得意(とくい) 특기

|1| 가능형(1)

일상 회화에서 가장 많이 쓰이는 표현이 가능형이다. "혼자 갈 수 있어?" "다 먹을 수 있어?" 등 가능형으로 쓰이지 않는 표현이 없을 정도다. 가능형 표현은 몇 가지가 있다. 잘 외워두었다가 유용하게 쓰자.

동사의 종류	가능형	
5단 동사	う段 → え段 + る	待(ま)つ → 待(ま)てる
상·하 1단 동사	る를 빼고 られる	見(み)る → 見(み)られる
カ변격 동사	来る → こられる(올 수 있다)	
サ변격 동사	する → できる(할 수 있다)	

※ 가능형에서 '을, 를'에 해당하는 조사는 항상 が를 쓴다.

5단 동사는 う단을 え단으로 바꿔주고 る를 붙이고, 상·하 1단은 끝의 る를 빼고 られる를 붙여준다. 또한 来(く)る는 무조건 来(こ)られる(올 수 있다)이고, する는 무조건 できる(할 수 있다)다.

상·하 1단 동사의 가능형은 る를 빼고 られる를 붙이는 것이 원칙이나 食(た)べれる처럼 ら가 빠진 형태는 회화체에서 급속도로 퍼지고 있다. 뒤에서 나올 수동태와 가능형의 모양이 같아서(食(た)べられる - 먹을 수 있다/먹히다) 구별하기 어렵기 때문인데 아직 일본내 국어학회에서는 인정되지 않는 상황이다.

|2| 가능형(2)

두 번째 공식으로는 모든 동사의 기본형에 ことができる만 붙이면 된다. 예외 표현도 없고, 기본형에 붙이기만 하면 된다. 하지만, 좀 길어지는 현상이 있기 때문에 회화체에서보다 문장체에서 더 많이 쓰인다. 두 번째 공식에서는 '을/를'에 해당하는 조사는 그대로 を를 쓴다.

의미	동사	가능형	
피우다	吸(す)う	吸える	吸うことができる
사용하다	使(つか)う		
기다리다	待(ま)つ		
이야기하다	話(はな)す		
하다	*する		
죽다	死(し)ぬ		
나오다	出(で)る		
오다	*来(く)る		
자르다	*切(き)る		
마시다	飲(の)む		
듣다	聞(き)く		
일하다	働(はたら)く		
돌아오다	*帰(かえ)る		
씻다	洗(あら)う		
걷다	歩(ある)く		

※ *표시에 주의! 예외 5단 동사, カ변격 동사, サ변격 동사의 예외 표현이다.

⊙ 연습

辛(から)い料理(りょうり)を食(た)べる。 매운 음식을 먹다.

→ 辛(から)い料理(りょうり)が食(た)べられますか。 매운 음식을 먹을 수 있습니까?

→ 辛(から)い料理(りょうり)を食(た)べることができますか。 매운 음식을 먹을 수 있습니까?

1) もう少(すこ)し待(ま)つ 조금 더 기다리다.

→

→

2) 漢字(かんじ)を書(か)く 한자를 쓰다

→

→

3) 日本語(にほんご)を話(はな)す 일본어를 이야기하다

→

→

4) 明日(あした)は五時(ごじ)まで来(く)る 내일은 5까지 오다

→

→

5) ギターを弾(ひ)く 기타를 치다

→

→

6) すしを食(た)べる 초밥을 먹다

→

→

7) 日本語(にほんご)で手紙(てがみ)を書(か)く 일본어로 편지를 쓰다

→

→

8) 焼酎(しょうちゅう)を飲(の)む 소주를 마시다

→

→

9) 明日(あした)は早(はや)く起(お)きる 내일은 일찍 일어나다

→

→

10) 彼(かれ)のことを忘(わす)れる 그 남자를 잊다

→

→

흔히 '그 남자를' 이라고 하면 彼(かれ)を라고 하기 쉽다. 그러나, 여기서는 "그 남자를 잊는다"는 것은 그 남자에 관한 것 전체를 잊는 것이기 때문에, 彼(かれ)のこと라고 했고, 해석은 '그 남자를' 이라고 하면 자연스럽다. 또한, "당신을 사랑합니다"도 당신에 관한 것 전체를 사랑한다는 의미로 のこと를 집어넣어 あなたのことが好(す)きです라고 하면 아주 자연스럽고, 일본어를 굉장히 잘한다는 소리를 들을 것이다.

3 가능형(3)

많이 쓰이지는 않지만 또 다른 공식으로 〈ます형 + 得(う)る、得(え)る〉를 들 수 있다. 부정은 〈ます형 + 得(え)ない〉다. 하지만 ある(있다)의 경우는 무조건 あり得(う)る(있을 수 있다)로, 부정은 あり得(え)ない(있을 수 없다)다. その話(はなし)は十分(じゅうぶん)あり得(う)る(그 이야기는 충분히 있을 수 있다), あり得(え)ない話(はなし)(있을 수 없는 이야기)와 같이 한다.

書(か)く(쓰다) → 書(か)き得(う)る 쓸 수 있다
　　　　　　 → 書(か)き得(え)ない 쓸 수 없다

4 가능의 뜻을 지닌 동사

굳이 공식에 대입시키지 않아도 가능의 뜻을 지닌 동사다.

聞(き)こえる(들리다)　　　　見(み)える(보이다)　　　　分(わ)かる(알다, 이해하다)

〈가능형 첫 번째 공식과 두 번째 공식을 이용해서 문장을 만드세요.〉

① 혼자서 돌아갈 수 있습니까? (一人(ひとり)で)

② 술을 마실 수 있습니까? (お酒(さけ))

③ 일본노래를 부를 수 있습니까? (歌(うた)、歌(うた)う)

④ 회를 먹을 수 있습니까? (刺身(さしみ))

⑤ 자전거를 탈 수 있습니까? (自転車(じてんしゃ))

216page ◉ 가능형(1)

使(つか)う	使(つか)える	使(つか)うことができる
待(ま)つ	待(ま)てる	待(ま)つことができる
話(はな)す	話(はな)せる	話(はな)すことができる
*する	できる	することができる
死(し)ぬ	死(し)ねる	死(し)ぬことができる
出(で)る	出(で)られる	出(で)ることができる
*来(く)る	来(こ)られる	来(く)ることができる
*切(き)る	切(き)れる	切(き)ることができる
飲(の)む	飲(の)める	飲(の)むことができる
聞(き)く	聞(き)ける	聞(き)くことができる
働(はたら)く	働(はたら)ける	働(はたら)くことができる
*帰(かえ)る	帰(かえ)れる	帰(かえ)ることができる
洗(あら)う	洗(あら)える	洗(あら)うことができる
歩(ある)く	歩(ある)ける	歩(ある)くことができる

216page ◉ 연습

1. もう少(すこ)し待(ま)てますか。もう少(すこ)し待(ま)つことができますか。

2. 漢字(かんじ)が書(か)けますか。漢字(かんじ)を書(か)くことができますか。

3. 日本語(にほんご)が話せますか。日本語(にほんご)を話(はな)すことができますか。

4. 明日(あした)は五時(ごじ)までに来(こ)られますか。

　　明日(あした)は五時(ごじ)までに来(く)ることができますか。

5. ギターが弾(ひ)けますか。ギターを弾(ひ)くことができますか。

6. すしが食(た)べられますか。すしを食(た)べることができますか。

7. 日本語(にほんご)で手紙(てがみ)が書(か)けますか。

　　日本語(にほんご)で手紙(てがみ)を書(か)くことができますか。

8. 焼酎(しょうちゅう)が飲(の)めますか。焼酎(しょうちゅう)を飲(の)むことができますか。

9. 明日(あした)は早(はや)く起(お)きられますか。

　　明日(あした)は早(はや)く起(お)きることができますか。

10. 彼(かれ)のことが忘(わす)れられますか。彼(かれ)のことを忘(わす)れることができますか。

219page 확인학습

1. 一人(ひとり)で帰(かえ)れますか。一人(ひとり)で帰(かえ)ることができますか。
2. お酒(さけ)が飲(の)めますか。お酒(さけ)を飲(の)むことができますか。
3. 日本(にほん)の歌(うた)が歌(うた)えますか。日本(にほん)の歌(うた)を歌(うた)うことができますか。
4. 刺身(さしみ)が食(た)べられますか。刺身(さしみ)を食(た)べることができますか。
5. 自転車(じてんしゃ)に乗(の)れますか。自転車(じてんしゃ)を乗(の)ることができますか。

爪切りはどこにあるの？
どうして？爪切るの？
うん。
夜に爪を切ってはいけないの。ねずみが出るんだって。

第22課
がんばれ！

"쓰메끼리 있어요?"

집에서 어른들이 "쓰메키리 어디있니?" "쓰메키리 좀 가져와라" 등과 같이 하시는 말을 들었을 것이다. '손톱깎이'를 뜻하는 말인데, 사실은 일본어다. 일본어의 爪(손톱)에 切る(자르다)라는 동사를 합쳐서 爪切り(손톱깎이)가 된 것이다. 원래대로 '츠메'라고 하면 발음하기 불편하니까 우리식대로 '쓰메키리'라고 부르는 것이다. 예부터 밤에 손톱 깎으면 쥐 나온다고 했다. 밤에는 자제하자.

우성	爪切りはどこにあるの?
リエ	どうして？爪切るの?
우성	うん。
リエ	夜に爪を切ってはいけないの。ねずみが出るんだって。

표현연구　　　　　　　　　　　　　　　　　　　　　　　　　ひょうげん

우성	손톱깎이 어디에 있어?
리에	왜? 손톱 깎으려고?
우성	응
리에	밤에 손톱 깎으면 안 돼. 쥐 나온대.

爪(つめ) 손톱　切(き)る 자르다　爪切(つめき)り 손톱깎이　どうして 왜, 어째서　夜(よる) 밤　ーてはいけない ~해서는 안 된다　ねずみ 쥐　出(で)る 나오다　出(で)るんだって 나온대

문법 | KEY POINT

1. 何年(なにどし)ですか。무슨 띠예요?

사람을 만나면 "무슨 띠예요?" "혈액형은 무슨 형이에요?"라고 흔히 묻는다. 일본도 똑같다. 단, 돼지 띠는 멧돼지로 대체한다. 돼지 띠인 사람은 멧돼지 띠로 쓰면 된다. 물을 때에는 何年(なにどし)ですか(무슨 띠예요?)라고 묻고 何(なに) 대신에 동물을 넣어서 대답하면 된다.

쥐	소	범	토끼	용	뱀
ねずみ	牛(うし)	虎(とら)	うさぎ	辰(たつ)	へび
말	양	원숭이	닭	개	멧돼지
馬(うま)	羊(ひつじ)	さる	とり	犬(いぬ)	いのしし

何年(なにどし)ですか。무슨 띠예요? → 辰年(たつどし)です。용 띠예요.

趙さんは何年(なにどし)ですか。조상은 무슨 띠예요? → うさぎ年(どし)です。토끼 띠예요.

2. 그 밖의 동물에 대해서

사자	기린	판다	고릴라	침팬지	카나리아
ライオン	キリン	パンダ	ゴリラ	チンパンジ	カナリア
코알라	앵무새	코끼리	개구리	반딧불	개미
コアラ	オウム	像(ぞう)	蛙(かえる)	火垂(ほた)る	蟻(あり)
거미	거북이	게	고양이	곰	공룡
蜘蛛(くも)	亀(かめ)	蟹(かに)	猫(ねこ)	熊(くま)	恐龍(きょうりゅう)
귀뚜라미	기러기	까마귀	벌	꿩	나비
蟋蟀(こおろぎ)	雁(かり)	烏(からす)	蜂(はち)	雉(きじ)	蝶(ちょう)
파리	다람쥐	너구리	독수리	돼지	매미
はえ	りす	たぬき	わし	ぶた	せみ
두더지	매	모기	박쥐	벼룩	비둘기
もぐら	たか	か	こうもり	のみ	鳩(はと)
사슴	메뚜기	딱따구리	도마뱀	당나귀	늑대
しか	いなご	きつつき	とかげ	ろば	おおかみ

'~해도 됩니까?'(허가)와 '~해서는 안됩니다'(금지)의 표현을 쓸 때, 동사의 て형에 붙이면 된다. て의 뜻이 '~하고/~해서/~하며'니까 〈て + も = ても(해도)〉가 되고, 〈て + は = ては(해서는)〉가 된다. 그러니, て형만 잘 외워두면 아주 쉽게 표현할 수 있다.

허 가	ーてもいいですか	~해도 됩니까?
	ーてもいい?	~해도 돼?
금 지	ーてはいけません	~해서는 안 됩니다
	ーてはいけない	~해서는 안 된다

정중체에서는 はい(네), いいえ(아니요)로 쓰고, 반말체에서는 うん(응), ううん(아니)으로 쓴다. 특히 반말체 발음 주의하자.

⊙ 연습1

てもいいですか ~해도 좋습니까?
てはいけません ~해서는 안 됩니다

1) お酒(さけ)を ＿＿＿＿＿＿＿＿＿＿＿＿＿＿＿＿＿。(마셔도 좋습니까?)

   お酒(さけ)を ＿＿＿＿＿＿＿＿＿＿＿＿＿＿＿＿＿。(마셔서는 안 됩니다.)

2) 明日(あした) ＿＿＿＿＿＿＿＿＿＿＿＿＿＿＿＿＿。(쉬어도 됩니까?)

   明日(あした) ＿＿＿＿＿＿＿＿＿＿＿＿＿＿＿＿＿。(쉬어서는 안 됩니다.)

3) 音楽(おんがく)を ＿＿＿＿＿＿＿＿＿＿＿＿＿＿＿＿。(들어도 됩니까?)

   音楽(おんがく)を ＿＿＿＿＿＿＿＿＿＿＿＿＿＿＿＿。(들어서는 안 됩니다.)

4) 教室(きょうしつ)に ＿＿＿＿＿＿＿＿＿＿＿＿＿＿＿＿。(들어가도 됩니까?)

   教室(きょうしつ)に ＿＿＿＿＿＿＿＿＿＿＿＿＿＿＿＿。(들어가서는 안 됩니다.)

5) 先生(せんせい)に ＿＿＿＿＿＿＿＿＿＿＿＿＿＿＿＿。(이야기해도 됩니까?)

   先生(せんせい)に ＿＿＿＿＿＿＿＿＿＿＿＿＿＿＿＿。(이야기해서는 안 됩니다.)

참고단어 − 飲(の)む 마시다　休(やす)む 쉬다　聞(き)く 듣다　入(はい)る 들어가다　話(はな)す 이야기하다

알맞을 말을 넣으세요. 단, はい와 いいえ를 구별해서 쓰세요.

ここでタバコを吸(す)ってもいいですか。 여기에서 담배를 피워도 됩니까?

はい。吸(す)ってもいいです。 네, 피워도 됩니다.

1) お酒(さけ)を飲(の)んで（運転(うんてん)する）＿＿＿＿＿＿＿＿＿＿＿＿＿＿＿。

　　いいえ。（運転(うんてん)する）＿＿＿＿＿＿＿＿＿＿＿＿＿＿＿。

2) 体(からだ)の具合(ぐあ)いが悪(わる)いので家(うち)へ（帰(かえ)る）＿＿＿＿＿＿＿＿。

　　はい。（帰(かえ)る）＿＿＿＿＿＿＿＿＿＿＿＿＿＿＿。

3) クーラーを（つける）＿＿＿＿＿＿＿＿＿＿＿＿＿＿＿。

　　いいえ。（つける）＿＿＿＿＿＿＿＿＿＿＿＿＿＿＿。

4) コーヒーを（飲(の)む）＿＿＿＿＿＿＿＿＿＿＿＿＿＿＿。

　　いいえ。（飲(の)む）＿＿＿＿＿＿＿＿＿＿＿＿＿＿＿。

5) お風呂(ふろ)に（入(はい)る）＿＿＿＿＿＿＿＿＿＿＿＿＿＿＿。

　　いいえ。（入(はい)る）＿＿＿＿＿＿＿＿＿＿＿＿＿＿＿。

6) 掃除(そうじ)を（する）＿＿＿＿＿＿＿＿＿＿＿＿＿＿＿。

　　いいえ。（する）＿＿＿＿＿＿＿＿＿＿＿＿＿＿＿。

7) 韓国語(かんこくご)で（話(はな)す）＿＿＿＿＿＿＿＿＿＿＿＿＿＿＿。

　　はい。（話(はな)す）＿＿＿＿＿＿＿＿＿＿＿＿＿＿＿。

8) 写真(しゃしん)を（撮(と)る）＿＿＿＿＿＿＿＿＿＿＿＿＿＿＿。

　　はい。（撮(と)る）＿＿＿＿＿＿＿＿＿＿＿＿＿＿＿。

9) 鉛筆(えんぴつ)で（書(か)く）＿＿＿＿＿＿＿＿＿＿＿＿＿＿＿。

　　はい。（書(か)く）＿＿＿＿＿＿＿＿＿＿＿＿＿＿＿。

10) 図書館(としょかん)で（話(はなし)をする）＿＿＿＿＿＿＿＿＿＿＿＿＿＿＿。

　　いいえ。（話(はなし)をする）＿＿＿＿＿＿＿＿＿＿＿＿＿＿＿。

참고단어 – タバコを吸(す)う 담배를 피우다 運転(うんてん) 운전 体(からだ)の具合(ぐあい)が悪(わる)い
몸 상태가 안 좋다, 컨디션이 안 좋다 クーラーをつける 에어컨을 켜다 掃除(そうじ) 청
소 韓国語(かんこくご)で話(はな)す 한국어로 이야기하다 写真(しゃしん)を撮(と)る 사진을
찍다 鉛筆(えんぴつ) 연필 図書館(としょかん) 도서관

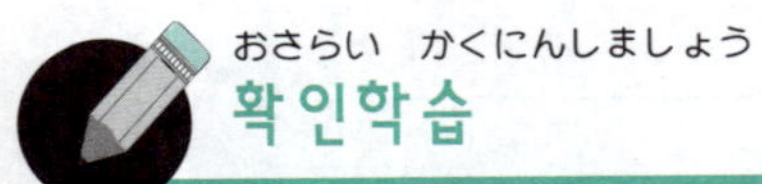

확인학습

① 무슨 띠예요? (何年(なにどし))

② 텔레비전을 켜도 됩니까? (テレビをつける)

③ 약을 먹어서는 안 됩니다. (薬(くすり)を飲(の)む)

④ 이 영화를 봐도 됩니까? (映画(えいが))

⑤ 회사를 쉬어서는 안 됩니다. (休(やす)む)

226page ◉ 연습1

1. お酒（さけ）を飲（の）んでもいいですか。お酒（さけ）を飲（の）んではいけません。

2. 明日（あした）休（やす）んでもいいですか。明日（あした）休（やす）んではいけません。

3. 音楽（おんがく）を聞（き）いてもいいですか。音楽（おんがく）を聞（き）いてはいけません。

4. 教室（きょうしつ）に入（はい）ってもいいですか。教室（きょうしつ）に入（はい）ってはいけません。

5. 先生（せんせい）に話（はな）してもいいですか。先生（せんせい）に話（はな）してはいけません。

227page ◉ 연습2

1. 運転（うんてん）してもいいですか。いいえ、運転（うんてん）してはいけません。

2. 帰（かえ）ってもいいですか。はい、帰（かえ）ってもいいです。

3. つけてもいいですか。いいえ、つけてはいけません。

4. 飲（の）んでもいいですか。いいえ、飲（の）んではいけません。

5. 入（はい）ってもいいですか。いいえ、入（はい）ってはいけません。

6. してもいいですか。いいえ、してはいけません。

7. 話（はな）してもいいですか。はい、話（はな）してもいいです。

8. 撮（と）ってもいいですか。はい、撮（と）ってもいいです。

9. 書（か）いてもいいですか。はい、書（か）いてもいいです。

10. 話（はなし）をしてもいいですか。いいえ、話（はなし）をしてはいけません。

228page ✏ 확인학습

1. 何年（なにどし）ですか。

2. テレビをつけてもいいですか。

3. 薬（くすり）を飲（の）んではいけません。

4. この映画（えいが）を見（み）てもいいですか。

5. 会社（かいしゃ）を休（やす）んではいけません。

するめ、どうぞ。
違います。それはスルメじゃなくてイカです。
え？なにか違うんですか。
イカは生きているもので、スルメはイカを干したものです。

第23課

がんばれ！

"쓰루메 좀 드셔보세요."

'쓰루메'라는 말이 어색할지는 모르나 아직도 경상도에서는 '오징어'를 '쓰루메'라고 한다. 그러나, 오징어에는 두 가지가 있다. するめ(마른 오징어)와 いか(생물오징어)다. 산낙지처럼 산오징어를 먹을 경우도 있다. 산오징어를 가리키며 "するめ 좀 드세요"라고 하면 속으로 얼마나 웃을까 생각해보자. 잘 구별해서 쓰자.

するめ、どうぞ。

リエ　　するめ、どうぞ。

たけし
威　　違（ちが）います。それはスルメじゃなくてイカです。

リエ　　え？なにが違（ちが）うんですか。

たけし
威　　イカは生（い）きているもので、スルメはイカを干（ほ）したものです。

표현연구　　　　　　　　　　　　　　　　　　　　　　　　ひょうげん

리에　　スルメ(마른 오징어) 좀 드세요

다케시　　틀렸어요. 그건 スルメ가 아니라 イカ(생물오징어)예요.

리에　　에? 뭐가 다른 거죠?

다케시　　イカ는 살아 있는 것이고, スルメ는 イカ를 말린 거예요.

するめ 마른 오징어　**いか** 생물 오징어　**違（ちが）う** 다르다, 틀리다　**違（ちが）います** 다릅니다, 틀립니다　**違（ちが）うん です** 다릅니다, 틀립니다　**生（い）きる** 살다　**生（い）きている** 살아 있다　**干（ほ）す** 마르다　**干（ほ）した** 말렸다　**干（ほ）したもの** 말린 것

1 ① どうぞ

상황에 따라 뜻이 변하는 카멜레온 단어다. 상대방에게 권유나 허가, 부탁할 때 쓰며 회화체에서는 빼놓을 수 없는 말이다. 또, どうぞ의 뒤에 동작을 나타내는 말이 안 와도 충분히 상대방에 대한 동작의 권유나 허가 의사가 전달된다. 꼭 맞아떨어지는 우리말은 없다. 또한, どうぞ는 뒤에 다른 말을 쓰지 않아도 상대방에게 어떤 행동을 권할 때나 허가할 때에 쓴다.

자리를 권하는 どうぞ는 '앉으세요', 음식과 술을 권하는 どうぞ는 '드세요, 받으세요'의 뜻이다. どうぞ는 원래 '아무쪼록, 부디, 잘' 이란 뜻의 부사다. 그래서 どうぞ 뒤에는 부디 '어찌어찌 하십시오' '모쪼록 이러저러해라' 라는 말이 온다. 그런데 생략해서 말하기 좋아하는 일본인들은 뒷말은 싹 빼고 どうぞ, どうぞ만 하다보니 이렇게 뜻이 다양해졌다. 처음에는 뭘 어떻게 하라는 건지 당황하게 되지만, 금방 눈치로 상황 판단이 가능할 수 있기 때문에 걱정할 필요는 없다.

- どうぞ、召(め)し上(あ)がってください。 자, 어서 드십시오.

- どうぞよろしくお願(ねが)いします。 잘 부탁드립니다.

- どうぞ、こちらへ。 이리 오세요.

- お茶(ちゃ)、どうぞ。 차 드세요.

- ごゆっくりどうぞ。 푹 쉬세요. 천천히 고르세요. (레스토랑에서) 천천히 하세요.

- また どうぞ。 또 오세요.

2 ② どうも

どうも는 감사의 말, 사과의 말, 만나고 헤어질 때 인사말로 쓰인다. 이 단어 역시 '매우, 정말' 이란 뜻을 가진 부사다. '정말 어찌어찌하다' '매우 어떻다' 등 뒤의 말들이 생략되다 보니 이렇게 뜻이 다양해지고 모호해졌다.

그냥 どうも라는 말을 들었을 때 どうもすみません(미안합니다)인지 どうもありがとうございます(고맙습니다)인지 알쏭달쏭 하지만, 상황에 따라 뜻은 충분히 전달된다. 하루에도 몇 번씩 마주치는 사람들과 일일이 인사 나누는 게 번거로울 때도 どうも、전화를 걸거나 끊을 때도 どうも、동료들과 술 한잔 나누고 헤어질 때도 どうも를 쓴다.

일본인들도 이 뜻을 하나하나 가려서 쓰지는 않는다. 의사를 정확히 전달한다는 관점에서 보면 무작정 どうも만 사용하는 것이 바람직하지 않을 수도 있다. 하지만, 일본인들은 말 표면에 드러나는 뜻보다 감춰진 뜻을 중시하는 경향이 있다. 그 이유 때문인지 どうも의 인기는 이루 말할 수 없다.

3 | 동사 원형 + んです(か) ~하는 겁니다(겁니까?)

んです(か)는 ます(か)와 같은 뜻으로 쓰이나, 눈앞에 보이는 사실에 대해 묻거나 대답할 때, 어떤 설명을 요구 할 때에 んです(か)가 많이 쓰인다.

- 何(なに)を読(よ)んでいるんですか。뭘 읽고 있는 겁니까?

- どこへ行(い)くんですか。어디 가는 거예요?

- どんなプレゼントをするんですか。어떤 선물을 할 겁니까?

4 | 동사원형 + 予定(よてい) ~할 예정

우리말은 동사가 문장 끝에 올 때(종지형)와 뒤의 명사를 수식할 때(연체형)의 형태가 각각 다르다. 그러나, 일본어는 같다.

- 友達(ともだち)が来(く)る 친구가 오다

- 友達(ともだち)が来(く)る予定(よてい) 친구가 올 예정

- 旅行(りょこう)する 여행하다

- 旅行(りょこう)する予定(よてい) 여행 할 예정

- 勉強(べんきょう)する時間(じかん) 공부 할 시간

- 友達(ともだち)に会(あ)う時(とき) 친구를 만날 때

- バスに乗(の)る時間(じかん) 버스를 탈 시간

- 映画(えいが)を見(み)る予定(よてい) 영화를 볼 예정

- 生(い)きているもの 살아 있는 것

동사의 과거형(た형)이 뒤의 명사를 수식할 때 우리말은 종지형과 모양이 다르지만 일본어는 종지형과 같은 형태다.

- 事故(じこ)を起(お)こした。 사고를 냈다.

- 事故(じこ)を起(お)こした人(ひと) 사고를 낸 사람

- スルメはイカを干(ほ)したものです。 するめは いか를 말린 것입니다.

- 免許証(めんきょしょう)をもらった時(とき)は皆(みんな)に自慢(じまん)しました。
  면허증을 받았을 때는 모두에게 자랑했어요.

- 事故(じこ)を起(お)こした人(ひと)は金さんです。 사고를 낸 사람은 김상입니다.

- 住(す)んでいたアパートから引(ひ)っ越(こ)しました。
  살던 아파트에서 이사했어요.

◉ 동사원형·과거수식 연습문제

これは子供(こども)が読(よ)む本(ほん)です。 이것은 아이가 읽는 책입니다.

1) 친구를 만날 약속이 있습니다.

____

2) 저 하얀 셔츠를 입고 있는 사람은 누구입니까?

____

3) 이것은 동경에서 찍은 사진입니다.

____

4) 이 시계는 저번 주에 결혼한 친구에게 보낼 겁니다.

____

5) 어제 읽은 책은 재미있었습니까?

____

① 잘 부탁드리겠습니다. (どうぞ)

② 뭘 하고 있는 거예요? (んですか)

③ 토요일에 영화를 볼 예정입니다. (土曜日(どようび)、映画(えいが))

④ 그것은 어제 찍은 사진입니다. (昨日(きのう)、撮(と)る、写真(しゃしん))

⑤ 일본에 가고 싶었던 적은 없어요? (行(い)きたい)

235page ◉ 동사원형 · 과거수식 연습문제

1. 友達(ともだち)に会(あ)う約束(やくそく)があります。

2. あの白(しろ)いシャツを着(き)ている人(ひと)は誰(だれ)ですか。

3. これは東京(とうきょう)で撮(と)った写真(しゃしん)です。

4. この時計(とけい)は先週(せんしゅう)結婚(けっこん)した友達(ともだち)に送(おく)ります。

5. 昨日(きのう)読(よ)んだ本(ほん)は面白(おもしろ)かったですか。

236page 확인학습

1. どうぞよろしくおねがいします。

2. 何(なに)をしているんですか。

3. 土曜日(どようび) 映画(えいが)を見(み)る予定(よてい)です。

4. それは昨日(きのう)撮(と)った写真(しゃしん)です。

5. 日本(にほん)へ行(い)きたかったことはありませんか。

お弁当持って、ピクニックでも行きましょう。
自転車に乗ったり、散歩したり、お弁当も食べ
たりもしながら。
考えるだけでも楽しくなるよね。
楽しみに（してな）。

第**24**課
がんばれ！

"벤또 가지고 야유회 가요."

부엌에서 정성스레 도시락을 싸고 계시는 할머니께 "할머니, 뭐하세요?"라고 물으면 어김없이 "벤또 싼다"라고 말씀하실 것이다. 일본어 **弁当**(べんとう)(도시락)에서 온 말이다. 또한, 1·2 교시가 끝난 후 "벤또 까 먹자"라는 말을 하기도 한다. 요즘 우리나라에도 도시락집이 곳곳에 생기고 있지만, 일본은 도시락문화가 잘 발달되어 있다. 駅弁(えきべん)이라는 기차 안이나 역에서 파는 도시락도 인기인데, 정말 맛있다. 駅弁(えきべん)을 먹기 위해 기차를 타고 싶을 정도다. 또한, 아내가 정성스럽게 남편한테 싸주는 도시락을 愛妻弁当(あいさいべんとう)라고 한다. 필자도 하루빨리 愛妻弁当(あいさいべんとう)를 준비할 날이 오길 기대한다.

우성　お弁当持って、ピクニックにでも行きましょう。

　　　自転車に乗ったり、散歩したり、お弁当も食べたりもし

　　　ながら。

リエ　考えるだけでも楽しくなるよね。

우성　楽しみに（だな）。

표현연구　　　　　　　　　　　　　　　　　　　　　　ひょうげん

우성　도시락 싸서 야유회라도 가요.
　　　자전거도 타고, 산책도 하고, 도시락도 먹으면서…
리에　상상만으로도 즐거워지네요.
우성　기대되는 걸.

お弁当(べんとう) 도시락　持(も)つ 들다, 가지다　持(も)って 들고, 가지고　ピクニック 피크닉, 야유회　行(い)く 가다
行(い)きましょう 갑시다　自転車(じてんしゃ) 자전거　自転車(じてんしゃ)に乗(の)る 자전거를 타다　散歩(さんぽ) 산책
散歩(さんぽ)したり 산책하기도 하고　食(た)べる 먹다　食(た)べたり 먹기도 하며　する 하다　しながら 하면서　考
(かんが)える 생각하다　だけで ～만으로　だけでも ～만으로도　楽(たの)しい 즐겁다　楽(たの)しくなる 즐거워지다
楽(たの)しみ 즐거움, 낙　楽(たの)しみだな 기대 되는 걸

|1| 동사의 たり(~하기도 하고/~하기도 하며)형

앞에서 て형과 た형을 붙였다. 이번에는 たり형이다. 이제는 어려움이 전혀 없을 것 같다. て 대신에 た를 붙이면 되고, た 대신에 たり(~하기도 하고/~하기도 하며)를 붙이면 되기 때문이다. 형용사와 な형용사(= 형용동사)도 た형에 り만 더해주면 된다. 형용사는 かったり、な형용사(= 형용동사)는 だったり가 된다.

동사의 종류	만드는 방법	예
5단 동사	1) う、つ、る로 끝나는 동사 うつる를 ったり로 바꾼다.	1) 買(か)う→買(か)ったり 待(ま)つ→待(ま)ったり 帰(かえ)る→帰(かえ)ったり
	2) ぬ、む、ぶ로 끝나는 동사 ぬむぶ를 んだり로 바꾼다.	2) 死(し)ぬ→死(し)んだり 読(よ)む→読(よ)んだり 遊(あそ)ぶ→遊(あそ)んだり
	3) く、ぐ로 끝나는 동사 く는 いたり로, ぐ는 いだり로 바꾼다.	3) 書(か)く→書(か)いたり 泳(およ)ぐ→泳(およ)いだり
	4) す로 끝나는 동사 す를 したり로 바꾼다. 〈예외〉行く는 무조건 行ったり로 바꾼다.	4) 話(はな)す→話(はな)したり 行(い)く→行(い)ったり
상·하 1단 동사	어미 る를 빼고 たり를 붙인다.	見(み)る→見(み)たり 食(た)べる→食(た)べたり
力변격 동사		来(く)る→来(き)たり
サ변격 동사		する→したり
형용사	어미 い를 빼고 かったり를 붙인다. ★예외 いい→よかったり	暑(あつ)い→暑(あつ)かったり 寒(さむ)い→寒(さむ)かったり
な형용사 (= 형용동사)	어미 だ를 빼고 だったり를 붙인다.	静(しず)かだ→静(しず)かだったり 元気(げんき)だ →元気(げんき)だったり

⊙ 다음을 たり형으로 바꾸세요.

의미	동사	たり형	의미	동사	たり형
사다	買(か)う		피우다	吸(す)う	
쓰다	書(か)く		사용하다	使(つか)う	
읽다	読(よ)む		기다리다	待(ま)つ	
보다	見(み)る		이야기하다	話(はな)す	
놀다	遊(あそ)ぶ		하다	*する	
걷다	歩(ある)く		죽다	死(し)ぬ	
쉬다	休(やす)む		나오다	出(で)る	
먹다	食(た)べる		오다	*来(く)る	
수영하다	泳(およ)ぐ		자르다	*切(き)る	
가다	*行(い)く		마시다	飲(の)む	
서두르다	急(いそ)ぐ		듣다	聞(き)く	
자다	寝(ね)る		일하다	働(はたら)く	
일어나다	起(お)きる		돌아오다	*帰(かえ)る	
만나다	会(あ)う		씻다	洗(あら)う	
타다	乗(の)る		걸다	かける	

*표시에 주의! 예외 5단 동사, カ변격 동사, サ변격 동사의 예외 표현이다.

|2| たりの 예외 표현

〈우리나라 말과 반대로 사용되는 たり형〉

항상 의미와는 거꾸로 사용되는 표현이다. 주의하자!

* 行(い)ったり来(き)たり 왔다 갔다

　人(ひとびと)が行(い)ったり来(き)たりします. 사람들이 왔다 갔다 합니다.

* 暑(あつ)かったり寒(さむ)かったり 추웠다 더웠다

　部屋(へや)が暑(あつ)かったり寒(さむ)かったりします. 방이 추웠다 더웠다 합니다.

⊙ 연습1 보기와 같이 써보세요.

週末(しゅうまつ)(주말) / 勉強(べんきょう)する(공부하다) / 映画(えいが)を見(み)る(영화를 보다)

→ 週末(しゅうまつ)は勉強(べんきょう)したり、映画(えいが)を見(み)たりします.

1) 今日(きょう)(오늘)/家(うち)でテレビを見(み)る(집에서 텔레비전을 보다)/勉強(べんきょう)する(공부
하다)

   →

2) 疲(つか)れた時(とき)(피곤할 때)/音楽(おんがく)を聞(き)く(음악을 듣다)/お風呂(ふろ)に入(はい)る(목욕
하다)

   →

3) 日本(にほん)へ行(い)った時(とき)(일본에 갔을 때)/買物(かいもの)をする(쇼핑하다)/写真(しゃしん)を撮(と)
る(사진 찍다)

   →

4) 昨日(きのう)(어제)/家(うち)で勉強(べんきょう)する(집에서 공부하다)/友達(ともだち)に手紙(てがみ)を書
(か)く(친구에게 편지를 쓰다)

   →

5) 昼(ひる)ご飯(はん)(점심)/和食(わしょく)にする(일식으로 하다)/中華(ちゅうか)にする(중식으로 하다)

   →

* 문제 3), 4)는 과거형이다. 그러므로, 마지막에도 과거형으로 끝을 맺어야 한다.

　문제 5)에서 보통 일식을 日食(にっしょく)로 생각할 수도 있으나, 일식은 3세기 大和(やまと)정권 때 일본을 나타내는 한자가 和(わ)였기 때문에 일식은 和食(わしょく)로 쓴다는 데 주의하자. 또한, 중식도 中食(ちゅうしょく)로 쓰이지 않고 中華(ちゅうか)(중화)로 쓰임에 주의하자!

◉ **연습2 보기와 같이 써보세요.**

友達(ともだち)に会(あ)う 친구를 만나다 / 映画(えいが)を見(み)る 영화를 보다
→ 週末(しゅうまつ)は、友達(ともだち)に会(あ)ったり、映画(えいが)を見(み)たりします。
　주말에는

1) 歌(うた)を歌(うた)う 노래를 부르다 /お酒(さけ)を飲(の)む 술을 마시다
→ 花見(はなみ)の時(とき)、＿＿＿＿＿＿＿＿＿＿＿＿＿＿＿＿＿＿＿＿＿＿。
　꽃구경 때

2) 日本語(にほんご)を勉強(べんきょう)する 일본어를 공부하다 / コンピューターを習(なら)う 컴퓨터를 배우다

→ 学校(がっこう)で ________________________________。

学교에서

3) 学院(がくいん)に通(かよ)う 학원에 다니다 / バイトをする 아르바이트를 하다

→ 平日(へいじつ)は ________________________________。

평일에는

4) 友達(ともだち)と旅行(りょこう)する 친구랑 여행 간다 / 家(うち)でレポートを書(か)く 집에서 레포트를 쓴다

→ 夏休(なつやす)みは ________________________________。

여름방학에는

5) メールをチェックする 메일을 확인하다 / 友達(ともだち)に電話(でんわ)をかける 친구에게 전화를 건다

→ 夜(よる)は家(いえ)で ________________________________。

밤에는 집에서

3 ながら(～하면서)

일을 한 가지씩 끝내고 다른 일을 하는 사람이 있는가 하면, 두 가지 이상의 일을 한 꺼번에 하는 사람들이 있다. 이른바 ながら族(ぞく)라고 불리는 사람들이다. 굉장히 바빠 보이기는 하지만, 별로 일의 능률은 오르지 않는다고 몇 년 전에 일본에서 사회적으로 문제가 되었다. 하지만, 우리도 일상생활에서 흔히 볼 수 있는 현상이다. "커피 한잔하면서 이야기할까?(コーヒーでも飲(の)みながら話(はな)しましょう)"는 많이 쓰이는 표현이다.

ながら(～하면서)는 항상 ます形에 붙는다. ます形 + ながら

食(た)べる 먹다	食(た)べながら	飲(の)む 마시다		帰(かえ)る 돌아가다	
する 하다	しながら	来(く)る 오다		遊(あそ)ぶ 놀다	
見(み)る 보다	みながら	読(よ)む 읽다		走(はし)る 달리다	

◉ 연습

テレビを見(み)ます。/ 食事(しょくじ)をします。

→ テレビを見(み)ながら食事(しょくじ)をします。　　　　텔레비전을 보면서 식사를 합니다.

1) アイスクリームを食(た)べます。歩(ある)きます。

→ 　　　　아이스크림을 먹으면서 걷습니다.

2) 友達(ともだち)と話(はな)します。家(うち)へ帰(かえ)ります。

　　　→　　　　　　　　　　　　　　　　　　친구랑 이야기하면서 집에 갑니다.

3) 音楽(おんがく)を聞(き)きます。本(ほん)を読(よ)みます。

　　　→　　　　　　　　　　　　　　　　　　음악을 들으면서 책을 봅니다.

4) 歌(うた)を歌(うた)います。お風呂(ふろ)に入(はい)ります。

　　　→　　　　　　　　　　　　　　　　　　노래를 부르면서 목욕합니다.

5) 踊(おど)ります。歌(うた)を歌(うた)います。

　　　→　　　　　　　　　　　　　　　　　　춤추면서 노래를 부릅니다.

| 4 |　だけ(~만 / ~뿐 / ~만큼)

だけ는 명사나 동사, 형용사, な형용사(= 형용동사), 조동사 등에 붙는다. 의미는 '~
만 / ~뿐 / ~만큼' 이다.

- 日本人(にほんじん)は私(わたし)だけです。 일본인은 저뿐이에요.

- 英語(えいご)の本(ほん)はこれだけです。 영어책은 이것뿐이에요.

- 好(す)きなだけ食(た)べて。 좋아하는 만큼 먹어.

- １時間(じかん)だけ休(やす)みましょう。 한 시간만 쉽시다.

- りんごを二(ふた)つだけください。 사과를 두 개만 주세요.

- この仕事(しごと)ができるのは金さんだけです。
  이 일을 할 수 있는 사람은 김상뿐이에요.

- できるだけ頑張(がんば)ってみましょう。 가능한 한 분발해봅시다.

| 5 |　楽(たの)しみ(즐거움, 낙)

형용사나 な형용사(= 형용동사)의 어간에 み가 붙어서 명사가 되는 경우가 있다. 그러
나 모든 형용사에 み가 붙는 것은 아니므로 예를 잘 참고하자.

　　楽(たの)しい － 楽(たの)しみ(즐거움, 낙, 기대)
　　暖(あたた)かい － 暖(あたた)かみ(온기, 따뜻함)

おもしろい － おもしろみ(재미, 흥미)

新鮮(しんせん)だ － 新鮮(しんせん)み(신선함)

다음 단어는 붙일 수 없다.　広(ひろ)み(×), 長(なが)み(×), 寒(さむ)み(×), 嬉(うれ)しみ(×)
楽(たの)しみにしています는 '기대하겠습니다, 고대하고 있겠습니다' 라는 뜻으로 널리
쓰이는 말이다.

夏休(なつやす)みが楽(たの)しみです。여름방학이 기대됩니다.

プレゼントを楽(たの)しみにしています。선물을 기대하고 있습니다.

釣(つり)の楽(たの)しみを知(し)っていますか。낚시의 즐거움을 아세요?

老後(ろうご)の楽(たの)しみは何(なん)ですか。노후의 즐거움은 무엇입니까?

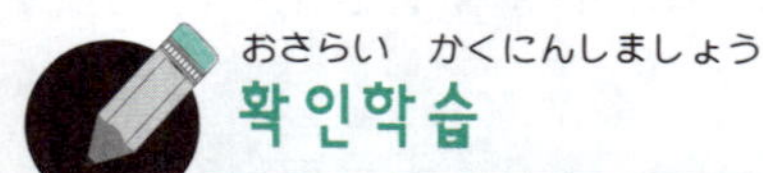

おさらい　かくにんしましょう
확인학습

① 집에서 영화를 보기도 하고, 요리를 하기도 합니다. (映画(えいが)、料理(りょうり))

② 우유를 마시기도 하고, 물을 마시기도 합니다. (牛乳(ぎゅうにゅう)、お水(みず))

③ 토요일에는 데이트를 하기도 하고, 영화관에 가기도 합니다. (土曜日(どようび)、デート)

④ 커피라도 마시면서 이야기할까요? (コーヒー、飲(の)む)

⑤ 음악을 들으면서 책을 읽습니다. (音楽(おんがく)、聞(き)く)

🍀 **Exercise** 종합문제

🍀 다음 단어를 ひらがな로 써보세요

1. 散歩 ______________________

2. 牛乳 ______________________

3. 事故 ______________________

4. 免許 ______________________

5. 爪切り ______________________

6. 何年 ______________________

7. 潜水 ______________________

8. 刺身 ______________________

🍀 다음 단어를 한자로 써보세요.

1. べんとう ______________________

2. じてんしゃ ______________________

3. りょこう ______________________

4. よてい ______________________

5. とくい ______________________

6. くすり ______________________

7. べんきょう ______________________

8. じかん ______________________

🍀 다음을 작문하세요.

1. 혼자서 집에 갈 수 있어요? ______________________

2. 김치를 먹을 수 있습니까? ______________________

3. 담배를 피워서는 안 됩니다. ______________________

4. 집에 가도 되요? ______________________

5. 술을 마셔서는 안 됩니다. ______________________

6. 어제 찍은 사진이에요. ______________________

7. 친구에게 받은 선물이에요. ______________________

8. 커피를 마시면서 공부를 합니다. ______________________

9. 운전하면서 노래를 부릅니다. ____

10. 사진이라도 찍을까요? ____

11. 텔레비전을 봐도 되요? ____

12. 무슨 띠예요? ____

242page ◉ 다음을 たり형으로 바꾸세요.

買(か)う	かったり	吸(す)う	すったり	泳(およ)ぐ	およいだり	*切(き)る	きったり
書(か)く	かいたり	使(つか)う	つかったり	*行(い)く	いったり	飲(の)む	のんだり
読(よ)む	よんだり	待(ま)つ	まったり	急(いそ)ぐ	いそいだり	聞(き)く	きいたり
見(み)る	みたり	話(はな)す	はなしたり	寝(ね)る	ねたり	働(はたら)く	はたらいたり
遊(あそ)ぶ	あそんだり	*する	したり	起(お)きる	おきたり	*帰(かえ)る	かえったり
歩(ある)く	あるいたり	死(し)ぬ	しんだり	会(あ)う	あったり	洗(あら)う	あらったり
休(やす)む	やすんだり	出(で)る	でたり	乗(の)る	のったり	かける	かけたり
食(た)べる	たべたり	*来(く)る	きたり				

242page ◉ 연습1 보기와 같이 써보세요.

1. 今日(きょう)は家(うち)でテレビを見(み)たり勉強(べんきょう)したりします。

2. 疲(つか)れたとき、音楽(おんがく)を聞(き)いたりお風呂(ふろ)に入(はい)ったりします。

3. 日本(にほん)へ行(い)ったとき、買物(かいもの)をしたり写真(しゃしん)を撮(と)ったりしました。

4. 昨日(きのう)家(うち)で勉強(べんきょう)したり友達(ともだち)に手紙(てがみ)を書(か)いたりしました。

5. 昼(ひる)ご飯(はん)は和食(わしょく)にしたり中華(ちゅうか)にしたりします。

243page ◉ 연습2 보기와 같이 써보세요.

1. 花見(はなみ)の時(とき)、歌(うた)を歌(うた)ったりお酒(さけ)を飲(の)んだりします。

2. 学校(がっこう)で日本語(にほんご)を勉強(べんきょう)したりコンピューターを習(なら)ったりします。

3. 平日(へいじつ)は学院(がくいん)に通(かよ)ったりバイトをしたりします。

4. 夏休(なつやす)みは友達(ともだち)と旅行(りょこう)したり家(うち)でレポートを書(か)いたりします。

5. 夜(よる)は家(いえ)でメールをチェックしたり友達(ともだち)に電話(でんわ)をかけたりします。

244page ◉ ながら

飲(の)む → 飲みながら　　　　　　来(く)る → 来(き)ながら

読(よ)む → 読みながら　　　　　　帰(かえ)る → 帰りながら

遊(あそ)ぶ → 遊びながら　　　　　走(はし)る → 走りながら

244page ◉ 연습

1. アイスクリームを食(た)べながら歩(ある)きます。

2. 友達(ともだち)と話(はな)しながら家(うち)へ帰(かえ)ります。

3. 音楽(おんがく)を聞(き)きながら本(ほん)を読(よ)みます。

4. 歌(うた)を歌(うた)いながらお風呂(ふろ)に入(はい)ります。

5. 踊(おど)りながら歌(うた)を歌(うた)います。

246page 확인학습

1. 家(うち)で映画(えいが)を見(み)たり料理(りょうり)を作(つく)ったりします。

2. 牛乳(ぎゅうにゅう)を飲(の)んだりお水(みず)を飲(の)んだりします。

3. 土曜日(どようび)はデートをしたり映画館(えいがかん)へ行(い)ったりします。

4. コーヒーでも飲(の)みながら話(はな)しましょうか。

5. 音楽(おんがく)を聞(き)きながら本(ほん)を読(よ)みます。

⚹ 다음 단어를 ひらがな로 써보세요.

1. さんぽ
2. ぎゅうにゅう
3. じこ
4. めんきょ
5. つめきり
6. なにどし
7. せんすい
8. さしみ

⚹ 다음 단어를 한자로 써보세요.

1. 弁当
2. 自転車
3. 旅行
4. 予定
5. 得意
6. 薬
7. 勉強
8. 時間

⚹ 다음을 작문하세요.

1. 一人(ひとり)で帰(かえ)れますか。一人(ひとり)で帰(かえ)ることができますか。
2. キムチが食(た)べられますか。キムチを食(た)べることができますか。
3. タバコを吸(す)ってはいけません。
4. 家(うち)へ帰(かえ)ってもいいですか。
5. お酒(さけ)を飲(の)んではいけません。
6. 昨日(きのう)撮(と)った写真(しゃしん)です。
7. 友達(ともだち)に[から]もらったプレゼントです。
8. コーヒーを飲(の)みながら勉強(べんきょう)をします。
9. 運転(うんてん)しながら歌(うた)を歌(うた)います。
10. 写真(しゃしん)でも撮(と)りましょうか。
11. テレビを見(み)てもいいですか。
12. 何年(なにどし)ですか。

君、この前のはあてずっぽうだっただろう。
いや、実力でしたよ。
じゃ、この文書はいったい何だ。もう一回やり直して来なさい。
課長！実力なわけがありません。絶対あてずっぽうですよ。

第25課 がんばれ！

"아까 그거 후루꾸였지?"

당구장에 갔을 때 우연히 잘 될 때가 있다. 그때 흔히 쓰는 말로 "좀 전에 후루꾸였지?"라는 말을 많이 쓴다. 이는 당구용어와 우연히 일어난 일로 많이 쓰인다. 영어 fluke에서 나온 것이고, 일본식 발음은 フロック(공이 우연히 맞음, 요행)로 정식 기술이 아니라 어쩌다가 맞은 요행수를 말하는 것이다. 그러나, 애석하게도 일본에서는 フロック라는 표현은 안 쓴다. あてずっぽう라는 표현을 쓴다는 것을 알아두자!

たけし
威　　君、この前のはあてずっぽうだっただろう。

うそん
　　　いや、実力でしたよ。

たけし
威　　じゃ、この文書はいったい何だ。もう一回やり直して来な

　　　さい。

リエ　　課長！実力なわけがありません。絶対あてずっぽうですよ。

표 현 연 구　　　　　　　　　　　　　　　　　　　ひょうげん

다케시　너 저 번엔 후루꾸였지?
우성　　아니, 실력이었습니다.
다케시　그런데 이 문서 대체 뭔가? 다시 고쳐와.
리에　　과장님! 실력일 리 없습니다. 후루꾸가 확실합니다.

この前(まえ) 요전번　あてずっぽう 후루꾸(짐작으로 함)　だろう ~일 것이다, ~이겠지　実力(じつりょく) 실력　文書(ぶんしょ) 문서　いったい 대체　一回(いっかい) 1회, 한번　もう一回(いっかい) 다시 한번　直(なお)す 고치다　直(なお)して来(き)なさい 고쳐 오세요　課長(かちょう) 과장님　わけがない ~일 리가 없다　わけがありません ~일 리가 없습니다　絶対(ぜったい) 절대, 절대로

문법 | KEY POINT

|1| ~だろう ~일 것이다 / ~이겠지(추측)

だろう는 화자가 어떤 것을 여러 가지 상황으로 보아서 사실로 인정할 수 있으리라 추측할 때 쓴다. だろう(~일 것이다/~이겠지)의 정중한 표현은 でしょう(~이지요/~이겠지요)다.

- ロシアは今(いま)寒(さむ)いだろうと思(おも)います。
  러시아는 지금 추울 거라고 생각합니다.

- あのことは田中(たなか)さんも知(し)らないだろう。
  그 일은 타나까 씨도 모르겠지.

- あなたも私(わたし)のことが好(す)きになると思(おも)います。
  당신도 나를 좋아하게 될 거라고 생각합니다.

- 彼(かれ)がたぶん犯人(はんにん)だろう。
  그가 아마 범인일 것이다.

◉ 연습

내년에 귀국 할것이다. → 金さんは来年(らいねん)帰国(きこく)するだろう。

1) 늦어질 것이다 金さんは______________________ (遅(おく)れる)

2) 바쁘겠지 連絡(れんらく)がないのを見(み)ると、金さんは______________________ (忙(いそが)しい)

3) 시험에 붙겠지 試験(しけん)に______________________ (受(う)かる)

4) 반드시 오겠지 きっと______________________ (来(く)る)

5) 건강하겠지 元気(げんき)______________________

|2| やり直(なお)す(다시 하다)

やる(하다 = する)에 直(なお)す(고치다)를 합한 것으로 동사의 〈ます形 + 直(なお)す〉(다시 ~하다)라는 뜻이 된다.

〈ます形 + 直す〉로 표현되는 단어들	
1. 言(いい)い直(なお)す	다시 말하다(고쳐 말하다)
2. 考(かんが)え直(なお)す	다시 생각하다, 재고하다
3. 思(おも)い直(なお)す	다시 생각하다, 고쳐 생각하다
4. やり直(なお)す	다시 하다
5. 作(つく)り直(なお)す	다시 만들다
6. 飲(の)み直(なお)す	다시 마시다(1차가 부족해서)
7. 見直(みなお)す	다시 보다(감탄, 칭찬할 때)
8. かけ直(なお)す	다시 걸다, 제가 다시 걸게요(전화)
9. 出直(でなお)す	다시 나가다
10. 鍛(きた)え直(なお)す	다시 단련하다, 훈련하다
11. 立(た)て直(なお)す	다시 세우다
12. 気(き)を立(た)て直(なお)す	마음을 다시 가다듬다(재정비하다)
13. 取(と)り直(なお)す	새로 고치다(바꾸다)
14. 気(き)を取(と)り直(なお)す	기분을 새롭게 하다(새출발)

3 やる(하다, 해내다, 무언가 해내다, 능력 있다)

やる는 する와 같은 뜻이지만, 회화체로는 やる가 훨씬 많이 쓰이는 편이다. 잘 알아
두자.

1. やるね	대단하네 능력 있네
2. やりますね	대단하네요 끝내주네요
3. けっこうやりますね	(생각보다) 꽤 하네요
4. やるじゃない	대단하잖아 멋있잖아
5. やってくれたね	드디어 해주었구나 (소망, 바램)

4 わけだ(~일 것이다)

わけ는 본래 이유를 나타내는 명사다. 그러나, 문장 끝에 わけだ、わけです、わけが
ない 등의 형태로 쓰일 때는 말하는 사람이 문장에 어떤 의미를 부여하는 것이 된다.
그래서 わけ가 쓰인 문장은 문맥에 따라서 이유의 설명이 되기도 하고, 납득할 수 있
는 결론이 되기도 한다. わけ의 응용으로 わけがない、わけない가 널리 쓰인다.

• 昨日(きのう)習(なら)ったので、よくできるわけです。
　어제 배웠기 때문에 잘할 것입니다.

• あの人(ひと)はもう10年(ねん)も日本(にほん)にいるから、 日本語(にほんご)が上手

(じょうず)なわけです。
그 사람은 벌써 10년이나 일본에 있으니까 일본어를 잘할 거예요.

わけない(〜일리 없다), わけがない(〜일 리가 없다)

あるわけない	있을 리 없다
あるわけがない	있을 리가 없다
ないわけない	없을 리 없다
ないわけがない	없을 리가 없다
すぐできるわけない	금방 될 리 없다
すぐできるわけがない	금방 될 리가 없다
私(わたし)に出来(でき)るわけない	내가 될 리 없다
私(わたし)に出来(でき)るわけがない	내가 될 리가 없다
そんな安(やす)いわけない	그렇게 쌀 리 없다
そんな安(やす)いわけがない	그렇게 쌀 리가 없다
分(わ)かるわけない	알 리 없다
分(わ)かるわけがない	알 리가 없다
もてるわけない	인기 있을 리 없다
もてるわけがない	인기 있을 리가 없다

わけないでしょう(〜일 리 없잖아요)	わけないだろう(〜일 리 없잖아)
あるわけないでしょう。	あるわけないだろう。
ないわけないでしょう。	ないわけないだろう。
すぐできるわけないでしょう。	すぐできるわけないだろう。
私(わたし)に出来(でき)るわけないでしょう。	私(わたし)に出来(でき)るわけないだろう。
そんな安(やす)いわけないでしょう。	そんな安(やす)いわけないだろう。
分(わ)かるわけないでしょう。	分(わ)かるわけないだろう。
もてるわけないでしょう。	もてるわけないだろう。

① 가능할 리가 없다. (出来(でき)る)

② 여름은 덥겠지. (夏(なつ)、暑(あつ)い)

③ 이제부터 바빠지겠지. (これから、忙(いそが)しい)

④ 다시 만들어왔습니다. (作(つく)り直(なお)す)

⑤ 그에게 시간이 있을 리가 없어요. (時間(じかん)、ある)

255page ◉ 연습

1. 金さんは遅(ぉく)れるだろう。

2. 連絡(れんらく)がないのを見(み)ると、金さんは忙(いそが)しいだろう。

3. 試験(しけん)に受(う)かるだろう。

4. きっと来(く)るだろう。

5. 元気(げんき)だろう。

258page ✎ 확인학습

1. 出来(でき)るわけがない。

2. 夏(なつ)は暑(あつ)いだろう。

3. これから忙(いそが)しくなるだろう。

4. 作(つく)り直(なお)してきました。

5. 彼(かれ)に時間(じかん)があるわけないです。

このジャンパは風が入らないように作られています。

それ、いいですね。でも、ズボンはないんですか。

ありますが、足の部分を紐で絞めるようになっている

ので、少し古いスタイルになりますが。

第**26**課
がんばれ！

"시보리 들어간 바지 입고 싶어요."

"이거 시보리 처리해주세요" "시보리가 너무 조여요" "시보리가 다 늘어났어요" 등의 말은 일상생활에서 흔히 듣는 말이다. 그렇다면 '시보리'는 무엇일까? 여러 가지 의미로 쓰인다. 絞(しぼ)り는 '쥐어 짬'이라는 뜻이다. 絞染(しぼりぞめ)의 준말로 '물수건, 사진기 조리개' 등의 뜻으로도 쓰인다. 옷자락 끝부분을 조이는 옷이 많기 때문에 絞(しぼ)り라는 말을 쓰는 것이다. 그러나, 정작 일본에서는 絞(しぼ)り라는 단어는 잘 안 쓰고, 다른 적절한 표현으로 바꿔 쓴다. 일본에 가서 絞(しぼ)り, 絞(しぼり)り는 별로 안 외치는 것이 좋을 것 같다.

うそん　このジャンパは風が入らないように作られています。

リエ　それ、いいですね。でも、ズボンはないんですか。

うそん　ありますが、足の部分を紐で絞めるようになっているので、

少し古いスタイルになりますが。

표현연구　　　　　　　　　　　　　　　　　　　　　　　ひょうげん

우성　이 잠바는 시보리 처리되어 있어서 바람이 안 들어와요.
리에　좋네요, 그런데 바지는 없나요?
우성　있는데, 시보리가 들어가 있어서 좀 촌스러운데.

ジャンパ 잠바　風(かぜ) 바람　入(はい)る 들어가다, 들어오다　入(はい)らない 들어가지 않는다　入(はい)らないように 들어오지 않도록　作(つく)る 만들다　作(つく)られる 만들어지다　作(つく)られています 만들어져 있습니다　ズボン 바지　ない 없다　ないですか 없습니까?　ないんですか 없습니까?　足(あし) 다리, 발　部分(ぶぶん) 부분　紐(ひも) 끈　絞(し)める 단단히 묶다, 졸라매다　なる 되다　なっている 되어 있다　少(すこ)し 조금　古(ふる)い 낡다, 오래 되다　スタイル 스타일

|1| 동사의 부정표현 ない形　～하지 않는다/～하지 않겠다

동사의 종류	ない形
5단 동사	う段 → あ段 + ない *예외 : う로 끝나는 동사는 わない로 바꿈 *ある의 부정은 ない、いる의 부정은 いない
상·하 1단 동사	る를 빼고 ない
カ변격 동사	こない(오지 않는다)
サ변격 동사	しない(하지 않는다)

今日(きょう)は学校(がっこう)へ行(い)かない。 오늘은 학교에 가지 않는다.

今日(きょう)も友(とも)だちは来(こ)ない。 오늘도 친구는 오지 않는다.

'있다' 의 부정은 '없다' 이므로 ある의 부정은 あらない가 아니라 ない고, いる의 부정은 いない다.

ます형	의미	기본형	ない형
心配(しんぱい)します	걱정합니다	*心配(しんぱい)する	心配しない
行(い)きます	갑니다	行(い)く	
来(き)ます	옵니다	*来(く)る	
会(あ)います	만납니다	会(あ)う	
食(た)べます	먹습니다	食(た)べる	
します	합니다	*する	
知(し)ります	압니다	*知(し)る	
買(か)います	삽니다	買(か)う	
待(ま)ちます	기다립니다	待(ま)つ	
帰(かえ)ります	돌아갑니다	*帰(かえ)る	
分(わ)かります	압니다	分(わ)かる	
急(いそ)ぎます	서두릅니다	急(いそ)ぐ	

*표에 주의! カ변격 동사, サ변격 동사, 예외 5단 동사

－ず는 －ない의 고어로 지금도 문장체 등에서는 많이 쓰이고 있다. －ず는 문장을 중지하는 역할을 하며, 이는 －ないで(~하지 않고), －なくて(~하지 않아서)의 용법에 해당하며, 주로 －ずに의 형태로 많이 사용된다. 한 가지 주의해야 할 점은 する에 접속하면 せず(に)가 된다.

- 彼女(かのじょ)は待(ま)たずに帰(かえ)ってしまいました。
  그녀는 기다리지 않고 돌아가 버렸습니다.

- 何(なに)も言(い)わずに泣(な)いていました。
  아무 말도 하지 않고 울고 있었습니다.

- 飲(の)まず、食(く)わず、お金(かね)をためた。
  마시지도 않고, 먹지도 않고, 돈을 모았다.

- 仕事(しごと)をせずに遊(あそ)んでいた。
  일도 하지 않고 놀고 있었다.

- 昨日(きのう)は勉強(べんきょう)せずに寝(ね)ました。
  어제는 공부하지 않고 잤습니다.

- 国(くに)へ帰(かえ)らずに旅行(りょこう)をしました。
  고국에 돌아가지 않고 여행했습니다.

- 説明書(せつめいしょ)を読(よ)まずに使(つか)いました。
  설명서를 읽지 않고 사용했습니다.

- 笑(わら)わずに、いられない。
  웃지 않고는 있을 수가 없다.

1) 먹지 않고 기다리고 있었습니다. (待(ま)っていました)

2) 잊지 말고 건네줘요. (忘(わす)れる、渡(わた)す)

3) 공부하지 않고 잤다. (勉強(べんきょう)する)

4) 술을 마시지 않고서는 있을 수가 없다. (いられない)

5) 아무 말도 하지 않고는 있을 수가 없다. (何(なに)も、言(い)う)

| **3** | 동사 + ように(~하도록), 동사 ない形 + ないように(~하지 않도록) |

ように는 '어떤 동작을 할 수 있도록' 이라는 뜻을 나타낸다.

단어	ように	ないように	단어	ように	ないように
食(た)べる	食(た)べるように	食(た)べないように	*帰(かえ)る		
*する			*走(はし)る		
見(み)る			会(あ)う		
飲(の)む			待(ま)つ		
*来(く)る			作(つく)る		

*는 力변격 동사, サ변격 동사, 예외 5단 동사

- よく分(わ)かるように説明(せつめい)してください。
  잘 이해하도록 설명해주세요.

- 私(わたし)も英会話(えいかいわ)が出来(でき)るようになりました。
  나도 영어회화를 할 수 있게 되었어요.

- ３時(さんじ)まで来(く)るように頼(たの)みました。
  3시까지 오도록 부탁했습니다.

- 風邪(かぜ)を引(ひ)かないように気(き)をつけてください。
  감기에 걸리지 않도록 조심해주세요.

* 風邪(かぜ)を引(ひ)く 감기에 걸리다　気(き)をつける 조심하다

- 遅(おく)れないように早(はや)く行(い)きましょう。
  늦지 않도록 일찍 갑시다.

- 忘(わす)れないように書(か)いておきましょう。
  잊어버리지 않도록 써 둡시다.

のでは 명사와 な형용사(= 형용동사)의 현재형에서는 〈어간 + な + ので〉가 된다. 현재나 과거 모두 정중체에 접속해도 된다.

	명사	형용사	な형용사	동사
현재	な + ので	원형 + ので	어간 + な + ので	원형 + ので
과거	과거 + ので	과거 + ので	과거 + ので	과거 + ので

先生(せんせい)		本(ほん)		元気(げんき)だ	
暇(ひま)だ		休(やす)み		好(す)きだ	
花(はな)		暑(あつ)い		学生(がくせい)	
静(しず)かだ		忙(いそが)しい		外国人(がいこくじん)	

- 休(やす)みなので、学校(がっこう)へ行(い)かなくてもいいです。
  휴일이어서 학교에 안 가도 되요.

- 今日(きょう)は風邪(かぜ)なので、会社(かいしゃ)を休(やす)みます。
  오늘은 감기라서 회사를 쉬겠습니다.

- おいしいのでたくさん食(た)べました。
  맛있어서 많이 먹었습니다.

- この店(みせ)は親切(しんせつ)なので、お客(きゃく)さんが多(おお)いです。
  이 가게는 친절해서 손님이 많습니다.

- 日本語(にほんご)ができないので、下手(へた)な英語(えいご)で頑張(がんば)りました。
  일본어를 할 줄 몰라서, 서툰 영어로 악전고투했습니다.

- 私(わたし)はまだ学生(がくせい)なので、それはできません。
  나는 아직 학생이기 때문에 그것을 할 수 없습니다.(불가능합니다)

- 明日(あした)は試験(しけん)なので、今日(きょう)は時間(じかん)がありません。
  내일은 시험이기 때문에 오늘은 시간이 없습니다.

- 彼女(かのじょ)も行(い)くので、私(わたし)も行(い)きます。
  그녀도 가기 때문에 나도 갈 겁니다.

- 彼女(かのじょ)も行(い)かないので、私(わたし)も行きません。
  그녀도 안 가기 때문에 나도 안 갈 겁니다.

의미상으로 원인이나 이유를 나타내는 점은 같다. 그러나, から는 말하는 사람의 주관적인 생각을 나타내기 때문에 뒤에 주로 ‒てください、‒ないでください、‒ましょう(か)、‒でしょう(か)와 같은 표현이 온다.

또한, ‒ので만으로는 문장을 끝맺을 수 없지만, ‒から는 문장을 끝맺을 수 있다.

‒ので가 현재형의 명사와 な형용사(= 형용동사)에 접속할 때는 ‒なので고, ‒から는 ‒だから가 되는 점이 다르다.

‒から는 원인이나 이유를 나타낸다. ‒から는 원형과 정중체 모두 접속되지만, 〈정중체 + から〉의 형태로 많이 사용된다.

	명사	**형용사**	**な형용사**	**동사**
현재	원형だ + から	원형 + から	원형 + から	원형 + から
	정중체 + から	정중체 + から	정중체 + から	정중체 + から
과거	반말체 + から	반말체 + から	반말체 + から	반말체 + から
	정중체 + から	정중체 + から	정중체 + から	정중체 + から

- 危(あぶ)ないから、気(き)をつけてください。
  위험하니까 조심하세요.

- このかばんは丈夫(じょうぶ)ですから、たくさん入(い)れても大丈夫(だいじょうぶ)です。
  이 가방은 튼튼하니까 많이 넣어도 괜찮아요.

- 準備(じゅんび)して置(お)きますから、ゆっくり休(やす)んでください。
  준비해둘 테니까 푹 쉬세요.

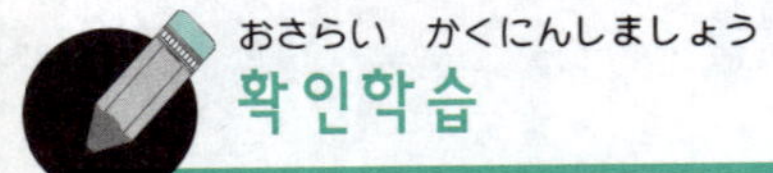

① 오늘은 학교에 가지 않는다. (行(い)かない)

② 잘 이해하도록 이야기해주세요. (分(わ)かるように)

③ 버스가 오지 않는다. (来(こ)ない)

④ 그가 보고 싶어요. (会(あ)いたい)

⑤ 감기에 걸렸기 때문에 아무데도 가지 않았어요. (風邪(かぜ)を引(ひ)く、どこへも)

263page ◉ 동사의 부정표현 ない形

行(い)く → 行かない　　　来(く)る → 来ない　　　会(あ)う → 会わない

食(た)べる → 食べない　　する → しない　　　知(し)る → 知らない

買(か)う → 買わない　　　待(ま)つ → 待たない　　帰(かえ)る → 帰らない

分(わ)かる → 分からない　　急(いそ)ぐ → 急がない

264page ◉ ない形 + ず(に)

1. 食(た)べずに待(ま)っていました。

2. 忘(わす)れずに渡(わた)してください。

3. 勉強(べんきょう)せずに寝(ね)た。

4. お酒(さけ)を飲(の)まずにいられない。

5. 何(なに)も言(い)わずにいられない。

265page ◉ 동사 + ように、동사 ない形 + ないように

する →するように、しないように　　　見(み)る →見るように、見ないように

飲(の)む →飲むように、飲まないように　　来(く)る →来るように、来ないように

帰(かえ)る →帰るように、帰らないように　走(はし)る →走るように、走らないように

会(あ)う → 会うように、会わないように　待(ま)つ →待つように、待たないように

作(つく)る →作るように、作らないように

266page ◉ ので

先生(せんせい) → せんせいなので　　暇(ひま)だ → 暇なので　　　花(はな) → 花なので

静(しず)かだ → 静かなので　　　　本(ほん) → 本なので　　　休(やす)み → 休みなので

暑(あつ)い → 暑いので　　　　　　忙(いそが)しい → 忙しいので

元気(げんき)だ → 元気なので　　　好(す)きだ → 好きなので　　学生(がくせい) → 学生なので

外国人(がいこくじん) → 外国人なので

1. 今日(きょう)は学校(がっこう)へ行(い)かない。

2. よく分(わ)かるように話(はな)してください。

3. バスが来(こ)ない。

4. 彼(かれ)に会(あ)いたいです。

5. 風邪(かぜ)を引(ひ)いたので、どこへも行(い)きませんでした。

お寿司は必ず割箸で食べなければいけないんですか？
フォークで食べられないじゃない？
割箸で食べた方がいいです。

第27課
がんばれ！

"와리바시가 편해요."

흔히 '나무젓가락' '소독저'를 '와루바시' 라고 하는데(필자도 대학교 때 시험에서 와루바시로 적어 틀린 적이 있다), '와리바시' 가 맞는 말이다. 割箸(わりばし)는 割(わ)る(나누다, 쪼개다)와 箸(はし)(젓가락)가 합쳐진 복합어다. 즉, 쪼개는 젓가락이 '와리바시' 인 것이다. 만약 나무젓가락을 쪼개지 않는다면 '와리바시' 가 아닐 것이다.

割箸で食べた方がいいです。

リエ　お寿司は必ず割箸で食べなければいけないんですか。

たけし　フォックで食べられないじゃない？

威　割箸で食べた方がいいです。

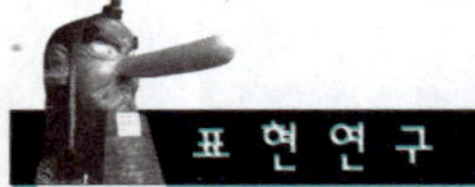

ひょうけん

리에　초밥은 꼭 와리바시로 먹어야 하나?
다케시　포크로 먹을 수는 없잖아.
　　　나무젓가락으로 드시는 편이 좋습니다.

お寿司(すし) 초밥　**必**(かなら)**ず** 반드시, 꼭　**割箸**(わりばし) 나무젓가락, 소독저　**食**(た)**べる** 먹다　**食**(た)**べない** 먹지 않는다　**食**(た)**べなければいけない** 먹지 않으면 안 된다, 먹어야만 한다(＝**食**(た)**べなければならない**)　**フォック** 포크　**食**(た)**べられる** 먹을 수 있다　**食**(た)**べられない** 먹을 수 없다　**食**(た)**べた方**(ほう)**がいい** 먹는 편이 좋다

문법│KEY POINT

|1| て형, ない형 연습

て형, ない형이 입에서 술술 나와야 다른 어떤 변형을 하더라도 쉽게 할 수 있다. 아래 표는 잘 모르더라도 형태가 같은 것들끼리 묶어놓았기 때문에 그대로 보고 하면 된다.

ます形	의미	원형	て形	ない形
買(か)います	삽니다	買(か)う	買(か)って	買(か)わないで
言(い)います	말합니다			
吸(す)います	피웁니다			
置(お)きます	둡니다	置(お)く	置(お)いて	置(お)かないで
書(か)きます	씁니다			
泳(およ)ぎます	수영합니다	泳(およ)ぐ	泳(およ)いで	泳(およ)がないで
急(いそ)ぎます	서두릅니다			
起(お)こします	깨웁니다	起(お)こす	起(お)こして	起(お)こさないで
話(はな)します	이야기합니다			
待(ま)ちます	기다립니다	待(ま)つ	待(ま)って	待(ま)たないで
持(も)ちます	듭니다, 가집니다			
立(た)ちます	섭니다			
運(はこ)びます	운반합니다	運(はこ)ぶ	運(はこ)んで	運(はこ)ばないで
遊(あそ)びます	놉니다			
包(つつ)みます	포장합니다	包(つつ)む	包(つつ)んで	包(つつ)まないで
飲(の)みます	마십니다			
座(すわ)ります	앉습니다	座(すわ)る	座(すわ)って	座(すわ)らないで
集(あつ)まります	모입니다			
売(う)ります	팝니다			
入(はい)ります	들어갑니다			
乗(の)ります	탑니다			
走(はし)ります	달립니다			
食(た)べます	먹습니다	食(た)べる	食(た)べて	食(た)べないで
閉(し)めます	닫습니다			
聞(き)こえます	들립니다			
出(で)ます	나옵니다			
忘(わす)れます	잊습니다			
します	합니다	する	して	しないで
来(き)ます	옵니다	来(く)る	来(き)て	来(こ)ないで

ないでください ~하지 말아 주세요

앞에서 '~해주세요'는 −てください였다. '~하지 말아주세요'는 −ないでください다.

- この部屋(へや)に (入(はい)る) → この部屋(へや)に入(はい)らないでください。
  이 방에 들어오지 마세요.

- (心配(しんぱい)する) → 心配(しんぱい)しないでください。
  걱정하지 말아주세요.

- 電話(でんわ)を (かける) → 電話(でんわ)をかけないでください。
  전화를 걸지 말아 주세요.

1) 授業中(じゅぎょうちゅう)に韓国語(かんこくご)で(話(はな)す) → ＿＿＿＿＿＿＿＿＿＿＿＿＿＿
  수업 중에 한국어로 말하지 말아주세요.

2) 廊下(ろうか)で(走(はし)る) → ＿＿＿＿＿＿＿＿＿＿＿＿＿
  복도에서 뛰지 마세요.

3) 約束(やくそく)を (忘(わす)れる) → ＿＿＿＿＿＿＿＿＿＿＿＿＿
  약속을 잊지 마세요.

4) 芝生(しばふ)に(入(はい)る) → ＿＿＿＿＿＿＿＿＿＿＿＿＿
  잔디밭에 들어가지 말아주세요.

5) ここでたばこを(吸(す)う) → ＿＿＿＿＿＿＿＿＿＿＿＿＿
  여기에서 담배를 피우지 말아주세요.

なければなりません/いけません ~하지 않으면 안 됩니다, ~해야 합니다

앞에서 '~해서는 안 됩니다'는 −てはいけません이었다. '~하지 않으면 안 됩니다,
~해야만 합니다'는 −なければなりません/いけません이다.

- 教室(きょうしつ)では静(しず)かにしなければなりません。
  교실에서는 조용히 해야 합니다.

- 明日（あした）は早（はや）く起（お）きなければなりません。

  내일은 일찍 일어나야 합니다.

- 彼（かれ）に電話（でんわ）をかけなければなりません。

  그에게 전화를 걸어야 합니다.

1) 一生懸命（いっしょうけんめい）（勉強（べんきょう）する）

  열심히 공부해야만 합니다. (~공부하지 않으면 안 됩니다)

2) シートベルトを（締（し）める）

  안전벨트를 매야 합니다.

3) 名前（なまえ）を（書（か）く）

  이름을 써야 합니다.

4) この薬（くすり）を（飲（の）む）

  이 약을 먹어야 합니다.

5) 漢字（かんじ）で（書（か）く）

  한자로 써야 합니다.

| 4 |　ない를 이용한 문형③

なくてもいいです ~하지 않아도 됩니다

앞에서 '~해도 됩니다'는 –てもいいです였다 '~하지 않아도 됩니다'는 –なくても
いいです다.

- 明日（あした）は来（こ）なくてもいいです。

  내일은 오지 않아도 됩니다.

- こんな雑誌（ざっし）は読（よ）まなくてもいいです。

  이런 잡지는 보지 않아도 됩니다.

- 電話（でんわ）をかけなくてもいいです。

  전화를 걸지 않아도 됩니다.

1) 掃除（そうじ）を（する）

  청소를 하지 않아도 됩니다.

2) 日本語(にほんご)で(話(はな)す)
____

   일본어로 이야기하지 않아도 됩니다.

3) 今日(きょう)は早(はや)く(起(お)きる)
____

   오늘은 일찍 일어나지 않아도 됩니다.

4) 住所(じゅうしょ)を(書(か)く)
____

   주소를 쓰지 않아도 됩니다.

5) すぐ(返(かえ)す)
____

   금방 돌려주지 않아도 됩니다.

| 5 |　ない를 이용한 문형④

ない方(ほう)がいいです　~하지 않는 편이 좋아요

앞에서 '~하는 편이 좋습니다'는 -た方(ほう)がいいです였다. '~하지 않는 편이 좋습
니다'는 -ない方(ほう)がいいです다.

- 子供(こども)はここで遊(あそ)ばない方(ほう)がいいです。

  아이는 여기에서 놀지 않는 편이 좋아요.

- 図書館(としょかん)では寝(ね)ない方(ほう)がいいです。

  도서관에서는 자지 않는 편이 좋아요.

- 学生(がくせい)はパーマをかけないほうがいいです。

  학생은 파마를 하지 않는 편이 좋아요.

1) 学生(がくせい)は化粧(けしょう)を(する)
____

   학생은 화장을 하지 않는 편이 좋아요.

2) 雨(あめ)だから運動(うんどう)を(する)
____

   비가 오니 운동하지 않는 편이 좋아요.

3) 廊下(ろうか)で(走(はし)る)
____

   복도에서 뛰지 않는 편이 좋아요.

4) 道(みち)が込(こ)んでいる車(くるま)で(行(い)く)
____

   길이 막히니까 차로 가지 않는 편이 좋아요.

5) あの映画(えいが)は面白(おもしろ)くないから(見(み)る)

저 영화는 재미없으니까 보지 않는 편이 좋아요.

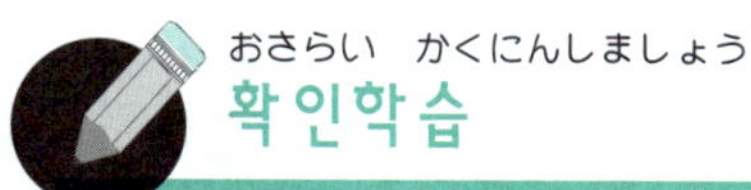

확인학습

① 담배를 피우지 말아주세요. (タバコ、吸(す)う)

② 은행에 가야만 합니다. (銀行(ぎんこう))

③ 설탕을 넣지 않아도 됩니다. (砂糖(さとう)、入(い)れる)

④ 이 빵은 오래 되어서, 먹지 않는 편이 좋습니다. (パン、古(ふる)い)

⑤ 아무데도 가지 말아 주세요. (どこへも、行(い)く)

정   답

273page ⊙ 1. て형, ない형 연습

言(い)います → 言う、言って、言わないで	吸(す)います → 吸う、吸って、吸わないで
書(か)きます → 書く、書いて、書かないで	急(いそ)ぎます → 急ぐ、急いで、急がないで
話(はな)します → 話す、話して、話さないで	待(ま)ちます → 待つ、待って、待たないで
持(も)ちます → 持つ、持って、持たないで	立(た)ちます → 立つ、立って、立たないで
遊(あそ)びます → 遊ぶ、遊んで、遊ばないで	飲(の)みます → 飲む、飲んで、飲まないで
集(あつ)まります → 集まる、集まって、集まらないで	売(う)ります → 売る、売って、売らないで
入(はい)ります → 入る、入って、入らないで	乗(の)ります → 乗る、乗って、乗らないで
走(はし)ります → 走る、走って、走らないで	閉(し)めます → 閉める、閉めて、閉めないで
聞(き)こえます → 聞こえる、聞こえて、聞こえないで	出(で)ます → 出る、出て、出ないで
忘(わす)れます → 忘れる、忘れて、忘れないで	

274page ⊙ ない를 이용한 문형①

1. 授業中(じゅぎょうちゅう)に韓国語(かんこくご)で話(はな)さないでください。

2. 廊下(ろうか)で走(はし)らないでください。

3. 約束(やくそく)を忘(わす)れないでください。

4. 芝生(しばふ)に入(はい)らないでください。

5. ここでタバコを吸(す)わないでください。

274page ⊙ ない를 이용한 문형②

1. 一生懸命(いっしょうけんめい)勉強(べんきょう)しなければなりません。

2. シートベルト締(し)めなければなりません。

3. 名前(なまえ)を書(か)かなければなりません。

4. この薬(くすり)を飲(の)まなければなりません。

5. 漢字(かんじ)で書(か)かなければなりません。

275page ⊙ ない를 이용한 문형③

1. 掃除(そうじ)をしなくてもいいです。

2. 日本語(にほんご)で話(はな)さなくてもいいです。

3. 今日(きょう)は早(はや)く起(お)きなくてもいいです。

4. 住所(じゅうしょ)を書(か)かなくてもいいです。

5. すぐ返(かえ)さなくてもいいです。

276page ⊙ ない를 이용한 문형④

1. 学生(がくせい)は化粧(けしょう)をしない方(ほう)がいいです。

2. 雨(あめ)だから運動(うんどう)しない方(ほう)がいいです。

3. 廊下(ろうか)で走(はし)らない方(ほう)がいいです。

4. 道(みち)が込(こ)んでいるから車(くるま)で行(い)かない方(ほう)がいいです。

5. あの映画(えいが)は面白(おもしろ)くないから見(み)ない方(ほう)がいいです。

277page 🖊 확인학습

1. タバコを吸(す)わないでください。

2. 銀行(ぎんこう)へ行(い)かなければなりません。

3. 砂糖(さとう)を入(い)れなくてもいいです。

4. このパンは古(ふる)いので食(た)べない方(ほう)がいいです。

5. どこへも行(い)かないでください。

この赤いソースは何ですか。
それは「チョジャン」です。
チョジャンっていうのは、ゴチュジャンに巣と砂糖を交ぜ
たソースです。これにつけて食べるのが韓国式刺身の食べ
方です。

第28課
がんばれ！

"사시미 뜨러 갈까요?"

'사시미'는 너무나도 자주 쓰이는 일본어다. 우리나라말로는 '생선회'가 맞다. 일본 무사정권 때, 성에 있는 조리장이 장군이 어려운 생선 이름을 하나하나 외우지 않고도 생선회를 즐길 수 있도록 하기 위해 작은 깃발을 만들어 그 깃발에 생선이름을 적어 생선회 살에 꽂아서 상에 올렸다는 데에서 유래한다. 刺身(さしみ)의 刺(さ)는 '찌르다, 꽂다, 누비다' 등을 의미한다. 그래서 생선살에 작은 깃발을 꽂았다고 해서 일본에서는 **생선회**를 刺身(さしみ)로 부르게 되었다.

威（たけし）　この赤（あか）いソースは何（なん）ですか。

リエ　それは「チョジャン」です。

チョジャンっていうのは、ゴチュジャンに酢（す）と砂糖（さとう）を交（ま）ぜたソースです。これにつけて食（た）べるのが韓国式刺身（かんこくしきさしみ）の食（た）べ方（がた）です。

표 현 연 구　　　　　　　　　　　　　　　　　　　　ひょうげん

다케시　이 빨간 소스는 뭐예요?
리에　　그건, 초장이에요.
　　　　초장이란, 고추장에 식초랑 설탕을 섞은 소스예요. 이것을 찍어서 먹는 것이 한국식 회 먹는 법이지요.

赤（あか）い 빨갛다　ソース 소스　っていうのは 〜라는 것은(＝というのは)　酢（す）식초　砂糖（さとう）설탕　交（ま）ぜる 섞다　交（ま）ぜたソース 섞은 소스　つける 찍다　つけて 찍어서　韓国式（かんこくしき）한국식　刺身（さしみ）회　食（た）べ方（かた）먹는 방법

문법 | KEY POINT

|1| 여러 가지 색깔

色(いろ)	金色(きんいろ)	銀色(ぎんいろ)	赤色(あかいろ)
색깔	금색	은색	빨간색
青色(あおいろ)	黒色(くろいろ)	白色(しろいろ)	真(ま)っ赤(か)
파란색	검정색	하얀색	새빨감
真(ま)っ青(さお)	真(ま)っ黒(くろ)	真(ま)っ白(しろ)	ピンク
새파랑	새카망	새하양	핑크
茶色(ちゃいろ)	紫色(むらさきいろ)	黄色(きいろ)	緑色(みどりいろ)
갈색	보라색	노란색	녹색
オレンジ色(いろ)	グレー	クリーム色(いろ)	肌色(はだいろ)
오렌지색	회색	크림색	살색
墨色(すみいろ)	紅色(べにいろ)	空色(そらいろ)	若紫(わかむらさき)
먹색	주홍색	하늘색	녹황색

色(いろ)는 '색, 색기, 애인, 정부'라는 의미로도 쓰인다.

色(いろ)を好(この)む 색을 좋아하다

社長(しゃちょう)の色(いろ)だ 사장님의 정부다

色(いろ)っぽい女(おんな) 요염한 여자, 섹시한 여자

色気(いろけ)がある 성적 매력이 있다

刺身(さしみ)	定食(ていしょく)	そば	おにぎり	寿司(すし)
생선회	정식	메밀국수	주먹밥	초밥
焼(や)き鳥(とり)	しゃぶしゃぶ	お好(この)み焼(や)き	納豆(なっとう)	カツ丼(どん)
꼬치구이	샤브샤브	전.부침	낫또	돈가스덮밥
焼肉(やきにく)	餃子(ぎょうざ)	だんご	ラーメン	味噌汁(みそしる)
불고기	중국식만두	경단	라면	된장국
うどん	かば焼(や)き	うなぎ	どんぶり	たこ焼(や)き
우동	장어구이	장어	덮밥	문어구이
そうめん	おでん	湯豆腐(ゆどうふ)	天丼(てんどん)	焼(や)き魚(さかな)
국수	오뎅	물두부	튀김덮밥	생선구이
巻(ま)き寿司(ずし)	鋤焼(すきやき)	焼(や)き飯(めし)	てんぷら	トンカツ
초밥말이	전골	볶음밥	튀김	커틀릿

薬味(やくみ)	たたき	砂糖(さとう)	醤油(しょうゆ)	塩(しお)	酢(す)
양념	다진 양념	설탕	간장	소금	식초
胡椒(こしょう)	胡麻油(ごまあぶら)	サラダ油(あぶら)	ごま	にんにく	味(あじ)の素(もと)
후추	참기름	식용유	깨	마늘	미원
だし	日本酒(にほんしゅ)	ショウガ	味醂(みりん)	バター	辛子(からし)
다시다	청주	생강	맛술	버터	겨자

のは 형식명사로 '~것' 이라는 의미다.

- サラリーマンをやるのも大変(たいへん)です。
  샐러리맨을 하는 것도 고생입니다.

- 夜遅(よるおそ)く寝(ね)るのは体(からだ)によくないです。
  밤늦게 자는 것은 몸에 좋지 않습니다.

- ダイエットに成功(せいこう)するのは大変(たいへん)難(むずか)しいです。
  다이어트에 성공하기는 대단히 어렵습니다.

• 残業(ざんぎょう)で遅(おそ)くなるのは嫌(いや)です。
잔업 때문에 늦어지는 것은 싫어요.

| 5 | ます形 + 方(かた) ～하는 (방)법

동사의 ます형에 方(かた)를 붙이면 '～하는 법 / ～하는 방법'이라는 뜻이 된다.

• ケーキの作(つく)り方(かた) 케이크 만드는 법

• 西洋料理(せいようりょうり)の食(た)べ方(かた) 서양요리 먹는 법

• 書類(しょるい)の書(か)き方(かた) 서류 작성하는 법

• 勉強(べんきょう)を仕方(しかた)がよくない 공부하는 방법이 좋지 않다.

읽는 법 読(よ)み方(かた)	걷는 법 歩(ある)き方(かた)	사고방식 考(かんが)え方(かた)	교수법 教(おし)え方(かた)	사용법 使(つか)い方(かた)
만드는 법 作(つく)り方(かた)	보는 방법, 견해 見方(みかた)	하는 법, 행위 やり方(かた)	하는 방법 仕方(しかた)	쓰는 법 書(か)き方(かた)

1) 한자 읽는 방법을 모르겠습니다. (漢字(かんじ)、分(わ)かる)

2) 사람마다 사고방식이 다릅니다. (によって、違(ちが)う)

3) 만드는 법을 가르쳐 주세요. (教(おし)える)

4) 오 선생님은 교수법이 좋아요. (いい)

5) 히라가나 쓰는 법은 쉬워요. (易(やさ)しい)

そんな言(い)い方(かた)、やめなさい。	그런 말투 그만두세요.
そういう言(い)い方(かた)、やめてよ。	그런 말투 그만둬요.
そんな食(た)べ方(かた)はいけません。	그렇게 먹는 건 안 좋아요.
あんな笑(わら)い方(かた)はよくないです。	그렇게 웃는 것은 좋지 않아요.
気持(きも)ち悪(わる)い笑(わら)い方(かた)するなよ。	징그럽게 웃지 말아요.
運命的(うんめいてき)な出会(であ)い方(かた)を夢見(ゆめみ)ます。	운명적인 만남을 꿈꿉니다.
今年(ことし)こそ泳(およ)ぎ方(かた)を習(なら)いたい。	올해야말로 수영을 배우고 싶다.
今(いま)までと違(ちが)う生(い)き方(かた)をしたい。	지금까지완 다른 삶을 살고 싶다
素的(すてき)な口説(くど)き方(かた)をされたい。	멋진 유혹을 받고 싶다.
あんなやり方(かた)じゃ、無理(むり)だよ。	그런 방식으로는 무리야.

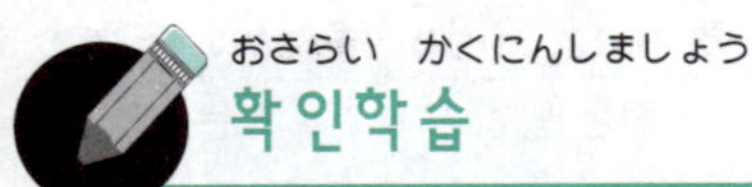

확인학습

① 저는 빨간색을 좋아합니다. (赤色(あかいろ))

② 음식 중에서 회를 가장 좋아합니다. (食(た)べ物(もの)、刺身(さしみ))

③ 일본에서는 참기름이 쌉니다. (胡麻油(ごまあぶら))

④ 케이크 만드는 법을 가르쳐 주세요. (ケーキ、教(おし)える)

⑤ 일본어 쓰는 방법을 잘 모르겠습니다. (よく、分(わ)かる)

* 동사 활용 정리

예외 5단 동사, カ변격 동사, サ변격 동사 주의

동사	ます(입니다)	て(하고/해서)	た(-했다)	ない(-가 아니다)
5단 동사	u단→ I단 +ます	う、つ、る→って ぬ、む、ぶ→んで く→いて、 ぐ→いで す→して	う、つ、る→った ぬ、む、ぶ→んだ く→いた、 ぐ→いだ す→した	u단→a단 + ない
상·하 1단 동사	る를 빼고 ます	る를 빼고 て	る를 빼고 た	る를 빼고 ない
来る	来ます	来て	来た	来ない
する	します	して	した	しない
예외		行く→行って	行く→行った	う→わない ある→ない、 いる→いない

동사	ます	ない	ません	た	ました	なかった	ませんでした
見(み)る	見ます	見ない	見ません	見た	見ました	見なかった	見ませんでした
*する	します	しない	しません	した	しました	しなかった	しませんでした
起(お)きる							
待(ま)つ							
笑(わら)う							
食(た)べる							
*帰(かえ)る							
寝(ね)る							
*来(く)る	来ます	来ない	来ません	来た	来ました	来なかった	来ませんでした
言(い)う							
聞(き)く							
洗(あら)う							
*入(はい)る							
休(やす)む							
落(お)ちる							
作(つく)る							
使(つか)う							
分(わ)かる							
*知(し)る							

❀ Exercise | 종합문제
れんしゅうしましょう

❀ 다음 단어를 ひらがな로 써보세요.

1. 文書 _______________

2. 説明 _______________

3. 部分 _______________

4. 寿司 _______________

5. 芝生 _______________

6. 風邪 _______________

7. 砂糖 _______________

8. 酢 _______________

❀ 다음 단어를 한자로 써보세요.

1. かちょう _______________

2. じつりょく _______________

3. やくそく _______________

4. あし _______________

5. なまえ _______________

6. しんせつ _______________

7. れんらく _______________

8. きこく _______________

❀ 다음을 작문하세요.

1. 김상은 내년에 귀국할 것이다. _______________

2. 다시 만들어오세요. _______________

3. 지금부터 가능할 리가 없다. _______________

4. 오늘은 시험이 없다. _______________

5. 교실에서 떠들지 마세요. _______________

6. 약은 먹지 않는 편이 좋습니다. _______________

7. 내일은 일찍 일어나야 합니다. _______________

8. 매일 오지 않아도 됩니다. _______________

9. 그를 만나야 합니다. ______________________________

10. 케이크 만드는 법을 가르쳐주세요. ______________________________

11. 전 녹색을 가장 좋아해요. ______________________________

12. 이름은 써야 합니다. ______________________________

285page ◉ ます形 + 方(かた)

1. 漢字(かんじ)の読(よ)み方(かた)が分(わ)かりません。
2. 人(ひと)によって考(かんが)え方(かた)が違(ちが)います。
3. 作(つく)り方(かた)を教(おし)えてください。
4. 呉先生(せんせい)は教(おし)え方(かた)がいいです。
5. ひらがなの書(か)き方(かた)は易(やさ)しいです。

286page 확인학습

1. 私(わたし)は赤色(あかいろ)が好(す)きです。
2. 食(た)べ物(もの)の中(なか)で刺身(さしみ)が一番(いちばん)好(す)きです。
3. 日本(にほん)では胡麻油(ごまあぶら)が安(やす)いです。
4. ケーキの作(つく)り方(かた)を教(おし)えてください。
5. 日本語(にほんご)の書(か)き方(かた)がよく分(わ)かりません。

287page ◉ 동사 활용 정리

동사	ます	ない	ません	た	ました	なかった	ませんでした
起(お)きる	起きます	起きない	起きません	起きた	起きました	起きなかった	起きませんでした
待(ま)つ	待ちます	待たない	待ちません	待った	待ちました	待たなかった	待ちませんでした
笑(わら)う	笑います	笑わない	笑いません	笑った	笑いました	笑わなかった	笑いませんでした
食(た)べる	食べます	食べない	食べません	食べた	食べました	食べなかった	食べませんでした
*帰(かえ)る	帰ります	帰らない	帰りません	帰った	帰りました	帰らなかった	帰りませんでした
寝(ね)る	寝ます	寝ない	寝ません	寝た	寝ました	寝なかった	寝ませんでした
言(い)う	言います	言わない	言いません	言った	言いました	言わなかった	言いませんでした
聞(き)く	聞きます	聞かない	聞きません	聞いた	聞きました	聞かなかった	聞きませんでした
洗(あら)う	洗います	洗わない	洗いません	洗った	洗いました	洗わなかった	洗いませんでした
*入(はい)る	入ります	入らない	入りません	入った	入りました	入らなかった	入りませんでした
休(やす)む	休みます	休まない	休みません	休んだ	休みました	休まなかった	休みませんでした
落(お)ちる	落ちます	落ちない	落ちません	落ちた	落ちました	落ちなかった	落ちませんでした
作(つく)る	作ります	作らない	作りません	作った	作りました	作らなかった	作りませんでした
使(つか)う	使います	使わない	使いません	使った	使いました	使わなかった	使いませんでした
分(わ)かる	分かります	分からない	分かりません	分かった	分かりました	分からなかった	分かりませんでした
*知(し)る	知ります	知らない	知りません	知った	知りました	知らなかった	知りませんでした

❀ 다음 단어를 ひらがな로 써보세요.

1. ぶんしょ

2. せつめい

3. ぶぶん

4. すし

5. しばふ

6. かぜ

7. さとう

8. す

❀ 다음 단어를 한자로 써보세요.

1. 課長

2. 実力

3. 約束

4. 足

5. 名前

6. 親切

7. 連絡

8. 帰国

❀ 다음을 작문하세요.

1. 金さんは来年(らいねん)帰国(きこく)するだろう。

2. 作(つく)り直(なお)してきなさい。

3. 今(いま)から出来(でき)るわけがない。

4. 今日(きょう)は試験(しけん)［テスト］がない。

5. 教室(きょうしつ)で騒(さわ)がないでください。

6. 薬(くすり)は飲(の)まない方(ほう)がいいです。

7. 明日(あした)は早(はや)く起(お)きなければなりません。

8. 毎日(まいにち)来(こ)なくてもいいです。

9. 彼(かれ)に会(あ)わなければなりません。

10. ケーキの作(つく)り方(かた)を教(おし)えてください。

11. 私(わたし)は緑色(みどりいろ)が一番(いちばん)好(す)きです。

12. 名前(なまえ)を書(か)かなければなりません。

床が冷たいんですね。
座布団ありますけど、よかったら使ってください。
あ、大丈夫です。
オンドルつけましょか。
あ、いいです。いいです。ちょうどいいです。

第29課

がんばれ！

"자부동 깔고 앉아요."

아무렇지도 않게 쓰고 있는 말 중 하나가 '자부동'이다. 어쩌면 경상도 사투리라고 생각할지 모르지만, 이는 일본어다. 布団(ふとん)은 '이불'을 뜻한다. 여기에 '앉다'는 의미의 座(ざ)를 넣어 座布団(ざぶとん)이라 하여 '방석'의 뜻으로 쓰는 것이다. 추울 땐 그냥 앉지 말고 座布団(ざぶとん) 꼭 깔고 앉자!

座布団ありますけど。

威（たけし）　床（ゆか）が冷（つめ）たいんですね。

リエ　座布団（ざぶとん）ありますけど、よかったら使（つか）ってください。

威（たけし）　あ、大丈夫（だいじょうぶ）です。

リエ　オンドルつけましょか。

威（たけし）　あ、いいです。いいです。ちょうどいいです。

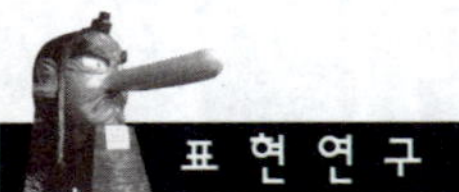

표현연구

다케시　바닥이 차네요.
리에　방석 있는데, 괜찮으시면 깔고 앉으세요.
다케시　아, 괜찮아요.
리에　보일러 켤까요?
다케시　아니요. 괜찮아요. 괜찮아요. 딱 좋아요.

床(ゆか) 마루, 마루바닥　冷(つめ)たい 차갑다　冷(つめ)たいんです 차갑습니다　座布団(ざぶとん) 방석　よかったら 괜찮으시면　使(つか)う 사용하다　使(つか)って 사용하고, 사용해서　使(つか)ってください 사용해주세요　大丈夫(だいじょうぶ)だ 괜찮다　オンドルをつける 보일러를 켜다　ちょうど 딱, 마침, 정확히　ちょうどいい 딱 좋다

※ 일본에서는 '보일러'는 그다지 사용하지 않고, 고유명사처럼 オンドル를 쓴다는 데 주의하자!

문법 | KEY POINT

|1| 품사별 ん 용법에 대하여

(な)んです。 원인·이유 등의 설명을 강조하는 표현

품 사	접 속 방 법			
	~입니다	~아닙니다	~이었습니다	~아니었습니다
명사/な형용사	なんです	じゃないんです	だったんです	じゃなかったんです
형용사	んです	くないんです	かったんです	くなかったんです
동사	んです	ないんです	たんです	なかったんです

읽다 보면, (な)んです를 많이 접하게 된다. 각 품사별로 반말체에 (な)んです를 붙여 주면 정중체가 된다. 조금 더 강조한다고 생각하면 되고, 회화체에서는 항상 쓰는 표현이다.

先生(せんせい)	先生なんです	先生じゃないんです	先生だったんです	先生じゃなかったんです
便利(べんり)だ	便利なんです	便利じゃないんです	便利だったんです	便利じゃなかったんです
休(やす)み				
元気(げんき)だ				
きれいだ				
おいしい	おいしいんです	おいしくないんです	おいしかったんです	おいしくなかったんです
楽(たの)しい				
新(あたら)しい				
いい				
話(はな)す	話すんです	話さないんです	話したんです	話さなかったんです
読(よ)む				
起(お)きる				
する				
来(く)る				
帰(かえ)る				
見(み)る				

◉ 〈연습〉 다음 부분을 (な)んです를 이용하여 문장을 만드세요.

1) 一緒(いっしょ)に映画(えいが)を見(み)に行(い)きませんか。같이 영화 보러 가지 않을래요?

   すみません。今日(きょう)は ＿＿＿＿＿＿＿＿＿＿＿＿＿＿＿＿＿＿ (약속이 있어요)

2) どうですか。この店(みせ)。어때요? 이 가게?

   ＿＿＿＿＿＿＿＿＿＿＿＿＿＿＿＿＿＿ (맛있습니다)

3) 山(やま)へ ＿＿＿＿＿＿＿＿＿＿＿＿＿＿＿＿ (가고 싶습니다만…)

4) あの方(かた)は誰(だれ)ですか。저 분은 누구세요?

   うちの ＿＿＿＿＿＿＿＿＿＿＿＿＿＿＿＿＿ (선생님이에요)

5) あそこは ＿＿＿＿＿＿＿＿＿＿＿＿＿＿＿＿ (유명하다)

6) 今日(きょう)は ＿＿＿＿＿＿＿＿＿＿＿＿＿＿＿＿ (덥습니까?)

2 ちょうど – 정확히, 꼭, 마침, 딱, 방금, 막

"지금 몇 시예요?"라고 말했을 때 정각 1시일 경우 ちょうど1時(じ)です라는 말을 쓴다. 그 외에도 용법이 많으니 잘 알아두자.

ちょうど12時(じ)です。	정각 12시입니다.
ちょうど終電(しゅうでん)に間(ま)に合(あ)った。	정확히 막차 시간에 맞았다.
ちょうど今(いま)来(き)たところです。	지금 막 온 참입니다.
ちょうど今(いま)帰(かえ)ったところです。	방금 막 돌아온 참입니다.
ちょうど今(いま)電話(でんわ)しようと思(おも)ってたところです。	막 전화하려고 생각했던 참이에요.
ちょうどいい。	딱 좋다. 꼭 알맞다.
ちょうどいいところ来(き)た。	마침 잘 왔어.
ちょうどよかった。	마침 잘됐다.
ちょうど千円(せんえん)になる。	딱 천 엔이 된다.
ちょうどお預(あず)かり致(いた)します。	(계산) 정확히 받았습니다.

1) 金さんに会(あ)います。김상을 만납니다.

① 金さんに ___________ なければなりません。김상을 만나야 합니다.

② 金さんに ___________ ましょう。김상을 만납시다.

③ 金さんに ___________ ないでください。김상을 만나지 말아 주세요.

④ 金さんに ___________ ください。김상을 만나주세요.

⑤ 金さんに ___________ ます。김상을 만납니다.

⑥ 金さんに ___________ もいいです。김상을 만나도 됩니다.

⑦ 金さんに ___________ に行きます。김상을 만나러 갑니다.

2) 電話(でんわ)をかけます。전화를 겁니다.

① 電話(でんわ)を ___________ なければなりません。전화를 걸어야 합니다.

② 電話(でんわ)を ___________ います。전화를 걸고 있습니다.

③ 電話(でんわ)を ___________ なくてもいいです。전화를 걸지 않아도 됩니다.

④ 電話(でんわ)を ___________ ほうがいいです。전화를 거는 편이 좋습니다.

⑤ 電話(でんわ)を ___________ ないでください。전화를 걸지 말아 주세요.

⑥ 電話(でんわ)を ___________ に事務所(じむしょ)へ行(い)っています。

전화 걸러 사무실에 가고 있어요.

⑦ 電話(でんわ)を ___________ ください。전화를 걸어 주세요.

3) 日本語(にほんご)で話(はな)します。일본어로 이야기합니다.

① 日本語(にほんご)で ___________ なくてもいいです。일본어로 이야기하지 않아도 됩니다.

② 日本語(にほんご)で ___________ くださいませんか。일본어로 이야기해주지 않겠습니까?

③ 日本語(にほんご)で ___________ ほうがいいです。일본어로 이야기하는 편이 좋습니다.

④ 日本語(にほんご)で ___________ ことができます。일본어로 이야기할 수 있습니다.

⑤ 日本語(にほんご)で ___________ はいけません。일본어로 이야기해서는 안 됩니다.

⑥ 日本語(にほんご)で ___________ ましょう。일본어로 이야기합시다.

⑦ 日本語(にほんご)で ___________ もいいです。일본어로 이야기해도 좋습니다.

① 정각 3시예요. (ちょうど)

* ん 용법을 사용하세요.

② 오늘은 굉장히 더워요. (とても、暑(あつ)い)

③ 학교에 가고싶어요. (行(い)きたい)

④ 그와 데이트하고 싶어요. (彼(かれ)、デート)

⑤ 교실은 조용합니다. (教室(きょうしつ)、静(しず)かだ)

295page ⊙ 다음 부분을 (な)んです를 이용하여 문장을 만드세요.

休(やす)み	休みなんです	休みじゃないんです	休みだったんです	休みじゃなかったんです
元気(げんき)だ	元気なんです	元気じゃないんです	元気だったんです	元気じゃなかったんです
きれいだ	きれいなんです	きれいじゃないんです	きれいだったんです	きれいじゃなかったんです
楽(たの)しい	楽しいんです	楽しくないんです	楽しかったんです	楽しくなかったんです
新(あたら)しい	新しいんです	新しくないんです	新しかったんです	新しくなかったんです
いい	いいんです	よくないんです	よかったんです	よくなかったんです
読(よ)む	読むんです	読まないんです	読んだんです	読まなかったんです
起(お)きる	起きるんです	起きないんです	起きたんです	起きなかったんです
する	するんです	しないんです	したんです	しなかったんです
来(く)る	来るんです	来ないんです	来たんです	来なかったんです
帰(かえ)る	帰るんです	帰らないんです	帰ったんです	帰らなかったんです
見(み)る	見るんです	見ないんです	見たんです	見なかったんです

296page ⊙ 연습

1. 約束(やくそく)があるんです。　　**2.** おいしいんです。　　**3.** 行(い)きたいんですが。

4. 先生(せんせい)なんです。　　**5.** 有名(ゆうめい)なんです。　　**6.** 暑(あつ)いんですか。

297page ⊙ 〈동사활용 정리〉 형태별 문장 만들기

1.　① 会(あ)わ　　② 会(あ)い　　③ 会(あ)わ　　④ 会(あ)って
　　⑤ 会(あ)い　　⑥ 会(あ)って　　⑦ 会(あ)い

2.　① かけ　　② かけて　　③ かけ　　④ かけた
　　⑤ かけ　　⑥ かけ　　⑦ かけて

3.　① 話(はな)さ　　② 話(はな)して　　③ 話(はな)した　　④ 話(はな)す
　　⑤ 話(はな)して　　⑥ 話(はな)し　　⑦ 話(はな)して

298page ✏ 확인학습

1. ちょうど三時(さんじ)です。　　**2.** 今日(きょう)はとても暑(あつ)いんです。

3. 学校(がっこう)へ行(い)きたいんです。　　**4.** 彼(かれ)とデートしたいんです。

5. 教室(きょうしつ)は静(しず)かなんです。

今度の試験は一〇〇点取らないと面子が丸潰れだよ。

え、どうして？

噂によると、彼女は頭のいい人が好きだそうだよ。

本当？じゃ、一生懸命頑張らないと。

第30課

がんばれ！

"가오가 안 서요!"

"그런 일을 하면 가오가 안 선다"라는 말을 자주 쓰는데, 어원은 일본어인 顔(かお)(얼굴)에서 나온 것이다. 순수한 '얼굴'이라는 뜻인데, 이 '가오'라는 단어에는 이미 묘한 뉘앙스가 들어가 버렸다. 특히 속어처럼 많이 사용되고 있다. 그렇지만, 일본어로는 그러한 의미는 없고, 面目(めんもく)が立(た)たない(면목이 서지 않는다), 面子(めんつ)が丸潰(まるつぶ)れ(면목, 체면이 완전 망가짐)라는 단어로 바꿔서 사용한다. 주의하자!

面子が丸潰れだよ。

うせい　今度の試験は100点取らないと面子が丸潰れだよ。

たけし　え、どうして？

うせい　噂によると、彼女は頭のいい人が好きだそうだよ。

たけし　本当?じゃ、一生懸命頑張らないと。

표현연구　　　　　　　　　　　　　　　　　　　　　　　　ひょうげん

우성　　이번 시험 100점 맞지 않으면 체면 다 깎여.
다케시　어, 왜?
우성　　소문에 의하면, 그녀는 공부 잘하는 사람이 좋대.
다케시　그래? 열심히 해야겠네.

今度(こんど) 이번　試験(しけん) 시험　100点(てん)を取(と)る 100점을 맞다　面子(めんつ)が丸潰(まるつぶ)れ 면목이 서지 않음, 체면 다 깎임　どうして 왜, 어째서　噂(うわさ) 소문　噂(うわさ)によると 소문에 의하면　彼女(かのじょ) 그녀, 그 여자　頭(あたま)のいい人(ひと)が好(す)きだ 머리가 좋은 사람을 좋아하다　好(す)きだそうだよ 좋아한대　本当(ほんとう) 정말, 진짜　じゃ 그러면(= では)　一生懸命(いっしょうけんめい) 열심히　頑張(がんば)る 노력하다, 분발하다, 열심히 하다　頑張(がんば)らないと 열심히 하지 않으면(뒤에 いけない(안 된다)가 생략된 형태다. 즉, 열심히 해야 한다.)

|1| つぶれる(망하다, 망가지다, 찌부러지다, 깨지다)

会社(かいしゃ)がつぶれる	회사가 망하다
店(みせ)がつぶれる	가게가 망하다
話(はなし)がつぶれる	이야기가 깨지다
縁談(えんだん)がつぶれる	(데이트, 찬스) 혼담이 깨지다
面目(めんもく)がつぶれる	면목[체면]을 잃다
顔(かお)がつぶれる	체면이 깎이다, 손상되다
面子(めんつ)がつぶれる	체면이 깎이다, 손상되다
予定(よてい)がつぶれる	예정이 틀어지다
時間(じかん)がつぶれる	시간을 허비하다, 낭비되다
酔(よ)いつぶれる	곤드레만드레 취하다
酔(よ)って、つぶれる	취해서 필름이 끊기다
つぶれるまで飲(の)むな！	취할 때까지 마시지 마!

|2| と(〜하면)

－とは '〜하면'이라는 뜻으로 と 앞의 문장을 전제로 했을 경우 반드시 뒷문장과 같은 결과가 생길 때 사용한다. 즉, "A하면 반드시 B하다"의 의미로 쓰이는데, 과거형에는 접속하지 않는다. 〈な형용사(= 형용동사) + と〉〈형용사 + と〉〈동사 + と〉에 접속된다.

• お酒(さけ)を飲(の)むと、顔(かお)が赤(あか)くなります。
　술을 마시면 얼굴이 붉어집니다.

• お酒(さけ)が入(はい)ると、すぐ顔(かお)に出(で)るんです。
　술이 들어가면 금방 얼굴에 나타나요.

• 春(はる)になると、暖(あたた)かくなります。
　봄이 되면 따뜻해집니다.

• 3に2を足(た)すと5になります。
　3에 2를 더하면 5가 됩니다.

働(はたら)くようにしないと(일하도록 하지 않으면), 頑張(がんば)らないと(열심히 하지 않으면)에서 ないと(~하지 않으면)의 뒤에 いけません(안 됩니다) 등의 말이 생략된 것이다. 그러므로 働(はたら)くようにしないと いけません(일하도록 해야한다), 頑張(がんば)らないと いけません(노력해야 한다)는 뜻이다.

일본어에서는 주어와 술어를 갖춘 하나의 구가 다른 명사를 수식할 때 주격이나 대상을 나타내는 조사 が가 흔히 の로 바뀐다. 두 가지 다 쓸 수는 있지만 の를 쓰는 것이 더 일본어 답고, の를 사용할 줄 알면 일본어를 정말 잘하는 것이다. 어디서 일본어 배웠냐는 부러움을 산다. 즉각 외우자!

- 花(はな)が咲(さ)く 꽃이 피다.

  花(はな)が咲(さ)く季節(きせつ) → 花(はな)の咲(さ)く季節(きせつ) 꽃이 피는 계절

- 値段(ねだん)が高(たか)いです。 가격이 비쌉니다.

  値段(ねだん)の高(たか)いのは困(こま)ります。 가격이 비싼 것은 곤란합니다.

- 歌(うた)が上手(じょうず)です。 노래를 잘합니다.

  歌(うた)の上手(じょうず)な人(ひと)は田中(たなか)さんです。
  노래를 잘하는 사람은 타나까 씨입니다.

- 思(おも)いやりがあります。 배려심이 있습니다.

  思(おも)いやりのある人(ひと)が好(す)きです。 배려심이 있는 사람을 좋아합니다.

- 母(はは)が呼(よ)ぶ 엄마가 부르다.

  母(はは)が呼(よ)ぶ声(こえ) → 母(はは)の呼(よ)ぶ声(こえ) 엄마가 부르는 소리

- 雨(あめ)が降(ふ)る 비가 내리다

  雨(あめ)が降(ふ)る日曜日(にちようび) → 雨(あめ)の降(ふ)る日曜日(にちようび)
  비가 내리는 일요일

そうだ는 두 가지 용법으로 쓰인다. '～라고 한다' (전문)와 '～할 것 같다, ～할 것 같아 보인다' (양태)이다. 전문은 전해들은 정보를 다른 사람에게 알려줄 때 사용한다. 양태는 직접 확인은 못 했지만 외견상 판단해 그 성질이나 상태가 추측된다는 것을 나타낸다.
(전문) そうだ는 모든 품사의 기본형이나, 과거형, 부정형에 다 쓰인다.
(양태) そうだ는 긍정문일 경우, 동사의 ます형, 형용사와 な형용사(= 형용동사)의 어간에 접속되며, 명사에는 접속되지 않는다. 부정문인 경우 동사는 〈ます형 + そうにありません/そうにもありません〉, 형용사는 〈어간 + くなさそうです〉, な형용사(= 형용동사)는 〈어간 + ではなさそうです〉가 된다.

		(전문) そうだ
명사 な형용사	명사 + だ + そうだ な형용사 + そうだ	ベストセラーだそうです。 베스트셀러랍니다. ベストセラーではないそうです。 베스트셀러가 아니랍니다. 田中(たなか)さんは英語(えいご)が上手(じょうず)だそうです。 타나카 씨는 영어를 잘한다고 합니다 田中(たなか)さんは英語(えいご)が上手(じょうず)ではないそうです。 타나카 씨는 영어를 잘하지 않는답니다
형용사	형용사 + そうだ	あのレストランはおいしいそうです。 저 레스토랑은 맛있다고 합니다. あのレストランはおいしくないそうです。 저 레스토랑은 맛없답니다.
동사	동사 + そうだ	明日(あした)は雨(あめ)が降(ふ)るそうです。 내일은 비가 온답니다. 明日(あした)は雨(あめ)が降(ふ)らないそうです。 내일은 비가 안 내린답니다.

(양태) そうだ		
명사		
형용사	형용사 어간 + そうだ	あのレストランはおいしそうです。
		저 레스토랑은 맛있을 것 같습니다.
	いい → よさそうだ	
	ない → なさそうだ	あのレストランはおいしくなさそうです。
	いない → いなさそうだ	저 레스토랑은 맛없을 것 같습니다.
な형용사	な형용사 어간 + そうだ	田中(たなか)さんは英語(えいご)が上手(じょうず)そうです。
		타나카 씨는 영어를 잘하는 것 같습니다.
		田中(たなか)さんは英語(えいご)が上手(じょうず)ではなさそうです。
		타나카 씨는 영어 잘할 것 같지 않습니다.
동사	동사 ます형 + そうだ	明日(あした)は雨(あめ)が降(ふ)りそうです。
		내일은 비가 내릴 것 같습니다.
		明日(あした)は雨(あめ)が降(ふ)りそうに(も)ありません。
		내일은 비가 내릴 것 같지 않습니다.

⊙ 연습1 보기와 같이 바꾸세요.

天気予報(てんきよほう)によると、あしたは晴(は)れる。 일기예보에 의하면 내일은 맑다.

→ 天気予報(てんきよほう)によると、明日(あした)は晴(は)れるそうです。

　　일기예보에 의하면 내일은 맑답니다.

1) 金さんは来月(らいげつ)から水泳(すいえい)を習(なら)う。

→ 김상은 다음달부터 수영을 배운다고 합니다.

2) 佐藤(さとう)さんの話(はなし)によると、木村(きむら)さんは今(いま)銀行(ぎんこう)に勤(つと)める。

→ 사토 씨 말에 의하면, 키무라 씨는 지금 은행에 근무한다고 합니다.

3) 山田(やまだ)さんは昨日(きのう)、駅前(えきまえ)で先生(せんせい)に会(あ)う。

→ 야마다 씨는 어제, 역 앞에서 선생님을 만났다고 합니다.

4) テレビによると、北海道(ほっかいどう)は札幌(さっぽろ)ラーメンで有名(ゆうめい)だ。

→ 텔레비전에 의하면, 북해도는 삿포로라면으로 유명하다고 합니다.

5) 母(はは)の話(はなし)によると、若(わか)いころ祖母(そぼ)はきれいだ。

→ 엄마 말에 의하면, 젊었을 때 할머니는 예뻤다고 합니다.

6) 彼女(かのじょ)は彼(かれ)のことが好(す)きになった。

→ 그녀는 그를 좋아하게 되었다고 합니다.

7) 川崎(かわさき)さんはデジカメがほしい。

→ 카와사키 씨는 디지털 카메라를 갖고 싶다고 합니다.

⊙ 연습2 보기와 같이 바꾸세요.

あの料理(りょうり)は(おいしい) → あの料理(りょうり)はおいしそうです。
저 음식은 맛있을 것 같습니다.

1) あの人(ひと)は(寒(さむ)い) 저 사람은 추울 것 같습니다.

2) あの人(ひと)は(暇(ひま)だ) 저 사람은 한가한 것 같습니다.

3) 金さんのかばんは(丈夫(じょうぶ)だ) 김상 가방은 튼튼할 것 같습니다.

4) あの赤(あか)ちゃんは(元気(げんき)だ) 저 아기는 건강할 것 같습니다.

5) 雨(あめ)が(降(ふ)る) 비가 내릴 것 같습니다.

6) バスが(発車(はっしゃ)する) 버스가 떠날 것 같습니다.

7) 部屋(へや)には誰(だれ)も(いない) 방에는 아무도 없는 것 같습니다.

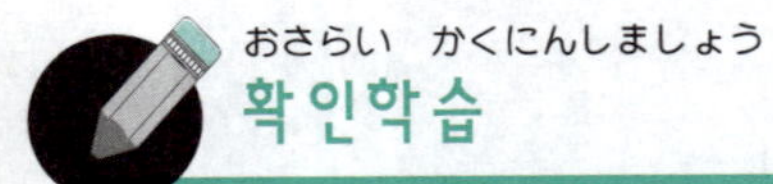

① 열심히 노력하지 않으면…(노력해야 한다) (一生懸命(いっしょうけんめい)、頑張(がんば)る)

② 내일은 비가 온다고 합니다. (雨(あめ)が降(ふ)る)

③ 이 케이크는 맛있을 것 같습니다. (ケーキ、おいしい)

④ 김상은 일본어를 잘한다고 합니다. (日本語(にほんご)が上手(じょうず)だ)

⑤ 김상은 머리가 좋을 것 같습니다. (頭(あたま)がいい)

306page ◎ 연습1 보기와 같이 바꾸세요.

1. 金さんは来月(らいげつ)から水泳(すいえい)を習(なら)うそうです。

2. 佐藤(さとう)さんの話(はなし)によると、木村(きむら)さんは今(いま)銀行(ぎんこう)に勤(つと)めるそうです。

3. 山田(やまだ)さんは昨日(きのう)、駅前(えきまえ)で先生(せんせい)に会(あ)ったそうです。

4. テレビによると、北海道(ほっかいどう)は札幌(さっぽろ)ラーメンで有名(ゆうめい)だそうです。

5. 母(はは)の話(はなし)によると、若(わか)いころ祖母(そぼ)はきれいだったそうです。

6. 彼女(かのじょ)は彼(かれ)のことが好(す)きになったそうです。

7. 川崎(かわさき)さんはデジカメがほしいそうです。

307page ◎ 연습2 보기와 같이 바꾸세요.

1. あの人(ひと)は寒(さむ)そうです。

2. あの人(ひと)は暇(ひま)そうです。

3. 金さんのかばんは丈夫(じょうぶ)そうです。

4. あの赤(あか)ちゃんは元気(げんき)そうです。

5. 雨(あめ)が降(ふ)りそうです。

6. バスが発車(はっしゃ)しそうです。

7. 部屋(へや)には誰(だれ)もいなさそうです。

308page ✏ **확인학습**

1. 一生懸命(いっしょうけんめい)頑張(がんば)らないと。

2. 明日(あした)は雨(あめ)が降(ふ)るそうです。

3. このケーキはおいしそうです。

4. 金さんは日本語(にほんご)が上手(じょうず)だそうです。

5. 金さんは頭(あたま)がよさそうです。

あの車、格好いい。
まるでベンツみたい。
私も買いたいな。
お金いっぱい稼がないと。

第 **31** 課
がんばれ！

"저 구루마 죽이는데?"

바퀴 달린 운송 수단을 나이 드신 분들은 흔히 '구루마' 라고 한다. '구루마' 는 일본어 車(くるま)를 그대로 쓰고 있는 것이라는 주장도 팽배하나, 일제시대 이전에 이미 바퀴 달린 물건을 '구루마' 라 칭했다는 주장도 만만치 않다. 나이 드신 분들이 말씀하시는 '구루마' 는 리어카 쪽에 더 가깝다. 일본엔 정말 멋진 車(くるま)가 많이 다닌다. 필자가 자주 애용하던 차도 호박 마차처럼 생긴 차였다. 그럼 여러 가지 표현을 배워보자!

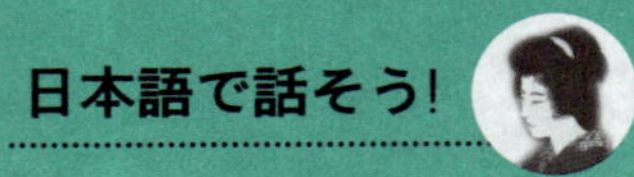

あの車、格好いい。

たけし
威　あの車、格好いい。

リエ　まるでベンツみたい。

たけし
威　私も買いたいな。

リエ　お金いっぱい稼がないと。

ひょうげん

다케시　저 차 멋진데.
　리에　꼭 벤츠 같다.
다케시　나도 꼭 사고 싶어.
　리에　돈 많이 벌어야겠네.

あの 저　**車**(くるま) 차, 승용차　**格好**(かっこう)**いい** 멋지다, 근사하다　**まるで** 마치　**ベンツ** 벤츠　**みたい** ～인 것 같다　**買**(か)**う** 사다　**買**(か)**いたい** 사고 싶다　**買**(か)**いたいな** 사고 싶은 걸　**お金**(かね) 돈　**いっぱい** 가득, 있는 한도를 다하는 모양, 빠듯, 빽빽　**稼**(かせ)**ぐ** 돈벌다　**稼**(かせ)**がない** 돈벌지 않는다　**稼**(かせ)**がないと** 돈벌지 않으면(벌어야 한다)

1 格好(かっこう)いい 멋지다, 근사하다 (남자 / 물건)

회화체에서는 格好(かっこう)いい에서 う를 빼고 かっこいい로도 쓰인다.

格好(かっこう)いい男(おとこ)	멋진 남자
格好(かっこう)いいけど、頭(あたま)、悪(わる)い。	멋있지만, 머리가 나빠.
格好(かっこう)いいじゃん。	멋지잖아. 근사하잖아.
あの車(くるま)、格好(かっこう)いいね。	저 차 멋지다.
これ、ヨン様(さま)のサイン、格好(かっこう)いい！	이거 욘사마 사인, 멋지다!
格好(かっこう)よく作(つく)る	멋지게 만들다.
格好(かっこう)悪(わる)い	멋없다. (행동/모습) 창피하다
あ、失敗(しっぱい)した。格好(かっこう)悪(わる)い。	아, 실패했다. 창피해.
人(ひと)に見(み)られたら、格好(かっこう)悪(わる)い	남이 보면 창피해.

〈보너스〉

いい男(おとこ)	멋진 남자〈골라보세요!〉
ハンサム	핸섬하다
都会的(とかいてき)	도시적이다
ナイブ	나이브하다, 순진하다
温(ぬく)もりがある	정이 많다, 따스함이 있다
金持(かねも)ち	부자다
優(やさ)しい	착하다, 친절하다, 부드럽다
背(せ)が高(たか)い	키가 크다
無邪気(むじゃき)	천진난만하다
まじめ	성실하다, 근면하다

ようだ(～인 것 같다)		
명사	명사 + の + ようだ まるで夢(ゆめ)のようです。	마치 꿈 같습니다.
な형용사	어간 + な + ようだ 彼(かれ)は真面目(まじめ)なようです。	그는 성실한 것 같습니다.
형용사	원형 + ようだ 日本語(にほんご)は難(むずか)しいようです。	일본어는 어려운 것 같습니다.
동사	원형 + ようだ 教室(きょうしつ)に誰(だれ)かいるようです。	교실에 누군가 있는 것 같습니다.
みたいだ(～인 것 같다)		
명사	명사 + みたいだ まるで夢(ゆめ)みたいです。	마치 꿈 같아요.
な형용사	어간 + みたいだ 彼(かれ)は真面目(まじめ)みたいです。	그는 성실한 것 같아요.
형용사	원형 + みたいだ 日本語(にほんご)は難(むずか)しいみたいです。	일본어는 어려운 것 같아요.
동사	원형 + みたいだ 教室(きょうしつ)に誰(だれ)かいるみたいです。	교실에 누군가 있는 것 같아요.

문장체에서는 주로 ようだ를 사용하고, 회화체에서는 주로 みたいだ를 사용하는데, 용법으로는 비유, 단순한 확정, 불확실한 단정의 용법이 있다.

그 밖에도 ようだ는 みたいだ, 부정형, 과거형, 진행형 등에 다 붙을 수 있다. 많이 연습하자!

思(おも)う (생각하다)	思(おも)うようです。 思(おも)うみたいです。	先生(せんせい) (선생님)	先生(せんせい)のようです。 先生(せんせい)みたいです。
太(ふと)い (굵다)		星(ほし) (별)	
立派(りっぱ)だ (훌륭하다)		減(へ)る (줄다, 감소하다)	
習(なら)いたい (배우고 싶다)	習(なら)いたいようです。 習(なら)いたいみたいです。	平気(へいき)だ (태연하다)	平気(へいき)なようです。 平気(へいき)みたいです。
学生(がくせい) (학생)		きれいだ (예쁘다, 깨끗하다)	
花(はな) (꽃)		熱(あつ)い (뜨겁다)	
着(き)る (입다)		来(く)る (오다)	
暑(あつ)い (덥다)		絵(え) (그림)	

◉ **연습 밑줄 친 곳에 ようだ를 사용해서 알맞은 말을 만드세요.**

雨(あめ)が降(ふ)っているようです。 (降(ふ)っている) 비가 내리고 있는 것 같습니다.

1) あの方(かた)は ＿＿＿＿＿＿＿。 (日本人(にほんじん)) 저 분은 일본인인 것 같습니다.

2) 何回(なんかい)電話(でんわ)しても誰(だれ)も出(で)ませんね。家(うち)には誰(だれ)も ＿＿＿＿＿＿＿ 。

(いません)

몇 번 전화해도 아무도 안 받네요. 집에는 아무도 없는 것 같아요.

3) 部屋(へや)に電気(でんき)がついていますね。誰(だれ)かが ＿＿＿＿＿＿＿。 (います)

방에 불이 켜져 있네요. 누군가가 있는 것 같아요.

4) あの映画(えいが)は人気(にんき)がありますね。＿＿＿＿＿＿＿。 (面白(おもしろ)いです)

저 영화는 인기가 있네요. 재미있는 것 같아요.

5) 日本語(にほんご)は漢字(かんじ)が ＿＿＿＿＿＿＿。 (難(むずか)しいです)

일본어는 한자가 어려운 것 같아요.

6) 父(ちち)は歯(は)が ＿＿＿＿＿＿＿。 (丈夫(じょうぶ)です)

아빠는 이가 튼튼한 것 같아요.

7) お肉(にく)が ＿＿＿＿＿＿＿＿。(好(す)きです) もっと食(た)べてください。

  고기를 좋아하는 것 같아요. 더 드세요.

8) まるで ＿＿＿＿＿＿＿＿。(夢(ゆめ))마치 꿈 같아요.

9) 広(ひろ)い庭(にわ)ですね。まるで ＿＿＿＿＿＿＿＿。(公園(こうえん))

  넓은 정원이네요. 마치 공원 같아요.

10) かわいい赤(あか)ちゃんですね。まるで ＿＿＿＿＿＿＿＿。(天使(てんし))

  귀여운 아기네요. 마치 천사 같아요.

|3| らしい ～인 것 같다

남에게 듣거나 객관적인 기준이 있을 때 사용한다. 객관성을 띤 판단이다.
판단의 근거는 시청각적인 정보를 이용한다. ようだ、そうだ보다 객관적, 논리적이며, 책
임 회피적인 성향이 있다. 과거, 미래에 대해 전부 사용할 수 있으나 '나'에 대해서는 사용하
지 못한다.

명사	명사 + らしい 彼(かれ)は学生(がくせい)らしいです。그는 학생인 것 같아요.
な형용사 (= 형용동사)	な형용사 어간 + らしい 彼女(かのじょ)は元気(げんき)らしいです。그녀는 건강한 것 같아요.
형용사	형용사 + らしい 外(そと)は寒(さむ)いらしいです。밖은 추운 것 같아요.
동사	동사 + らしい 雨(あめ)が降(ふ)っているらしいです。비가 내리는 것 같아요.

※ みたいだ와 공식이 같다.

⊙ 연습 らしい、みたいだ를 사용하여 문장을 완성하세요.

川崎(かわさき)さんは今度(こんど)の連休(れんきゅう)に日本(にほん)へ帰(かえ)る。
카와시키 씨는 이번 연휴 때 일본에 돌아간다.
　A：川崎(かわさき)さんは今度(こんど)の連休(れんきゅう)に日本(にほん)へ帰(かえ)るらしいです。
　B：川崎(かわさき)さん今度(こんど)の連休(れんきゅう)に日本(にほん)へ帰(かえ)るみたいです。

1) 来月(らいげつ)からタクシーの料金(りょうきん)が上(あ)がる。다음달부터 택시요금이 오른다.

A :

B :

2) 金さんはこの頃(ころ)社交(しゃこう)ダンスを習(なら)っている。김상은 요즘 사교댄스를 배우고 있다.

A :

B :

3) 木村(きむら)さんは今日(きょう)会議(かいぎ)があるのを知(し)らなかった。
키무라 씨는 오늘 회의가 있는 것을 몰랐다.

A :

B :

4) 李さんは小説家(しょうせつか)になりたかった。이상은 소설가가 되고 싶었다.

A :

B :

5) あの店(みせ)はパスタで有名(ゆうめい)だ。저 가게는 파스타로 유명하다.

A :

B :

6) あの人(ひと)は山田(やまだ)さんの彼女(かのじょ)だ。저 사람은 야마다 씨의 애인이다.

A :

B :

7) 先週(せんしゅう)はずっと出張(しゅっちょう)だった。저번 주는 내내 출장이었다.

A :

B :

① 저 차 멋지네요. (格好(かっこう)いい)

② 〈ようだ〉 마치 꿈 같아요. (まるで)

③ 〈みたいだ〉 마치 꿈 같아요. (夢(ゆめ))

④ 〈ようだ〉 누군가를 기다리고 있는 것 같아요. (誰(だれ)か)

⑤ 〈みたいだ〉 누군가를 기다리고 있는 것 같아요. (待(ま)っている)

ようだ・そうだ・らしい

	ようだ	そうだ	らしい
	눈으로 보니까 그런 경우	그때의 상황과 들은 정보를 바탕으로 판단했을 때 불확실하지만 그렇게 볼 수도 있는 경우	남에게 듣거나 객관적인 기준이 있을 때. 객관성을 띤 판단
판단의 근거	시청각적인 정보 · 감촉	현장 · 상황을 직접적으로 보고 있는 것	시청각적 정보. ようだ보다 임장감(현장에 있는 듯한 느낌)이 약하다. 전문을 통해 판단한다.
서술태도	직관적인 판단, 일반적인 판단, 화자와 심적 거리가 가깝다.	직관적인 판단	객관적 · 논리적 · 책임 회피적인 성향. 과거, 미래에 대해 다 사용
서술범위	과거와 미래에 걸쳐 전부표현. 이미 체험하고 있는 일	현재 또는 가까운 미래	'나'에 대해서는 사용 못함
確信度	아주 높다	아주 높다	ようだ보다 높지 않다

ようだ

구분	현재	과거	부정	과거부정
명사	学生(がくせい)のようだ	学生だったようだ	学生ではないようだ	学生ではなかったようだ
형용사	寒(さむ)いようだ	寒かったようだ	寒くないようだ	寒くなかったようだ
형용동사	元気(げんき)なようだ	元気だったようだ	元気ではないようだ	元気ではなかったようだ
동사	雨(あめ)が降(ふ)るようだ	雨が降ったようだ	雨が降らないようだ	雨が降らなかったようだ

할 것 같다	するようだ	하지 않을 것 같다	しないようだ
올 것 같다		오지 않을 것 같다	
갈 것 같다		가지 않을 것 같다	
볼 것 같다		보지 않을 것 같다	
먹을 것 같다		먹지 않을 것 같다	
차가울 것 같다		차갑지 않을 것 같다	
한가할 것 같다		한가하지 않을 것 같다	
오늘일 것 같다		오늘이 아닐 것 같다	

했을 것 같다	したようだ	하지 않았을 것 같다	しなかったようだ
왔을 것 같다		오지 않았을 것 같다	
갔을 것 같다		가지 않았을 것 같다	
보았을 것 같다		보지 않았을 것 같다	
먹었을 것 같다		먹지 않았을 것 같다	
차가웠을 것 같다		차갑지 않았을 것 같다	
한가했을 것 같다		한가하지 않았을 것 같다	
오늘이었을 것 같다		오늘이 아니었을 것 같다	

そうだ〈양태 · 추측〉

구분	현재	과거	부정	과거부정
형용사	寒(さむ)そうだ	寒そうだった	寒くなさそうだ	寒くなさそうだった
형용동사	元気(げんき)そうだ	元気そうだった	元気ではなさそうだ	元気ではなさそうだった
동사	雨(あめ)が降(ふ)りそうだ	雨が降りそうだった	雨が降りそうもない	雨が降りそうもなかった

양태 · 추측의 そうだ

- いい →よさそうだ　印象(いんしょう)がよさそうですね。 인상이 좋은 것 같군요.
- ない →なさそうだ　お金(かね)はあまりなさそうだ。 돈이 별로 없는 것 같다.
  　　　　　　　　　忙(いそが)しくなさそうです。 바쁘지 않아 보입니다.
  　　　　　　　　　まじめじゃなさそうです。 성실하지 않을 것 같습니다.
- ます형 + そうだ → そうもない　雨(あめ)が降(ふ)りそうもない。
  　　　　　　　　　　　　　　비가 올 것 같지(도) 않다.
  　歩(ある)けそうもない。 걸을 수 있을 것 같지(도) 않다
- そうだ에 대한 과거의 추측은 없다.
- そうだ는 명사에 접속되어 표현되지 않는다.

할 것 같다	しそうだ	할 것 같지(도) 않다	しそうもない
올 것 같다		올 것 같지(도) 않다	
갈 것 같다		갈 것 같지 않다	
볼 것 같다		볼 것 같지 않다	
먹을 것 같다		먹을 것 같지 않다	
차가울 것 같다		차가울 것 같지 않다	
한가할 것 같다		한가할 것 같지 않다	
오늘일 것 같다	X	오늘일 것 같지 않다	

そうだ〈전문〉

구분	현재	과거	부정	과거부정
명사	学生(がくせい)だそうだ	学生だったそうだ	学生ではないそうだ	学生ではなかったそうだ
형용사	寒(さむ)いそうだ	寒かったそうだ	寒くないそうだ	寒くなかったそうだ
형용동사	元気(げんき)だそうだ	元気だったそうだ	元気ではないそうだ	元気ではなかったそうだ
동사	雨(あめ)が降(ふ)るそうだ	雨が降ったそうだ	雨が降らないそうだ	雨が降らかったそうだ

한다고 한다	するそうだ	하지 않는다고 한다	しないそうだ
온다고 한다		오지 않는다고 한다	
간다고 한다		가지 않는다고 한다	
본다고 한다		보지 않는다고 한다	
먹는다고 한다		먹지 않는다고 한다	
차갑다고 한다		차갑지 않다고 한다	
한가하다고 한다		한가하지 않다고 한다	
오늘이라고 한다		오늘이 아니라고 한다	

했다고 한다	したそうだ	하지 않았다고 한다	しなかったそうだ
왔다고 한다		오지 않았다고 한다	
갔다고 한다		가지 않았다고 한다	
보았다고 한다		보지 않았다고 한다	
먹었다고 한다		먹지 않았다고 한다	
차가웠다고 한다		차갑지 않았다고 한다	
한가했다고 한다		한가하지 않았다고 한다	
오늘이었다고 한다		오늘이 아니었다고 한다	

らしい

구분	현재	과거	부정	과거부정
명사	学生(がくせい)らしい	学生だったらしい	学生ではないらしい	学生ではなかったらしい
형용사	寒(さむ)いらしい	寒かったらしい	寒くないらしい	寒くなかったらしい
형용동사	元気(げんき)らしい	元気だったらしい	元気ではないらしい	元気ではなかったらしい
동사	雨(あめ)が降(ふ)るらしい	雨が降ったらしい	雨が降らないらしい	雨が降らなかったらしい

할 것 같다	するらしい	하지 않을 것 같다	しないらしい
올 것 같다		오지 않을 것 같다	
갈 것 같다		가지 않을 것 같다	
볼 것 같다		보지 않을 것 같다	
먹을 것 같다		먹지 않을 것 같다	
차가울 것 같다		차갑지 않을 것 같다	
한가할 것 같다		한가하지 않을 것 같다	
오늘일 것 같다		오늘이 아닐 것 같다	

했을 것 같다	したらしい	하지 않았을 것 같다	しなかったらしい
왔을 것 같다		오지 않았을 것 같다	
갔을 것 같다		가지 않았을 것 같다	
보았을 것 같다		보지 않았을 것 같다	
먹었을 것 같다		먹지 않았을 것 같다	
차가웠을 것 같다		차갑지 않았을 것 같다	
한가했을 것 같다		한가하지 않았을 것 같다	
오늘이었을 것 같다		오늘이 아니었을 것 같다	

315page ⊙ ようだ、みたいだ

太(ふと)い (굵다)	太(ふと)いようです。 太(ふと)いみたいです。	星(ほし) (별)	星(ほし)のようです。 星(ほし)みたいです。
立派(りっぱ)だ (훌륭하다)	立派(りっぱ)なようです。 立派(りっぱ)みたいです。	減(へ)る (줄다, 감소하다)	減(へ)るようです。 減(へ)るみたいです。
学生(がくせい) (학생)	学生(がくせい)のようです。 学生(がくせい)みたいです。	きれいだ (예쁘다, 깨끗하다)	きれいなようです。 きれいみたいです。
花(はな) (꽃)	花(はな)のようです。 花(はな)みたいです。	熱(あつ)い (뜨겁다)	熱(あつ)いようです 熱(あつ)いみたいです
着(き)る (입다)	着(き)るようです。 着(き)るみたいです。	来(く)る (오다)	来(く)るようです。 来(く)るみたいです。
暑(あつ)い (덥다)	暑(あつ)いようです。 暑(あつ)いみたいです。	絵(え) (그림)	絵(え)のようです。 絵(え)みたいです。

315page ⊙ 연습 밑줄 친 곳에 ようだ를 사용해서 알맞은 말을 만드세요.

1. 日本人(にほんじん)のようです。　　**2.** いないようです。

3. いるようです。　　**4.** 面白(おもしろ)いようです。

5. 難(むずか)しいようです。　　**6.** 丈夫(じょうぶ)なようです。

7. 好(す)きなようです。　　**8.** 夢(ゆめ)のようです。

9. 公園(こうえん)のようです。　　**10.** 天使(てんし)のようです。

316page ⊙ 연습 らしい、みたいだ를 사용하여 문장을 완성하세요.

1. A：来月(らいげつ)からタクシーの料金(りょうきん)が上(あ)がるらしいです。

　　B：来月(らいげつ)からタクシーの料金(りょうきん)が上(あ)がるみたいです。

2. A：金さんはこの頃(ころ)社交(しゃこう)ダンスを習(なら)っているらしいです。

　　B：金さんはこの頃(ころ)社交(しゃこう)ダンスを習(なら)っているみたいです。

3. A：木村(きむら)さんは今日(きょう)会議(かいぎ)があるのを知(し)らなかったらしいです。

　　B：木村(きむら)さんは今日(きょう)会議(かいぎ)あるのを知(し)らなかったみたいです。

4. A：李さんは小説家(しょうせつか)になりたかったらしいです。

　　B：李さんは小説家(しょうせつか)になりたかったみたいです。

5. A : あの店(みせ)はパスタで有名(ゆうめい)らしいです。

    B : あの店(みせ)はパスタで有名(ゆうめい)みたいです。

6. A : あの人(ひと)は山田(やまだ)さんの彼女(かのじょ)らしいです。

    B : あの人(ひと)は山田(やまだ)さんの彼女(かのじょ)みたいです。

7. A : 先週(せんしゅう)はずっと出張(しゅっちょう)だったらしいです。

    B : 先週(せんしゅう)はずっと出張(しゅっちょう)だったみたいです。

318page 🖊 확인학습

1. あの車(くるま)格好(かっこう)いいですね。　　**2.** まるで夢(ゆめ)のようです。

3. まるで夢(ゆめ)みたいです。　　**4.** 誰(だれ)かを待(ま)っているようです。

5. 誰(だれ)かを待(ま)っているみたいです。

319page ⊙ ようだ

올 것 같다	来(く)るようだ	오지 않을 것 같다	来(こ)ないようだ
갈 것 같다	行(い)くようだ	가지 않을 것 같다	行(い)かないようだ
볼 것 같다	見(み)るようだ	보지 않을 것 같다	見(み)ないようだ
먹을 것 같다	食(た)べるようだ	먹지 않을 것 같다	食(た)べないようだ
차가울 것 같다	冷(つめ)たいようだ	차갑지 않을 것 같다	冷(つめ)たくないようだ
한가할 것 같다	暇(ひま)なようだ	한가하지 않을 것 같다	暇(ひま)じゃないようだ
오늘일 것 같다	今日(きょう)のようだ	오늘이 아닐 것 같다	今日(きょう)じゃないようだ

왔을 것 같다	来(き)たようだ	오지 않았을 것 같다	来(こ)なかったようだ
갔을 것 같다	行(い)ったようだ	가지 않았을 것 같다	行(い)かなかったようだ
보았을 것 같다	見(み)たようだ	보지 않았을 것 같다	見(み)なかったようだ
먹었을 것 같다	食(た)べたようだ	먹지 않았을 것 같다	食(た)べなかったようだ
차가웠을 것 같다	冷(つめ)たかったようだ	차갑지 않았을 것 같다	冷(つめ)たくなかったようだ
한가했을 것 같다	暇(ひま)だったようだ	한가하지 않았을 것 같다	暇(ひま)じゃなかったようだ
오늘이었을 것 같다	今日(きょう)だったようだ	오늘이 아니었을 것 같다	今日(きょう)じゃなかったようだ

320page ◉ そうだ(양태·추측)

올 것 같다	来(き)そうだ	올 것 같지(도) 않다	来(き)そうもない
갈 것 같다	行(い)きそうだ	갈 것 같지 않다	行(い)きそうもない
볼 것 같다	見(み)そうだ	볼 것 같지 않다	見(み)そうもない
먹을 것 같다	食(た)べそうだ	먹을 것 같지 않다	食(た)べそうもない
차가울 것 같다	冷(つめ)たそうだ	차가울 것 같지 않다	冷(つめ)たくなさそうだ
한가할 것 같다	暇(ひま)そうだ	한가할 것 같지 않다	暇(ひま)じゃなさそうだ
오늘일 것 같다	×	오늘일 것 같지 않다	今日(きょ)じゃなさそうだ

321page ◉ そうだ(전문)

온다고 한다	来(く)るそうだ	오지 않는다고 한다	来(こ)ないそうだ
간다고 한다	行(い)くそうだ	가지 않는다고 한다	行(い)かないそうだ
본다고 한다	見(み)るそうだ	보지 않는다고 한다	見(み)ないそうだ
먹는다고 한다	食(た)べるそうだ	먹지 않는다고 한다	食(た)べないそうだ
차갑다고 한다	冷(つめ)たいそうだ	차갑지 않다고 한다	冷(つめ)たくないそうだ
한가하다고 한다	暇(ひま)だそうだ	한가하지 않다고 한다	暇(ひま)じゃないそうだ
오늘이라고 한다	今日(きょう)だそうだ	오늘이 아니라고 한다	今日(きょう)じゃないそうだ

왔다고 한다	来(き)たそうだ	오지 않았다고 한다	来(こ)なかったそうだ
갔다고 한다	行(い)ったそうだ	가지 않았다고 한다	行(い)かなかったそうだ
보았다고 한다	見(み)たそうだ	보지 않았다고 한다	見(み)なかったそうだ
먹었다고 한다	食(た)べたそうだ	먹지 않았다고 한다	食(た)べなかったそうだ
차가웠다고 한다	冷(つめ)たかったそうだ	차갑지 않았다고 한다	冷(つめ)たくなかったそうだ
한가했다고 한다	暇(ひま)だったそうだ	한가하지 않았다고 한다	暇(ひま)じゃなかったそうだ
오늘이었다고 한다	今日(きょう)だったそうだ	오늘이 아니었다고 한다	今日(きょう)じゃなかったそうだ

올 것 같다	来(く)るらしい	오지 않을 것 같다	来(こ)ないらしい
갈 것 같다	行(い)くらしい	가지 않을 것 같다	行(い)かないらしい
볼 것 같다	見(み)るらしい	보지 않을 것 같다	見(み)ないらしい
먹을 것 같다	食(た)べるらしい	먹지 않을 것 같다	食(た)べないらしい
차가울 것 같다	冷(つめ)たいらしい	차갑지 않을 것 같다	冷(つめ)たくないらしい
한가할 것 같다	暇(ひま)らしい	한가하지 않을 것 같다	暇(ひま)じゃないらしい
오늘일 것 같다	今日(きょう)らしい	오늘이 아닐 것 같다	今日(きょう)じゃないらしい

왔을 것 같다	来(き)たらしい	오지 않았을 것 같다	来(こ)なかったらしい
갔을 것 같다	行(い)ったらしい	가지 않았을 것 같다	行(い)かなかったらしい
보았을 것 같다	見(み)たらしい	보지 않았을 것 같다	見(み)なかったらしい
먹었을 것 같다	食(た)べたらしい	먹지 않았을 것 같다	食(た)べなかったらしい
차가웠을 것 같다	冷(つめ)たかったらしい	차갑지 않았을 것 같다	冷(つめ)たくなかったらしい
한가했을 것 같다	暇(ひま)だったらしい	한가하지 않았을 것 같다	暇(ひま)じゃなかったらしい
오늘이었을 것 같다	今日(きょう)だったらしい	오늘이 아니었을 것 같다	今日(きょう)じゃなかったらしい

君たち、勉強しないで何してるの？

勉強したくないんです。

そんなに勉強しないと、一生人のお使いしかできないよ。

おじさんみたいに？

第32課

がんばれ！

"내가 니 시다바리가?"

영화 "친구"에 나왔던 유명한 대사 "내가 니 시다바리가?" 라는 말이 있다. 그 이후 시다바리라는 말이 유행어처럼 번졌는데, 이는 일본어의 변형으로서, 下(した)(아래)에서 働(はたら)く(일하다) 즉, 下働(したばたら)き(남의 부하가 되어 일함, 부엌일·허드렛일을 하는 사람)을 말한다. 또는 下(した)っ端(は)(아래쪽, 하급직원)를 가리키는 말인데, 이 단어 그대로 쓰지는 않고, 바꿔서 쓴다. 그대로 사용하면 아마 상당히 기분 나빠할 것이다. 아래의 회화를 잘 이용하자!

リエ　君たち、勉強しないで何してるの?

威・우성　勉強したくないんです。

リエ　そんなに勉強しないと、一生人のお使いしかできないよ。

威・우성　おじさんみたいに?

표 현 연 구

ひょうげん

리에　너희들, 공부 안 하고 뭐해?
다케시·우성　공부하기 싫단 말이에요.
리에　그렇게 공부 안 하면 평생 남의 시다바리나 하게 된다.
다케시·우성　삼촌처럼요?

君(きみ) 너　君(きみ)たち 너희들　勉強(べんきょう)しないで 공부 안하고　何(なに)をしている 무엇을 하고 있다(줄임말 : 何(なに)してる)　勉強(べんきょう)したい 공부하고 싶다　勉強(べんきょう)したくない 공부하고 싶지 않다　そんなに ユ 렇게　勉強(べんきょう)しないと 공부하지 않으면　一生(いっしょう) 평생　人(ひと)のお使(つか)い 남 밑에서 일함　しか ~밖에　できる 가능하다, 할 수 있다　できない 할 수 없다, 불가능하다　おじさん 아저씨, 삼촌, 백부, 이모부　みたい ~같다　みたいに ~처럼

|1| 줄임말

문법을 많이 배워도 회화할 때 줄여서 말을 하면 못 알아듣는다. 간단하게 알아두자. ている를 줄이면 てる가 된다. 드라마를 통해서 가장 많이 듣는 말 愛(あい)してる(사랑해)는 愛(あい)している를 줄여서 쓴 것이다. 과거형도 마찬가지다. 愛(あい)していた(사랑했어)를 줄이면 愛(あい)してた가 되는 것이다.

忘(わす)れている	忘(わす)れてる	잊고 있다
忘(わす)れていた	忘(わす)れてた	잊고 있었다
勉強(べんきょう)している	勉強(べんきょう)してる	공부 하고 있다
勉強(べんきょう)していた	勉強(べんきょう)してた	공부 하고 있었어
寝(ね)ていた?	寝(ね)てた?	자고 있었어?
ずっとやっていたの?	ずっとやってたの?	쭉 하고 있었어?
彼(かれ)もそう言(い)っていたよ	彼(かれ)もそう言(い)ってたよ。	그도 그렇게 말했었어.
待(ま)っていたのに来(こ)なかった	待(ま)ってたのに来(こ)なかった	기다리고 있었는데 안왔어.
ずっと探(さが)していた。	ずっと探(さが)してた。	계속 찾고 있었어.
心配(しんぱい)していたんです。	心配(しんぱい)してたんです。	걱정했었어요.

|2| しか ～밖에

しか 항상 뒤에 부정표현이 온다. 또한 〈동사 + しかありません〉은 달리 방법이 없어 그렇게밖에 할 수 없는 경우에 쓴다.

• 彼(かれ)しか分(わ)からない。 그 사람밖에 모른다. = 그 외에는 모른다.

• 雨(あめ)しか降(ふ)らない。 비밖에 내리지 않는다. = 비만 온다.

• 椅子(いす)は三(みっ)つしかない。 의자는 세 개밖에 없다.

• テーブルは一(ひと)つしかありません。 테이블은 한 개밖에 없어요.

• コップは二(ふた)つしかありません。 컵은 두 개밖에 없습니다.

• 蜂蜜(はちみつ)しか食(た)べないの？ 꿀밖에 안 먹는다고?

• お金(かね)は千円(せんえん)しか持(も)っていない。 돈은 천 엔밖에 가지고 있지 않다.

• 私(わたし)が行(い)くしかありません。 내가 갈 수밖에 없습니다.

彼(かれ)にしか言(い)えない。　彼(かれ)にしか言(い)える。(X)
그에게밖에 말할 수 없다.　　　그에게밖에 말할 수 있다

彼(かれ)だけ知(し)らない。 그만 모른다.

彼(かれ)にだけ言(い)える。 그에게만 말할 수 있다.

彼(かれ)にだけは言(い)えない。 그에게만은 말할 수 없다.

│2│ 家族(かぞく)の名称(めいしょう) 가족명칭

	私の家族	一さんのご家族
할아버지	祖父(そふ)	お祖父(じい)さん
할머니	祖母(そぼ)	お祖母(ばあ)さん
아버지	父(ちち)	お父(とう)さん
어머니	母(はは)	お母(かあ)さん
부모(님)	両親(りょうしん)	ご両親(りょうしん)
형·오빠	兄(あに)	お兄(にい)さん
언니·누나	姉(あね)	お姉(ねえ)さん
남동생	弟(おとうと)	弟(おとうと)さん
여동생	妹(いもうと)	妹(いもうと)さん
형제	兄弟(きょうだい)	ご兄弟(きょうだい)
아들	息子(むすこ)	息子(むすこ)さん
딸	娘(むすめ)	娘(むすめ)さん
자녀	子供(こども)	子供(こども)さん·お子(こ)さん
남편	主人(しゅじん)	ご主人(しゅじん)
아내	家内(かない)	奥(おく)さん
손주	孫(まご)	お孫(まご)さん

川崎(かわさき)たけしさんの家族(かぞく)：父(ちち)·母(はは)·兄(あに)·たけし·妹(いもうと)
→ 川崎(かわさき)さんのご家族(かぞく)は
　　お父(とう)さん、お母(かあ)さん、お兄(にい)さん、たけしさん、妹(いもうと)さんの5人家族(ごにんかぞく)です。

1) 木村(きむら)リエさんの家族(かぞく)：祖母(そぼ)・父(ちち)・母(はは)・リエ・弟(おとうと)・妹(いもうと)

   → 木村(きむら)リエさんのご家族(かぞく)は

2) 人見(ひとみ)なおこさんの家族(かぞく)：祖父(そふ)・祖母(そぼ)・父(ちち)・母(はは)・兄(あに)・なおこ

   → 人見(ひとみ)なおこさんのご家族(かぞく)は

3) 오세민さんの家族(かぞく)：父(ちち)・母(はは)・姉(あね)・세민

   → 오세민さんのご家族(かぞく)は

4) ワンさんの家族(かぞく)：祖父(そふ)・父(ちち)・姉(あね)・兄(あに)・ワン・妹(いもうと)

   → ワンさんのご家族(かぞく)は

4　みたいに、ように ～처럼, みたいな、ような ～와 같은

ようだ、みたいだが 부사적 용법으로 쓰일 때는 ように、みたいに(～처럼)가 되고, 명사를 수식할 때는 ような、みたいな(～와 같은)로 쓰인다.

～처럼	みたいに	ように
바보처럼	馬鹿(ばか)みたいに	
백설공주처럼		白雪姫(しらゆきひめ)のように
럭비공처럼	ラグビーボールみたいに	
일본인처럼		日本人(にほんじん)のように
～와 같은	**みたいな**	**ような**
바보 같은		馬鹿(ばか)のような
백설공주와 같은	白雪姫(しらゆきひめ)みたいな	
럭비공 같은		ラグビーボールのような
일본인과 같은	日本人(にほんじん)みたいな	

- 白雪姫(しらゆきひめ)のようにきれいな顔(かお)

백설공주처럼 예쁜 얼굴

白雪姫(しらゆきひめ)みたいにきれいな顔(かお)

백설공주처럼 예쁜 얼굴

- ラグビーボールのようにどこへ飛(と)ぶか分(わ)かりません。

럭비공처럼 어디로 튈지 몰라요.

ラグビーボールみたいにどこへ飛(と)ぶか分(わ)かりません。

럭비공처럼 어디로 튈지 몰라요.

- まるでモデルのような人(ひと)

마치 모델 같은 사람

まるでモデルみたいな人(ひと)

마치 모델 같은 사람

- あの人(ひと)はうさぎのような耳(みみ)をしています。

저 사람은 토끼 같은 귀를 하고 있어요.

あの人(ひと)はうさぎみたいな耳(みみ)をしています。

저 사람은 토끼 같은 귀를 하고 있어요.

① 잊고 있었어요. (忘(わす)れる)

② 의자는 세 개밖에 없어요. (椅子(いす)、三(みっ)つ)

③ 木村(きむら)씨 가족은 5명입니다. (ご家族(かぞく))

④ 마치 봄같은 날씨예요. (まるで、春(はる)、天気(てんき))

⑤ 공부는 바보처럼 해야해요. (勉強(べんきょう)、馬鹿(ばか))

✿ Exercise | 종합문제
れんしゅうしましょう

✿ 다음 단어를 ひらがな로 써보세요.

1. 座布団 ___________________

2. 終電 ___________________

3. 一生懸命 ___________________

4. 格好 ___________________

5. 車 ___________________

6. 家族 ___________________

7. 君 ___________________

8. 春 ___________________

✿ 다음 단어를 한자로 써보세요.

1. だいじょうぶ ___________________

2. てんきよほう ___________________

3. しけん ___________________

4. あたま ___________________

5. すいえい ___________________

6. えき ___________________

7. ゆめ ___________________

8. にく ___________________

✿ 다음을 작문하세요.

1. 같이 영화 보러 가지 않을래요? ___________________

2. 내일은 맑답니다. ___________________

3. 이 케이크는 맛있다고 합니다. ___________________

4. 비가 올 것 같습니다. (そうだ) ___________________

5. 케이크는 맛있을 것 같습니다. (そうだ) ___________________

6. 마치 꿈 같습니다. (ようだ) ___________________

7. 마치 꿈 같습니다. (みたいだ) ___________________

8. 川崎(かわさき) 씨 가족은 6명입니다. ___________________

9. 의자는 한 개밖에 없습니다. ____________________

10. 백설공주처럼 예쁜 얼굴 ____________________

11. 마치 봄처럼 따뜻합니다. ____________________

12. 사과 같은 얼굴 ____________________

330page ◉ 연습

1. お祖母(ばあ)さん、お父(とう)さん、お母(かあ)さん、リエさん、弟(おとうと)さん、妹(いもうと)さんの六人家族(ろくにんかぞく)です。

2. お祖父(じい)さん、お祖母(ばあ)さん、お父(とう)さん、お母(かあ)さん、お兄(にい)さん、なおこさんの六人家族(ろくにんかぞく)です。

3. お父(とう)さん、お母(かあ)さん、お姉(ねえ)さん、세민さんの四人家族(よにんかぞく)です。

4. お祖父(じい)さん、お父(とう)さん、お姉(ねえ)さん、お兄(にい)さん、ワンさん、妹(いもうと)さんの六人家族(ろくにんかぞく)です。

331page

馬鹿(ばか)のように、白雪姫(しらゆきひめ)みたいに、ラクビーボールのように、日本人(にほんじん)みたいに

馬鹿(ばか)みたいな、白雪姫(しらゆきひめ)のような、ラグビーボールみたいな、日本人(にほんじん)のような

333page ✎ 확인학습

1. 忘(わす)れてたんです。(忘(わす)れていました。)

2. 椅子(いす)は三(みっ)つしかありません。

3. 木村(きむら)さんのご家族(かぞく)は五人(ごにん)です。

4. まるで春(はる)のような(みたいな)天気(てんき)ですね。

5. 勉強(べんきょう)は馬鹿(ばか)のように(馬鹿(ばか)みたいに)しなければなりません。

❀ 다음 단어를 ひらがな로 써보세요.

1. ざぶとん
2. しゅうでん
3. いっしょうけんめい
4. かっこう
5. くるま
6. かぞく
7. きみ
8. はる

❀ 다음 단어를 한자로 써보세요.

1. 大丈夫
2. 天気予報
3. 試験
4. 頭
5. 水泳
6. 駅
7. 夢
8. 肉

❀ 다음을 작문하세요.

1. 一緒(いっしょ)に映画(えいが)を見(み)に行(い)きませんか。
2. 明日(あした)は晴(は)れるそうです。
3. このケーキはおいしいそうです。
4. 雨(あめ)が降(ふ)りそうです。
5. このケーキはおいしそうです。
6. まるで夢(ゆめ)のようです。
7. まるで夢(ゆめ)みたいです。
8. 川崎(かわさき)さんのご家族(かぞく)は六人(ろくにん)です。
9. 椅子(いす)は一(ひと)つしかありません。
10. 白雪姫(しらゆきひめ)のように[みたいに]きれいな顔(かお)
11. まるで春(はる)のように[みたいに]暖(あたた)かいです。
12. りんごのような[みたいな]顔(かお)

今日からここを私だけの　縄張りにしようと思って。

今、何って言ったの？

それは私の勝手だから、これからここを通る時は通過料を

払ってください。

馬鹿！

第33課
がんばれ！

"여기 내 나와바리야."

"내 나와바리 건들지 마라"라면서 무섭게 생긴 사람들이 쓰는 말을 들은 적이 있을 것이다. 지하조직에서 많이 쓰는데, '나와바리'를 침범했다는 것은 맡은 구역에 들어와서 세금을 갈취했다는 뜻이다. 이 縄張(なわば)り는 일본어로 '구역, 할당된 지역'이라는 뜻이다. 縄張(なわば)り의 침입은 곧 전쟁으로 이어진다. 침범하지 말자.

威 （たけし）
今日からここを私だけの 縄張りにしようと思って。

リエ
今、何って言ったの?

威 （たけし）
それは私の勝手だから、これからここを通る時は通過料を払ってください。

リエ
馬鹿!

표 현 연 구　　　　　　ひょうげん

다케시　오늘부터 여기를 나만의 구역으로 할 거야.
리에　너 지금 무슨 말하는 거야?
다케시　내 맘대로 정한 거니까, 이제부터 여기 지나갈 때엔 통행료 내.
리에　으이구, 바보!

今日（きょう）から 오늘부터　ここ 여기　だけ ～만, 뿐　縄張（なわば）り 구역, 지대　しようと 하려고　今（いま）지금　何（なん）って 뭐라고　言（い）ったの 말했어?　勝手（かって）제멋대로　これから 이제부터　通（とお）る 지나다, 통과하다　時（とき）때　通過料（つうかりょう）통행료　払（はら）う 지불하다, 내다　払（はら）ってください 지불해주세요　馬鹿（ばか）바보

문법 | KEY POINT

|1| 의지 · 권유형 ~하자/~해야지

공식은 한 가지이나 뜻은 두 가지다. 5단 동사는 u단을 o단으로 바꾸고 う를 붙여주며, 상 · 하 1단 동사는 る를 빼고 よう를 붙이고, する는 しよう고, 来(く)る는 来(こ)よう다.

동사의 종류	의지 · 권유형
5단 동사	う단 → お단 + う
상 · 하 1단 동사	る를 빼고 よう
カ변격 동사	来(こ)よう
サ변격 동사	しよう

◉ 연습

의미	동사	의지권유형	의미	동사	의지권유형
사다	買(か)う		피우다	吸(す)う	
쓰다	書(か)く		사용하다	使(つか)う	
읽다	読(よ)む		기다리다	待(ま)つ	
보다	見(み)る		이야기하다	話(はな)す	
놀다	遊(あそ)ぶ		하다	*する	
걷다	歩(ある)く		죽다	死(し)ぬ	
쉬다	休(やす)む		나오다	出(で)る	
먹다	食(た)べる		오다	*来(く)る	
수영하다	泳(およ)ぐ		자르다	*切(き)る	
가다	*行(い)く		마시다	飲(の)む	
서두르다	急(いそ)ぐ		듣다	聞(き)く	
자다	寝(ね)る		일하다	働(はたら)く	
일어나다	起(お)きる		돌아오다	*帰(かえ)る	
만나다	会(あ)う		씻다	洗(あら)う	
타다	乗(の)る		걸다	かける	

의지・권유형에 と思(おも)います를 붙이면, '～하려고 합니다(생각합니다)'의 뜻이 된다.

- 明日(あした)から勉強(べんきょう)しようと思(おも)います。 내일부터 공부하려고 합니다.

- 彼(かれ)と付(つ)き合(あ)おうと思(おも)います。 그와 사귀려고 합니다.

- お菓子(かし)を作(つく)ろうと思(おも)います。 과자를 만들려고 합니다.

- 今日(きょう)は家(うち)にいようと思(おも)います。 오늘은 집에 있을 생각입니다.

⊙ **연습**

1) 明日(あした)、山(やま)へ(行(い)ってくる) ＿＿＿＿＿＿＿＿ と思(おも)います。

   내일 산에 다녀오려고 합니다.

2) その話(はなし)を(する) ＿＿＿＿＿＿＿＿ と思(おも)います。 그 이야기를 하려고 합니다.

3) 医者(いしゃ)に(なる) ＿＿＿＿＿＿＿＿ と思(おも)います。 의사가 되려고 합니다.

4) 買物(かいもの)を(する) ＿＿＿＿＿＿＿＿ と思(おも)います。 쇼핑을 하려고 합니다.

5) 早(はや)く(寝(ね)る) ＿＿＿＿＿＿＿＿ と思(おも)います。 일찍 자려고 합니다.

6) 国(くに)へ(帰(かえ)る) ＿＿＿＿＿＿＿＿ と思(おも)います。 고향에 돌아가려고 합니다.

7) 30歳(さい)までには(結婚(けっこん)する) ＿＿＿＿＿＿＿＿ と思(おも)います。

   30살까지는 결혼하려고 합니다.

8) 電話(でんわ)がない生活(せいかつ)は不便(ふべん)なので、携帯(けいたい)を(買(か)う) ＿＿＿＿＿＿＿＿

   と思(おも)います。

   전화가 없는 생활은 불편하기 때문에 휴대폰을 사려고 합니다.

9) 空港(くうこう)に友達(ともだち)を迎(むか)えに(行(い)く) ＿＿＿＿＿＿＿＿ と思(おも)います。

   공항에 친구를 마중 가려고 합니다.

10) 具合(ぐあ)いが悪(わる)いから会社(かいしゃ)を(休(やす)む) ＿＿＿＿＿＿＿＿ と思(おも)います。

   몸이 안 좋아서 회사를 쉬려고 합니다.

| 3 | 自分勝手(じぶんかって), わがまま 버릇없음, 제멋대로, 방자함, 제멋대로 굶, 멋대로 임 |

自分勝手(じぶんかって)와 비슷한 뜻으로 わがまま가 있다. 이것도 알아두자.

わがままな子供(こども)	버릇없는 아이, 멋대로인 아이
わがままなことを言(い)う	버릇없는 말을 하다
わがままなふるまい	제멋대로의 행동
わがままに育(そだ)つ	버릇없이 자라다
わがままを言(い)う	제멋대로 말하다
わがまま、言(い)わないで	멋대로 말하지 마
わがままが通(とぉ)る	멋대로가 통하다(가능하다)

| 4 | 馬鹿(ばか)(바보) 총정리! |

馬鹿(ばか)	바보
大馬鹿(おおばか)	왕바보
馬鹿(ばか)やろう	바보녀석
ばか者(もの)	바보놈
親(おや)ばか	자식 귀여운 것밖에 모르는 부모
ばか、言(い)わないで。	바보 같은 소리 말아요.
ばか、言(い)うな。	바보 같은 소리하지 마!
ばかカップル	닭살커플
ばか、言(い)ってるんじゃない。	바보 같은 소리하고 있는 거 아냐?
ばか、言(い)っちゃ、だめだよ。	바보 같은 소리하면 안 돼.
ばかなことを言(い)う。	바보 같은 소리를 하다
ばかなこと、言(い)わないで。	바보 같은 소리하지 말아요.
なに、ばかなこと、言(い)ってるんだ?	뭘 바보 같은 소리하는 거야?

확인학습

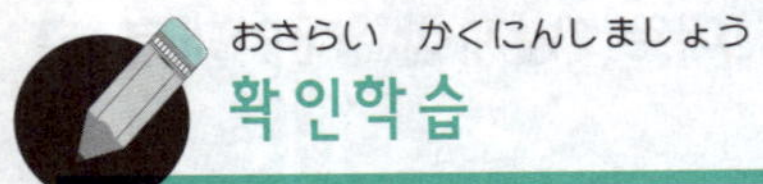

① 집에 가자. (帰(かえ)る)

② 오늘은 일찍 자려고 합니다. (무(はや)く)

③ 열심히 공부해서 의사가 되려고 합니다. (一生懸命(いっしょうけんめい)、医者(いしゃ))

④ 쇼핑을 하려고 합니다. (買物(かいもの))

⑤ 바보 같은 소리하지 말아요. (馬鹿(ばか)、言(いう))

341page ◉ 연습

買(か)う	かおう	吸(す)う	すおう
書(か)く	かこう	使(つか)う	つかおう
読(よ)む	よもう	待(ま)つ	まとう
見(み)る	みよう	話(はな)す	はなそう
遊(あそ)ぶ	あそぼう	*する	しよう
歩(ある)く	あるこう	死(し)ぬ	しのう
休(やす)む	やすもう	出(で)る	でよう
食(た)べる	たべよう	*来(く)る	こよう
泳(およ)ぐ	およごう	*切(き)る	きろう
*行(い)く	いこう	飲(の)む	のもう
急(いそ)ぐ	いそごう	聞(き)く	きこう
寝(ね)る	ねよう	働(はたら)く	はたらこう
起(お)きる	おきよう	*帰(かえ)る	かえろう
会(あ)う	あおう	洗(あら)う	あらおう
乗(の)る	のろう	かける	かけよう

342page ◉ 연습

1. 行ってこよう　**2.** しよう　**3.** なろう　**4.** しよう

5. 寝(ね)よう　**6.** 帰(かえ)ろう　**7.** 結婚(けっこん)しよう　**8.** 買(か)おう

9. 行(い)こう　**10.** 休(やす)もう

344page 확인학습

1. 家(うち)へ帰(かえ)ろう。

2. 今日(きょう)は早(はや)く寝(ね)ようと思(おも)います。

3. 一生懸命(いっしょうけんめい)勉強(べんきょう)して医者(いしゃ)になろうと思(おも)います。

4. 買物(かいもの)をしようと思(おも)います。

5. ばかなこと、言(い)わないで。

暖かくなってもマフラーはする。
何で？
彼女にもらったプレゼントだから、しなかったら彼女に怒られる。

第34課
がんばれ！

"마후라는 꼭 둘러야 해."

'마후라' 하면 이상하게 공군들이 사용하는 빨간 마후라나 영화와 노래로 유명해진 빨간 마후라를 떠올리게 된다. 하지만 사실은 일본어 マフラー(muffler)에서 나온 말이고, 뜻은 '머플러, 목도리'다. '마후라'라고 하면 얇은 천으로 된, 여자들이 멋을 내기 위해 두르는 것을 뜻하는 것 같고, 목도리라고 하면 겨울에 하는 목도리 같지만, マフラー는 양쪽 다 쓰인다.

がんばれ！

うせい 暖（あたた）かくなってもマフラーはする。

たけし
威 何（なん）で？

うせい 彼女（かのじょ）にもらったプレゼントだから、しなかったら彼女（かのじょ）に怒（おこ）ら

れる。

표현연구

우성   따뜻해져도 머플러는 할 거야.
다케시 왜?
우성   그녀한테 받은 선물이니까 안 하면 혼나.

暖（あたた）かい 따뜻하다　暖（あたた）かくなる 따뜻해지다　暖（あたた）かくなっても 따뜻해져도　マフラー 머플러　マフラーはする 머플러는 한다, 두른다　何（なん）で？ 왜? 어째서?　彼女（かのじょ）に 그녀에게　もらう 받다　もらったプレゼント 받은 선물　だから 〜이기 때문에　しない 하지 않는다　しなかったら 하지 않으면　怒（おこ）られる 혼난다

|1| 가정형 ば、と、たら、なら

가정형은 ば、と、たら、なら 등의 여러 가지 형태가 쓰인다. 일본인들도 명확하게 구분할 수 없는 부분이라 딱히 어떻게 구별해서 쓴다고는 말할 수 없지만, 아래에 적어 놓은 것들을 유심히 살펴보자. 이해가 될 것이다. 잘 모르겠거든 たら를 쓰자. 90% 이상이 たら의 형태다.

1. ば ～한다면

형용사	어간 + ければ	大(おお)きい → 大(おお)きければ
형용동사	어간 + ならば	親切(しんせつ)だ → 親切(しんせつ)ならば
동사	う단 → え단 + ば	行(い)く → 行(い)けば

가정형 ば는 머리나 마음속에서 그리는 상상의 세계다. 따라서 실제로 발생한 일(기정사실)은 표현할 수 없다. 항상 もし(= if)의 세계이므로 문장 끝에서 완료형을 쓸 수 없다.

예 新幹線(しんかんせん)は東京駅(とうきょうえき)に着(つ)くと/着(つ)いたら(도착하더니)5分間(ごふんかん)停車(ていしゃ)した。着(つ)けば(✕) 신칸센은 동경역에 도착해서 5분간 정차했다.
デパートへ行(い)けば先生(せんせい)に会(あ)いました。(✕)
デパートへ行(い)ったら先生(せんせい)に会(あ)いました。백화점에 갔더니 선생님을 만났습니다.
山(やま)に登(のぼ)れば、海(うみ)が見(み)えた。(✕)
山(やま)に登(のぼ)ったら、海(うみ)が見(み)えた。산에 올라갔더니 바다가 보였다.

but) あの映画(えいが)を見(み)れば、いいだろうに。(○) 저 영화를 보면 좋을 텐데.
あの映画(えいが)は見(み)れば、よかっただろうに。(○) 저 영화는 보면 좋았을 텐데.
もっと早(はや)く起(お)きればよかった。(○) 더 일찍 일어났으면 좋을 뻔했다.

ば는 앞절이 상태성의 〈ある/いる/できる/가능형〉이나 형용사일 때는 ～たら와 마찬가지로 뒷절에서 의지·의뢰·의무·희망 등을 쓸 수 있지만, 동작성 의지 동사일 때는 쓸 수 없다.

※ 의지표현을 쓸 수 없는 경우

• 田中(たなか)さんに会(あ)ったら、よろしく伝(つた)えてください。
타나까 씨를 만나면, 안부 전해주세요.

• 宝(たから)くじが当(あ)たったら、世界旅行(せかいりょこう)がしたい。
복권에 당첨되면 세계여행을 하고싶다.

※ 의지표현을 쓸 수 있는 경우

• お金(かね)があったら [あれば] 家(いえ)が買(か)いたい。
돈이 있다면 집을 사고 싶다.

• できたら [できれば] 私(わたし)にお金(かね)を貸(か)してください。
가능하면 나에게 돈을 빌려주세요.

• 安(やす)かったら [安(やす)ければ] 買(か)うつもりです。
싸면 살 생각이에요.

• 悲(かな)しかったら [悲(かな)しければ] 思(おも)いきり泣(な)けばいい。
슬프면 마음껏 울면 돼.

◉ 연습

1) 과일이 싸면 삽니다. (果物(くだもの))

2) 날씨가 좋으면 외출합니다. (天気(てんき)、出(で)かける)

3) 시간이 있다면 영화를 보고 싶습니다. (時間(じかん)、映画(えいが))

4) 이 약을 먹으면 낫겠지요. (薬(くすり)、治(なお)る)

5) 많이 먹으면 살찝니다. (食(た)べすぎる、太(ふと)る)

2. と ～하면, ～하니까

습관이나 필연적 결과 · 확정적 사실을 나타낼 때

동사	기본형 + と	行(いく → 行(いくと
형용사	기본형 + と	高(たか)い → 高(たか)いと
형용동사	기본형 + と	元気(げんき)だ → 元気(げんき)だと
명사	～だ + と	雨(あめ) → 雨(あめ)だと

습관 ― 彼(かれ)は家(いえ)に帰(かえ)ると、パソコンに向(む)かってる。
　　　　그는 집에 돌아가면, 컴퓨터를 향한다.

자연현상 ― 春(はる)になると、暖(あたた)かくなります。
　　　　봄이 되면 따뜻해집니다.

객관적 사실 ― 右(みぎ)に曲(ま)がると、駅(えき)があります。
　　　　우회전하면 역이 있어요.

기정사실 · 과거 ― 日(ひ)が沈(しず)むと、急(きゅう)に寒(さむ)くなった。
　　　　해가 떨어지자 갑자기 추워졌다.

발견 ― 家(いえ)に帰(かえ)ると、手紙(てがみ)が来(き)ていた。
　　　　집에 돌아가니 편지가 와 있었다.

※ 의지표현이 불가능한 と

とは 필연 · 확정적인 사실의 세계이므로 의뢰(てください)나 의무(なければなりません), 권고(方(ほう)がいい), 희망(たいです), 권유(ませんか、ましょうか), 의지(つもり) 등 인간의 의지나 감정과 관계된 표현은 문장 끝에 올 수 없다.

1) 1에 2를 더하면 3이 됩니다. (足(た)す)

2) 5에서 3을 빼면 2가 됩니다. (引(ひ)く)

3) 5에 3을 곱하면 15가 됩니다. (かける)

4) 15를 3으로 나누면 5가 됩니다. (割(わ)る)

5) 여름이 되면 더워진다. (夏(なつ)、暑(あつ)い)

6) 커피에 우유를 넣으면 달아진다. (コーヒー、ミルク、入(い)れる、甘(あま)い)

7) 아침에 일어나면 항상 샤워를 합니다. (朝(あさ)、起(お)きる、いつも、シャワーを浴(あ)びる)

8) 봄이 되면 꽃이 핍니다. (春(はる)、花(はな)が咲(さ)く)

9) 이 길을 곧장 가면 병원이 보입니다. (道(みち)、まっすぐ、病院(びょういん)、見(み)える)

3. なら ~한다면〈중고할 때 많이 쓰임. 과거 못 옴〉

형용사	기본형 + なら	大(おお)きい → 大(おお)きいなら
형용동사	어간 + なら	親切(しんせつ)だ → 親切(しんせつ)なら
동사	기본형 + なら	行(い)く → 行(い)くなら
명사	명사 + なら	日本語(にほんご) → 日本語(にほんご)なら

1) 약을 먹으려면 식후가 좋습니다. (薬(くすり)を飲(の)む、食後(しょくご))

2) 술을 마신다면 맥주로 하겠습니다. (お酒(さけ)を飲(の)む、ビール)

3) 그녀가 좀 더 친절하다면 좋겠습니다. (もう少(すこ)し、親切(しんせつ))

4) 일본에 간다면 후지산에 가보세요. (富士山(ふじさん))

4. たら ～한다면

형용사	어간 + かったら	大(おお)きい → 大(おお)きかったら
형용동사	어간 + だったら	親切(しんせつ)だ → 親切(しんせつ)だったら
동사	て형 + たら	行(い)く → 行(い)ったら
명사	명사 + だったら	雨(あめ) → 雨(あめ)だったら

たら는 개별적 · 우발적으로 성립하는 것이나 의지 · 권유 · 명령 · 금지 · 희망 같은 인위적인 세계를 나타내고, 추측에도 쓰인다. 회화에서의 추측 표현은 ば가 더 많이 쓰인다. 문장 끝에서 의지나 감정과 관련된 표현을 쓸 때는 たら가 제격이다. 잘 모르겠거든 90% 이상이 たら다.

예 (もし)ボーナスが出(で)たら、 (만약에) 보너스가 나오면,
　　パソコンを買(か)います。(미래) 컴퓨터를 사겠습니다.
　　パソコンを買(か)ってください。(의뢰) 컴퓨터를 사 주세요.
　　パソコンを買(か)いましょう。(의지) 컴퓨터를 삽시다.

각 품사의 과거형에 접속된다. 뒤에 과거형이 올 수 있다. 단 해석은 '～했더니'로 한다.

1) 밥을 먹었더니 살쪘습니다. (ご飯(はん)、太(ふと)る)

2) 집에 갔더니 친구가 와 있었다. (帰(かえ)る、友達(ともだち))

3) 집에 돌아오면 공부해라. (勉強(べんきょう))

4) 돈이 있으면 빌려주세요. (お金(かね)、貸(か)す)

5) 한가하면 같이 놀러 갑시다. (暇(ひま)だ、一緒(いっしょ)に、遊(あそ)ぶ)

6) 이 약을 먹으면 어떻습니까. (薬(くすり)を飲(の)む)

⊙ ば、たら、なら、と 연습

	すくない 적다	とぶ 날다
ば	すくなければ	とべば
と	すくないと	とぶと
たら	すくなかったら	とんだら
なら	すくないなら	とぶなら
らくだ 편하다	やわらかい 부드럽다	はしる 달리다
らくならば		
らくだと		
らくだったら		
らくなら		
ざんねんだ 유감이다	せまい 좁다	つくる 만들다
へいきだ 태연하다	みじかい 짧다	いれる 넣다
まじめだ 성실하다	しょっぱい 짜다	はなす 이야기하다
しずかだ 조용하다	やさしい 착하다, 상냥하다	いく 가다

⊙ 가정조건 −ば、−と、−たら、−なら

ば	1) 과거형에는 접속되지 않으며 뒤에도 과거형을 사용할 수 없다.
	2) 동작을 나타내는 동사에 접속된 경우, 뒤에 의지·명령·의뢰·금지·권유·충고·희망의 의미를 갖는 표현을 사용할 수 없다.
と	1) 과거형에는 접속되지 않는다.
	2) 뒤에 의지·명령·의뢰·금지·권유·충고·희망의 의미를 갖는 표현은 사용할 수 없다.
たら	1) AたらBだ는 A가 행해진 후에 B의 상황이 일어난다는 의미로, 뒤에는 어떠한 의미의 문장을 사용해도 상관없다. 거의 대부분이 たら다. 모르면 たら를 쓰자!
なら	1) たら와는 시간의 전후가 반대다. AならBだ는 A가 행해지기 전에 B가 우선이라는 의미다.
	2) 또 화제를 제시하거나 상대방이 한 말을 조건(전제)으로 할 경우에도 사용한다.

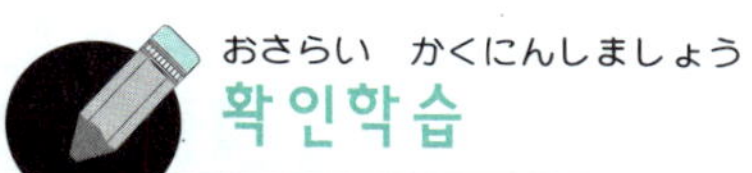

확인학습
おさらい　かくにんしましょう

① (ば) 먹어보고 맛있으면 사겠습니다. (食(た)べてみる、おいしい、買(か)う)

② (と) 1에 2를 더하면 3이 됩니다. (足(た)す)

③ (たら) 집에 갔더니 친구가 와 있었다. (帰(かえ)る、友達(ともだち))

④ (なら) 일본어라면 오 선생님이 최고예요. (日本語(にほんご)、一番(いちばん))

⑤ (たら) 돈이 있으면 빌려주세요. (お金(かね)、貸(か)す)

350page ⊙ 연습

1. 果物(くだもの)が安(やす)ければ買(か)います。

2. 天気(てんき)がよければ出(で)かけます。

3. 時間(じかん)があれば映画(えいが)が見(み)たいです。

4. この薬(くすり)を飲(の)めば治(なお)るでしょう。

5. 食(た)べすぎれば太(ふと)ります。

351page ⊙ 의지표현이 불가능한 と

1. 一(いち)に二(に)を足(た)すと三(さん)になります。

2. 五(ご)から三(さん)を引(ひ)くと二(に)になります。

3. 五(ご)に三(さん)をかけると十五(じゅうご)になります。

4. 十五(じゅうご)を三(さん)に割(わ)ると五(ご)になります。

5. 夏(なつ)になると暑(あつ)くなる。

6. コーヒーにミルクを入(い)れると甘(あま)くなる。

7. 朝(あさ)起(お)きるといつもシャワーを浴(あ)びます。

8. 春(はる)になると花(はな)が咲(さ)きます。

9. この道(みち)をまっすぐ行(い)くと病院(びょういん)が見(み)えます。

352page ⊙ なら

1. 薬(くすり)を飲(の)むなら食後(しょくご)がいいです。

2. お酒(さけ)を飲(の)むならビールにします。

3. 彼女(かのじょ)がもう少(すこ)し親切(しんせつ)ならいいです。

4. 日本(にほん)へ行(い)くなら富士山(ふじさん)へ行(い)ってみなさい。

353page ⊙ たら

1. ご飯(はん)を食(た)べたら太(ふと)りました。

2. 家(うち)へ帰(かえ)ったら友達(ともだち)が来(き)ていました。

3. 家(うち)へ帰(かえ)ったら勉強(べんきょう)しなさい。

4. お金(かね)があったら貸(か)してください。

5. 暇(ひま)だったら一緒(いっしょ)に遊(あそ)びに行(い)きましょう。

6. この薬(くすり)を飲(の)んだらどうですか。

354page ⊙ ば、たら、なら、と 連習

らくだ 편하다	やわらかい 부드럽다	はしる 달리다
らくならば	やわらかければ	はしれば
らくだと	やわらかいと	はしると
らくだったら	やわらかかったら	はしったら
らくなら	やわらかいなら	はしるなら
ざんねんだ 유감이다	せまい 좁다	つくる 만들다
ざんねんならば	せまければ	つくれば
ざんねんだと	せまいと	つくると
ざんねんだったら	せまかったら	つくったら
ざんねんなら	せまいなら	つくるなら
へいきだ 태연하다	みじかい 짧다	いれる 넣다
へいきならば	みじかければ	いれれば
へいきだと	みじかいと	いれると
へいきだったら	みじかかったら	いれたら
へいきなら	みじかいなら	いれるなら
まじめだ 성실하다	しょっぱい 짜다	はなす 이야기하다
まじめならば	しょっぱければ	はなせば
まじめだと	しょっぱいと	はなすと
まじめだったら	しょっぱかったら	はなしたら
まじめなら	しょっぱいなら	はなすなら
しずかだ 조용하다	やさしい 착하다, 상냥하다	いく 가다
しずかならば	やさしければ	いけば
しずかだと	やさしいと	いくと
しずかだったら	やさしかったら	いったら
しずかなら	やさしいなら	いくなら

1. 食(た)べてみて、おいしければ買(か)います。

2. 一(いち)に二(に)を足(た)すと三(さん)になります。

3. 家(うち)へ帰(かえ)ったら友達(ともだち)が来(き)ていた。

4. 日本語(にほんご)なら呉先生(せんせい)が一番(いちばん)です。

5. お金(かね)があったら貸(か)してください。

夏にノースリーブを着るためにダイエットしよう。
どうやってダイエットするの？
最近流行っているヨーガ（ヨガ）はどう？
いや、私、逆立なんかできない。

第 **35** 課
がんばれ！

"다이어트해서 소데나시 입고 싶어."

민소매 옷을 가리켜 '소데나시'라는 말을 많이 쓴다. 이는 일본어로서 袖(そで)(소매)와 無(な)し(없다)라는 두 단어가 합쳐진 말로서 '소매가 없음' 즉 '소매 없는 옷'을 뜻한다. 우리나라에서는 袖無(そでな)し라는 말을 자연스레 쓰지만, 정작 일본에서는 袖無(そでな)し보다는 ノースリーブ라는 말을 더 많이 쓴다.

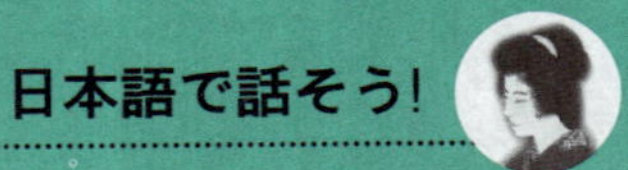

ノースリーブを着るためにダイエットしよう。

リエ　夏にノースリーブを着るためにダイエットしよう。

威(たけし)　どうやってダイエットするの?

最近流行っているヨーガ(ヨガ)はどう?

リエ　いや、私、逆立なんかできない。

표현연구

ひょうげん

리에　여름에 소데나시 입기 위해 다이어트해야지.
다케시　어떻게 다이어트할 건데?
　　　　최근 유행하고 있는 요가는 어때?
리에　아니, 나, 물구나무서기 같은 거 못해.

夏(なつ) 여름　ノースリーブ 소매 없는 옷　着(き)る 입다　ために ~를 위해서, ~ 때문에　ダイエット 다이어트　する 하다　しよう 하자, 해야지　どうやって 어떻게, 어떻게 해서　最近(さいきん) 최근　流行(はや)る 유행하다　流行(はや)ってる 유행하고 있다(=流行(はや)っている)　ヨーガ 요가(= ヨガ)　どう 어때?　いや 아니, 싫어　逆立(さかだち) 물구나무서기　なんか ~ 같은 거, 따위　できる 가능하다, 할 수 있다　できない 못한다, 불가능하다

│1│ ために ～를 위해서, ～ 때문에

ために는 회화체나 문장체 모두 많이 쓰이는 표현이다. 명사, な형용사(= 형용동사), 형용사, 동사뿐 아니라 과거형, 부정형, 진행형에도 쓰인다.

ために	
명사	명사 + の + ために
な형용사(= 형용동사)	어간 + な + ために
형용사	형용사 + ために
동사	동사 + ために

- お金(かね)を儲(もう)けるために 돈을 벌기 위해서

- 友達(ともだち)に会(あ)うために 친구를 만나기 위해서

- あなたのために 당신을 위해서

- 友達(ともだち)のために 친구를 위해서

〈1〉 목적 : ～하기 위해서

- 人(ひと)は生(い)きるために食(た)べます。
  사람은 살기 위해서 먹습니다.

- 私(わたし)は家族(かぞく)のために働(はたら)いています。
  나는 가족을 위해서 일합니다.

〈2〉 이유 : ～ 때문에

- バスが遅(おく)れたために、遅刻(ちこく)しました。
  버스가 늦었기 때문에 지각했습니다.

- 病気(びょうき)のため、会社(かいしゃ)を休(やす)みました。
  병 때문에 회사를 쉬었습니다.

- 私(わたし)は韓国(かんこく)からコンピューターの勉強(べんきょう)をするために

  日本(にほん)へ来(き)ました。
  저는 한국에서 컴퓨터를 공부하기 위해서 일본에 왔습니다.

- 私(わたし)は日本語(にほんご)を習(なら)うために日本語(にほんご)の学院(がくいん)に通(か

  よ)っています。
  저는 일본어를 배우기 위해서 일본어 학원에 다니고 있습니다.

- 明日(あした)早(はや)く起(お)きるために今夜(こんや)は早(はや)く寝(ね)るつもりです。
  내일 일찍 일어나기 위해서 오늘밤에는 일찍 잘 생각입니다.

- 私(わたし)は今(いま)彼(かれ)に電話(でんわ)をかけるために番号(ばんごう)を探(さが)して

  いるところです。
  나는 지금 그에게 전화를 걸기 위해서 번호를 찾고 있는 중입니다.

- 最近(さいきん)は健康(けんこう)のために運動(うんどう)をする人(ひと)が増(ふ)えている

  らしいです。
  최근에는 건강을 위해서 운동을 하는 사람이 늘고 있는 것 같습니다.

- 私(わたし)は会社(かいしゃ)のためにいつも最善(さいぜん)を尽(つ)くしてきました。
  나는 회사를 위해서 항상 최선을 다 해왔습니다.

- 今度(こんど)の試験(しけん)のために一年前(いちねんまえ)から準備(じゅんび)してきました。
  이번 시험을 위해서 1년 전부터 준비해왔습니다.

- いい会社(かいしゃ)に入(はい)るために頑張(がんば)っています。
  좋은 회사에 들어가기 위해서 노력하고 있습니다.

◉ **보기와 같이 문장을 만드세요.**

川崎(かわさき) / 家族(かぞく) / 働(はたら)く　카와사키 씨는 가족을 위해서 일합니다.
→ 川崎(かわさき)さんは家族(かぞく)のために働(はたら)きます。

1) 家(いえ) / 買(か)う / 貯蓄(ちょちく)する　집을 사기 위해서 저축합니다.

  →
  ....

2) 木村(きむら) / 成功(せいこう) / 頑張(がんば)る　키무라 씨는 성공을 위해 노력합니다.

  →
  ....

3) 健康(けんこう) / タバコ / 止(や)める　건강을 위해 담배를 끊습니다.

  →
  ....

4) 成績(せいせき) / 上(あ)げる / 努力(どりょく)する   성적을 올리기 위해 노력합니다.

　　→

5) ダイエット / 野菜(やさい) / 食(た)べる   다이어트를 위해 야채를 먹습니다.

　　→

| 2 |　S ＋ なんか ~같은 것/~ 따위/~같은 사람

英語(えいご)なんか、大嫌(だいきら)いです。	영어 같은 거 너무 싫어요.
逆立(さかだち)なんか、できないよ。	물구나무서기 같은 거 못해요.
あなたなんか、大嫌(だいきら)いです。	당신 같은 사람 너무 싫어요.
あなたなんか、顔(かお)も見(み)たくない。	당신 같은 사람 꼴도 보기 싫어요.
あなたなんか、信用(しんよう)できない。	당신 같은 사람 신용 못해요.
あなたなんか、もうあきれたわ。	당신 같은 사람 이제 질렸어요.
あなたなんか、最低(さいてい)よ。	당신 같은 사람 저질이야.
あなたなんか、お荷物(にもつ)だよ。	당신 같은 사람 짐스런 존재야.

| 3 |　〈종합〉て、た、たり、たら의 연습

품사		て (하고, 이고, 해서)	た (~였다, 했다)	たり (~이기도하고)	たら (~하면)
명사 · な형용사		で	だった	だったり	だったら
형용사		い 빼고→くて	い 빼고→かった	い 빼고→かったり	い 빼고→かったら
예외		いい→よくて	いい→よかった	いい→よかったり	いい→よかったら
동 사	5단 동사	う、つ、る→って ぬ、む、ぶ→んで く→いて ぐ→いで す→して	う、つ、る→った ぬ、む、ぶ→んだ く→いた ぐ→いだ す→した	う、つ、る→ったり ぬ、む、ぶ→んだり く→いたり ぐ→いだり す→したり	う、つ、る→ったら ぬ、む、ぶ→んだら く→いたら ぐ→いだら す→したら
	예외	行く→行って	行く→行った	行く→行ったり	行く→行ったら
	상하 1단 동사	る를 빼고 て	る를 빼고 た	る를 빼고 たり	る를 빼고 たら
	来る	来て	来た	来たり	来たら
	する	して	した	したり	したら

단어	연습	의미	연습	의미
会社員(かいしゃいん)	会社員で	회사원이고	会社員だったり	회사원이기도 하고
	会社員だった	회사원이었다	会社員だったら	회사원이면
真面目(まじめ)だ	真面目で	성실하고	真面目だったり	성실하기도 하고
	真面目だった	성실했다	真面目だったら	성실하면
忙(いそが)しい	忙しくて	바쁘고	忙しかったり	바쁘기도 하고
	忙しかった	바빴다	忙しかったら	바쁘면
読(よ)む	読んで	읽고	読んだり	읽기도 하고
	読んだ	읽었다	読んだら	읽으면

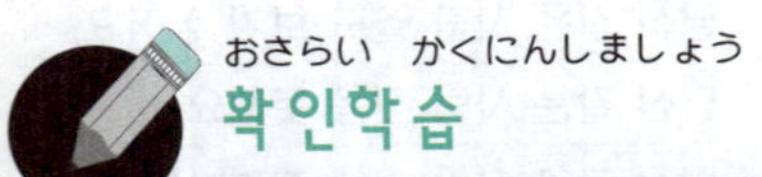

확인학습

① 살기 위해서 먹습니다. (生(い)きる)

② 가족을 위해서 일합니다. (家族(かぞく)、働(はたら)く)

③ 데이트를 하기 위해서 다이어트를 합니다. (デート、ダイエット)

④ 물구나무서기 따위는 못해요. (逆立(さかだち))

⑤ 당신 같은 사람, 너무 싫어요. (大嫌(だいきら)いだ)

362page ◉ 보기와 같이 문장을 만드세요.

1. 家(いえ)を買(か)うために貯蓄(ちょちく)します。

2. 木村(きむら)さんは成功(せいこう)のために頑張(がんば)ります。

3. 健康(けんこう)のためにタバコを止(や)めます。

4. 成績(せいせき)を上(あ)げるために努力(どりょく)します。

5. ダイエットのために野菜(やさい)を食(た)べます。

364page 확인학습

1. 生(い)きるために食(た)べます。

2. 家族(かぞく)のために働(はたら)きます。

3. デートをするためにダイエットをします。

4. 逆立(さかだち)なんかできないよ。

5. あなたなんか、大嫌(だいきら)いです。

わさび、もう少しどうですか。
はい、たくさんへください。
これくらいでいいですか。
こんなにたくさんもらっていいですか。

第 **36** 課
がんばれ！

"**와사비** 좀 더 주세요."

너무나 자연스럽게 사용되는 '와사비', 이는 일본어 **わさび**를 뜻하는 말이고, 우리나라 말로는 **'고추냉이 양념'이 맞을 것이다.** わさび의 마음을 아는가? わさび는 특이한 음식이다. 그 한 가지만으로는 먹을 수 없고, 초밥이나 회랑 같이 먹어야 가치가 생기기 때문이다. 결코 나서는 일 없이 뒤에서 조용히 다른 것을 돕는다. 어쩌면, わさび와 회, 초밥은 천생연분이라 같이 있어야만 가치가 생기는지도 모르겠다.

わさび、もう少しください。

リエ　　わさび、もう少しどうですか。

威（たけし）　　はい、たくさんください。

リエ　　これくらいでいいですか。

威（たけし）　　こんなにたくさんもらっていいですか。

표 현 연 구

리에　와사비 더 드릴까요?
다케시　네, 듬뿍 주세요.
리에　이 정도면 될까요?
다케시　이렇게나 많이 받아도 될까요(주셔도 되는 거예요)?

わさび 와사비, 고추냉이 양념　**もう少(すこ)し** 조금 더　**たくさん** 많이　**くれる** 주다　**くださいます** 주십니다　**ください** 주세요　**これくらいで** 이 정도로　**こんなに** 이렇게　**もらう** 받다　**もらって(も)いいですか** 받아도 됩니까?

문법 | KEY POINT

| 1 | やりもらい 주고받기

반말	기본형	경어
やる(주다)	나 → 남(주다) あげる	さしあげる(드리다)
やりました	あげました	さしあげました
	남 → 내(주다) くれる	くださる(주시다)
	くれました	くださいました
	받다 → もらう	いただく(받다)
	もらいました	いただきました

일본어에서 다른 사람이 자기나 자기 쪽 사람한테 물건을 주는 동작에는 くれる를 쓰며, 자기나 자기 쪽 사람이 다른 사람이나 다른 쪽 사람한테 물건을 주는 동작은 やる로 표현한다. 주로 やる는 자기자식이나, 동물, 식물에 많이 쓰이고 やる보다 겸손한 말이 あげる인데, あげる는 손아랫사람부터 손윗사람들까지 다양하게 쓰인다. 가장 겸손한 말은 さしあげる다. あげる는 현대 일본어에 있어서 대등한 관계나 손아랫사람에게 주는 동작에 쓰고, 손윗사람에게 '드린다'고 할 때는 あげる보다는 さしあげる를 쓴다.

- 山田(やまだ)さんがセーターをくれました。
  야마다 씨가 스웨터를 주었습니다.

- 私(わたし)は母(はは)に花(はな)をあげました。
  나는 엄마께 꽃을 드렸습니다.

- 私(わたし)は金さんにプレゼントをもらいました。
  나는 김상에게 선물을 받았습니다.

- 私(わたし)は息子(むすこ)にお菓子(かし)をやりました。
  나는 아들에게 꽃을 주었습니다.

- きれいなバッジですね。
  예쁜 배지군요.

  友(とも)だちのお父(とう)さんにもらったものです。
  친구 아버지로부터 받은 거예요.

• 何(なん)のバッジですか。
무슨 배지예요? 무슨 배지입니까?

ソウルオリンピックを記念(きねん)するバッジです。
서울올림픽을 기념하는 배지예요.

• お母(かあ)さんの誕生日(たんじょうび)に何(なに)を あげましたか。
엄마 생일에 무엇을 드렸어요?

花(はな)をあげました。
꽃을 드렸습니다.

• 去年(きょねん)のクリスマスに何(なに)をもらいましたか。
작년 크리스마스 때 무엇을 받았습니까?

ネクタイと本(ほん)をもらいました。
넥타이랑 책을 받았습니다.

• あの犬(いぬ)にお菓子(かし)をやっても いい？
저 개에게 과자를 주어도 돼?

いいえ。あそこに えさをやってはいけないと書(か)いてありますよ。
아니요, 저기에 먹이를 주어서는 안 된다고 적혀 있어요.

• その時計(とけい)素敵(すてき)ですね。
그 시계 멋지네요.

ありがとうございます。誕生日(たんじょうび)に父(ちち)にもらいました。
고맙습니다. 생일 때 아버지한테 받았습니다.

• おいしいコーヒーですね。
맛있는 커피네요.

ええ、山田(やまだ)さんにもらいました。ブラジルの コーヒーです。
네, 야마다 씨한테 받았어요. 브라질산 커피예요.

◉ 연습1

私(わたし)は友達(ともだち)に花(はな)を(上(あ)げました)。나는 친구에게 꽃을 주었습니다.

1) 私(わたし)は先生(せんせい)に本(ほん)を(　　　　　　）。나는 선생님께 책을 드렸습니다.

2) 私(わたし)は同僚(どうりょう)にりんごを(　　　　　　）。나는 동료에게 사과를 주었습니다.

3) 私(わたし)は先生(せんせい)に[から]本(ほん)を (　　　　　　)。 나는 선생님으로부터 책을 받았습니다.

4) 私(わたし)は同僚(どうりょう)に[から]りんごを (　　　　　　)。 나는 동료로부터 사과를 받았습니다.

5) 友達(ともだち)は私(わたし)の弟(おとうと)にチョコレートを(　　　　　)。

　　친구는 내 남동생에게 초콜릿을 주었습니다.

6) 先生(せんせい)は私(わたし)の妹(いもうと)にチョコレートを(　　　　　)。

　　선생님은 내 여동생에게 초콜릿을 주셨습니다.

◉ 연습2 보기처럼 바꿔보세요.

1) 先生(せんせい)、私(わたし)の妹(いもうと)、ペン　 선생님은 내 여동생에게 펜을 주셨습니다.

　　→

　　私(わたし)、妹(いもうと)、ペン　 나는 여동생에게 펜을 주었습니다.

　　→

2) 私(わたし)、先生(せんせい)、本(ほん)　 나는 선생님께 책을 드렸습니다.

　　→

　　私(わたし)、友達(ともだち)、本(ほん)　 나는 친구에게 책을 주었습니다.

　　→

3) 川崎(かわさき)さんの彼女(かのじょ)、川崎(かわさき)さん、花(はな)

카와사키 씨 애인은 카와사키한테 꽃을 받았습니다.

→

4) お医者(いしゃ)さん、金さん、薬(くすり)　의사선생님은 김상에게 약을 주셨습니다.

→

5) 私(わたし)、兄(あに)、プレゼント　나는 오빠한테 선물을 받았습니다.

→

◉ 연습3 다음 단어를 이용하여 작문하세요.

> デパート 백화점　かばん 가방　教(おし)える 가르치다　紹介(しょうかい) 소개
> 送(おく)る 보내다, 바래다주다　家(うち) 집　家(いえ) 집　貸(か)す 빌려주다

1) 나는 백화점에서 가방을 사서 김상에게 주었습니다.

2) 저는 선생님께 책을 드렸습니다.

3) 선생님은 나에게 우산을 빌려주셨습니다.

4) 카와사키 씨는 나에게 일본어를 가르쳐주었습니다.

5) 선생님께서 나에게 일본어를 가르쳐주었습니다.

6) 김상은 나에게 최상을 소개해주었습니다.

7) 박상은 나를 집까지 데려다주었습니다.

우리말에는 없으나 일본인들이 흔히 사용하는 '~에게 …해받다' 라는 특수 형식의 문장이 있다. 이는 곧 우리말의 '~가 …해주다' 라고 표현하는 것이 맞다. 본인의 입장에서 쓴 것뿐이다.
예전에, 필자 집에서 중학생 꼬마가 홈스테이한 적이 있다. '뭘 사주면 좋아할까' 하고 고민하다가 핑크색 티셔츠를 사줬다. 그랬더니 금방 가지고 나가 자랑을 했다.

- これ、和静に買(か)ってもらった。
  (이거, 화정이한테 사 받았어 → 이거, 화정이가 사줬어)라고 말하는 것이다. 본인의 입장에서 이야기한 것뿐이다.

- 昨日(きのう)、友達(ともだち)が日本語(にほんご)を教(おし)えてくれました。
  어제, 친구가 일본어를 가르쳐 주었습니다.

- 昨日(きのう)、友達(ともだち)に日本語(にほんご)を教(おし)えてもらいました。
  어제 친구에게 일본어를 가르쳐 받았습니다.
  (어제 친구가 일본어를 가르쳐 주었습니다.)

- 少(すこ)し待(ま)っていただけませんか。
  조금 기다려 받을 수 있겠습니까?
  (조금 기다려 주실 수 있습니까?)

◉ **연습 보기와 같이 문장을 만드세요.**

川崎(かわさき)、子供(こども)、本(ほん)を読(よ)む   카와사키 씨는 아이에게 책을 읽어 주었습니다.
→ 川崎(かわさき)さんは子供(こども)に本(ほん)を読(よ)んでやりました。(카와사키 씨 입장)
→ 子供(こども)は川崎(かわさき)さんに本(ほん)を読(よ)んでもらいました。(아이 입장)

1) 先生(せんせい)、木村(きむら)、傘(かさ)を貸(か)す
   선생님은 키무라 씨에게 우산을 빌려 주셨습니다.

   →

   →

2) 山田(やまだ)、友達(ともだち)、日本語(にほんご)を教(おし)える

야마다 씨는 친구에게 일본어를 가르쳐 주었습니다.

→

→

3) 山田(やまだ)、田中(たなか)、写真(しゃしん)を見(み)せる

야마다 씨는 타나카 씨에게 사진을 보여 주었습니다.

→

→

4) 鈴木(すずき)、妹(いもうと)、写真(しゃしん)を撮(と)る

스즈키 씨는 여동생에게 사진을 찍어 주었습니다.

→

→

| 3 | ていただけませんか - 주시겠습니까? (정중 표현)

見(み)せていただけませんか。	보여주시겠습니까?
直(なお)していただけませんか。	고쳐주시겠습니까?
待(ま)っていただけませんか。	기다려주시겠습니까?
続(つづ)けていただけませんか。	계속 해 주시겠습니까?
貸(か)していただけませんか。	빌려주시겠습니까?
送(おく)っていただけませんか。	보내주시겠습니까?
急(いそ)いでいただけませんか。	서둘러주시겠습니까?
帰(かえ)っていただけませんか。	돌아가주시겠습니까?
聞(き)いていただけませんか。	들어주시겠습니까?(이야기)
話(はな)していただけませんか。	이야기해주시겠습니까?
教(おし)えていただけませんか。	가르쳐주시겠습니까?
止(と)めていただけませんか。	세워주시겠습니까?(차)

① 저는 선생님께 책을 드렸습니다. (先生(せんせい)、本(ほん))

② 선생님은 내 남동생에게 선물을 주셨습니다. (私(わたし)の弟(おとうと)、プレゼント)

③ 木村(きむら) 씨한테 커피를 받았습니다. (コーヒー)

④ 친구는 나에게 일본어를 가르쳐 주었습니다. (友達(ともだち)、日本語(にほんご)、教(おし)える)

⑤ 서둘러 주시겠습니까? (急(いそ)ぐ)

❀ 다음 단어를 ひらがな로 써보세요.

1. 勝手 ＿＿＿＿＿＿＿＿＿＿＿　　**2.** 空港 ＿＿＿＿＿＿＿＿＿＿＿

3. 食後 ＿＿＿＿＿＿＿＿＿＿＿　　**4.** 流行る ＿＿＿＿＿＿＿＿＿＿

5. 逆立 ＿＿＿＿＿＿＿＿＿＿＿　　**6.** 遅刻 ＿＿＿＿＿＿＿＿＿＿＿

7. 成績 ＿＿＿＿＿＿＿＿＿＿＿　　**8.** 同僚 ＿＿＿＿＿＿＿＿＿＿＿

❀ 다음 단어를 한자로 써보세요.

1. くだもの ＿＿＿＿＿＿＿＿＿　　**2.** てんき ＿＿＿＿＿＿＿＿＿＿

3. おかね ＿＿＿＿＿＿＿＿＿＿　　**4.** かぞく ＿＿＿＿＿＿＿＿＿＿

5. けんこう ＿＿＿＿＿＿＿＿＿　　**6.** でんわ ＿＿＿＿＿＿＿＿＿＿

7. たんじょうび ＿＿＿＿＿＿＿　　**8.** おとうと ＿＿＿＿＿＿＿＿＿

❀ 다음을 작문하세요.

1. 그 이야기를 하려고 합니다. ＿＿＿＿＿＿＿＿＿＿＿＿＿＿＿＿＿＿＿＿＿＿＿＿

2. 일찍 자려고 합니다. ＿＿＿＿＿＿＿＿＿＿＿＿＿＿＿＿＿＿＿＿＿＿＿＿＿＿＿＿

3. 집에 가자. ＿＿＿＿＿＿＿＿＿＿＿＿＿＿＿＿＿＿＿＿＿＿＿＿＿＿＿＿＿＿＿＿＿

4. 집에 돌아갔더니 편지가 와 있었다. ＿＿＿＿＿＿＿＿＿＿＿＿＿＿＿＿＿＿＿＿

5. 1에 2를 다하면 3이 됩니다. ＿＿＿＿＿＿＿＿＿＿＿＿＿＿＿＿＿＿＿＿＿＿＿

6. 3에서 2를 빼면 1이 됩니다. ＿＿＿＿＿＿＿＿＿＿＿＿＿＿＿＿＿＿＿＿＿＿＿

7. 2에 5를 곱하면 10이 됩니다. ＿＿＿＿＿＿＿＿＿＿＿＿＿＿＿＿＿＿＿＿＿＿

8. 가족을 위해 일합니다. ＿＿＿＿＿＿＿＿＿＿＿＿＿＿＿＿＿＿＿＿＿＿＿＿＿＿

9. 미래를 위해 공부합니다. ______________________________________

10. 다이어트를 위해 밥은 먹지 않습니다. ______________________________________

11. 저는 선생님께 선물을 드렸습니다. ______________________________________

12. 선생님은 나에게 책을 주셨습니다. ______________________________________

370page ◉ 연습1

1. さしあげました

2. あげました

3. いただきました

4. もらいました

5. くれました

6. くださいました

371page ◉ 연습2 보기처럼 바꿔보세요.

1. 先生(せんせい)は私(わたし)の妹(いもうと)にペンをくれました。私(わたし)は妹(いもうと)にペンをあげました。

2. 私(わたし)は先生(せんせい)に本(ほん)をさしあげました。私(わたし)は友達(ともだち)に本(ほん)をあげました。

3. 川崎(かわさき)さんの彼女(かのじょ)は川崎(かわさき)さんから花(はな)をもらいました。

4. お医者(いしゃ)さんは金さんに薬(くすり)をあげました。

5. 私(わたし)は兄(あに)にプレゼントをもらいました。

372page ◉ 연습3 다음 단어를 이용하여 작문하세요.

1. 私(わたし)はデパートでかばんを買(か)って金さんにあげました。

2. 私(わたし)は先生(せんせい)に本(ほん)をさしあげました。

3. 先生(せんせい)は私(わたし)に傘(かさ)を貸(か)してくださいました。

4. 川崎(かわさき)さんは私(わたし)に日本語(にほんご)を教(おし)えてくれました。

5. 先生(せんせい)は私(わたし)に日本語(にほんご)を教(おし)えてくださいました。

6. 金さんは私(わたし)に崔さんを紹介(しょうかい)してくれました。

7. 朴さんは私(わたし)を家(うち)まで送(おく)ってくれました。

373page ◉ 연습 보기와 같이 문장을 만드세요.

1. 先生(せんせい)は木村(きむら)さんに傘(かさ)を貸(か)してあげました。
木村(きむら)さんは先生(せんせい)に傘(かさ)を貸(か)していただきました。

2. 山田(まだ)さんは友達(ともだち)に日本語(にほんご)を教(おし)えてあげました。
友達(ともだち)は山田(まだ)さんに日本語(にほんご)を教(おし)えてもらいました。

3. 山田(まだ)さんは田中(たなか)さんに写真(しゃしん)を見(み)せてあげました。
田中(たなか)さんは山田(まだ)さんに写真(しゃしん)を見(み)せてもらいました。

4. 鈴木(すずき)さんは妹(いもうと)に写真(しゃしん)を撮(と)ってあげました。
   妹(いもうと)は鈴木(すずき)さんに写真(しゃしん)を撮(と)ってもらいました。

375page ✎ 확인학습

1. 私(わたし)は先生(せんせい)に本(ほん)をさしあげました。
2. 先生(せんせい)は私(わたし)の弟(おとうと)にプレゼントをくださいました。
3. 木村(きむら)さんから(に)コーヒーをもらいました。
4. 友達(ともだち)は私(わたし)に日本語(にほんご)を教えてくれました。私(わたし)は友達(ともだち)に日本語(にほんご)を教(おし)えてもらいました。
5. 急(いそ)いでいただけませんか。

❈ 다음 단어를 ひらがな로 써보세요.

1. かって
2. くうこう
3. しょくご
4. はやる
5. さかだち
6. ちこく
7. せいせき
8. どうりょう

❈ 다음 단어를 한자로 써보세요.

1. 果物
2. 天気
3. お金
4. 家族
5. 健康
6. 電話
7. 誕生日
8. 弟

❈ 다음을 작문하세요.

1. その話(はなし)をしようと思(おも)います。
2. 早(はや)く寝(ね)ようと思(おも)います。
3. 家(うち)へ帰(かえ)ろう。
4. 家(うち)へ帰(かえ)ったら、手紙(てがみ)が届(とど)いていた。
5. 一(いち)に二(に)を足(た)すと三(さん)になります。
6. 三(さん)から二(に)を引(ひ)くと一(いち)になります。
7. 二(に)に五(ご)をかけると十(じゅう)になります。
8. 家族(かぞく)のために働(はたら)きます。
9. 未来(みらい)のために勉強(べんきょう)します。
10. ダイエットのためにご飯(はん)は食(た)べません。
11. 私(わたし)は先生(せんせい)にプレゼントを差(さ)し上(あ)げました。
12. 先生(せんせい)は私に本(ほん)をくださいました。

ワイシャツの襟の汚れがよく取れないんだけど、どうすれ
ばいいんですか。
歯ブラシに石鹸をつけて擦れば、きれいになりますよ。
すぐやってみます。

第37課

がんばれ！

"에리 쪽 때가 잘 안지워져!"

흔히 와이셔츠 옷깃 부분을 가리켜 '에리'라고 한다. "에리 안으로 들어갔다"
"옷깃 좀 잘 해봐" 등과 같이 쓰는데, '옷깃'은 우리말이고 **에리**는 양복, 와이셔
츠, 블라우스 등 웃옷의 깃을 뜻하는 일본어다. 또한, 같은 뜻으로 쓰이는 カ
ラ－는 영어의 collar의 일본식 발음이다.

襟の汚れがよく取れないんです。

우성　ワイシャツの襟（えり）の汚（よご）れがよく取（と）れないんだけど、どうすれば

いいんですか。

リエ　歯（は）ブラシに石鹸（せっけん）をつけて擦（こす）れば、きれいになりますよ。

우성　すぐやってみます。

ひょうげん

우성　와이셔츠 옷깃(에리) 쪽 때가 잘 안 떨어지는데, 어떻게 하면 되죠?
리에　칫솔에 비누 묻혀서 문지르면 깨끗해져요.
우성　즉시 해볼게요.

ワイシャツ 와이셔츠　襟（えり）옷깃, 깃　汚（よご）れる 더러워지다　汚（よご）れ 더러움, 때　よく 잘, 자주　取（と）れる 떨어지다　よく取（と）れない 잘 떨어지지 않는다　だけど ～인데　どうすれば 어떻게 하면　いいんですか 됩니까?　歯（は）ブラシ 칫솔　石鹸（せっけん）비누　つける 묻히다　つけて 묻혀서　擦（こす）る 문지르다　擦（こす）れば 문지르면　きれいだ 예쁘다, 깨끗하다　きれいになる 예뻐지다, 깨끗해지다　すぐ 곧, 금방　やる 하다　やってみる 해보다　やってみます 해보겠습니다

| 1 | 汚れる 더러워지다(눈에 보이는 것)

手(て)が汚(よご)れる	손이 더러워지다, 지저분하다
服(ふく)が汚(よご)れる	옷이 더러워지다, 때가 묻다
教室(きょうしつ)の空気(くうき)が汚(よご)れる	교실의 공기가 더러워지다
汚(よご)れた過去(かこ)	더러워진 과거
汚(よご)れたお金(かね)	더러워진 돈, 손때 묻은 돈
汚(けが)れる	더러워지다(윤리, 도덕, 정신)
手(て)が汚(けが)れる	손이 더러워지다(부정부패)
汚(けが)れてない世(よ)の中(なか)	더러워지지 않은 세상

| 2 | 동사 ます형의 명사화

汚(よご)れる 지저분해지다 → 汚(よご)れ 지저분함, 때
帰(かえ)る 돌아가다, 돌아오다 → 帰(かえ)り 귀가길, 귀가
遊(あそ)ぶ 놀다 → 遊(あそ)び 놀이
恵(めぐ)む 혜택 받다, 은혜 베풀다 → 恵(めぐ)み 은혜, 혜택
詫(わ)びる 사과하다, 사죄하다 → お詫(わ)び 사과, 사죄
思(おも)いやる 배려하다, 염려하다 → 思(おも)いやり 염려, 배려
稼(かせ)ぐ 돈벌다 → 稼(かせ)ぎ 돈벌이, 수입
匂(にお)う 냄새가 나다 → 匂(にお)い 냄새
好(この)む 좋아하다 → 好(この)み 취향, 기호, 타입, 취미

3　−てやる ～주다　−て見(み)る ～해보다
　　−て置(お)く ～해두다　−てしまう ～해버리다
　　−てほしい ～해줬으면 좋겠다

殴(なぐ)ってやる	때려 주다
殺(ころ)してやる	죽여주다, 죽여주겠어
捨(す)ててやる	버려주다, 말 안 들으면 다 버리겠다
驚(おどろ)かしてやる	놀래켜 주다
言(い)いつけてやる	일러바쳐 주다
思(おも)い知(し)らせてやる	뼈저리게 후회하게 해주다
死(し)んでやる	죽여줄 거야 (말 안 들으면)
優勝(ゆうしょう)してやる	우승해줄 거야 (보란 듯이)

- 飲(の)んでみたけど、おいしかったよ。
  마셔봤는데 맛있었어요.

- 部屋(へや)の窓(まど)は閉(し)めておきます。
  방 창문은 닫아두겠습니다.

- 彼(かれ)は私(わたし)にかばんを預(あず)けてどこかへ行(い)ってしまった。
  그는 나에게 가방을 맡기고 어디론가 가버렸습니다.

◉ 연습　てみる、ておく、てしまう

本を読みます。→ 本を読んでみます。책을 읽어보겠습니다.
　　　　　　→ 本を読んでおきます。책을 읽어두겠습니다.
　　　　　　→ 本を読んでしまいました。책을 읽어버렸습니다.

1) 薬(くすり)を飲(の)みます。→ ＿＿＿＿＿＿＿＿＿＿＿＿ 약을 먹어보겠습니다.
　　　　　　　　　　　→ ＿＿＿＿＿＿＿＿＿＿＿＿ 약을 먹어두겠습니다.
　　　　　　　　　　　→ ＿＿＿＿＿＿＿＿＿＿＿＿ 약을 먹어버렸습니다.

2) 葉書(はがき)を送(おく)る。→ ＿＿＿＿＿＿＿＿＿＿＿＿ 엽서를 보내보겠습니다.
　　　　　　　　　　→ ＿＿＿＿＿＿＿＿＿＿＿＿ 엽서를 보내 두겠습니다.
　　　　　　　　　　→ ＿＿＿＿＿＿＿＿＿＿＿＿ 엽서를 보내버렸습니다.

3) 電話(でんわ)します。　→ ___________________________ 전화를 해보겠습니다.

　　　　　　　　　　　　→ ___________________________ 전화를 해두겠습니다.

　　　　　　　　　　　　→ ___________________________ 전화를 해버렸습니다.

4) コピーを取(と)る。　→ ___________________________ 복사를 떠보겠습니다.

　　　　　　　　　　　　→ ___________________________ 복사를 떠두겠습니다.

　　　　　　　　　　　　→ ___________________________ 복사를 떠버렸습니다.

てほしい(~해주었으면 좋겠다)

手伝(てつだ)ってほしい。	도와줬으면 해.
早(はや)くやってほしい。	빨리 했으면 해.
もっと頑張(がんば)ってほしい。	좀 더 노력했으면 해.
ここで待(ま)ってほしい。	여기서 기다렸으면 해.
お願(ねが)いを聞(き)いてほしい。	부탁을 들어줬으면 해.
幸(しあわ)せになってほしい。	행복하길 바래. 행복해야 해.
私(わたし)のそばにいてほしい。	내 곁에 있어줬으면 해.
私(わたし)の気持(きも)ちをわかってほしい。	내 심정을 이해해줬으면 해.

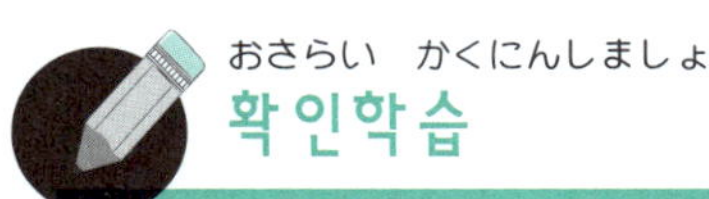

おさらい　かくにんしましょう
확인학습

① 맥주를 마셔 보겠습니다. (ビール、飲(の)む)

____

② 예문은 써 두겠습니다. (例文(れいぶん))

____

③ 김상은 벌써 병원으로 가버렸습니다. (もう、病院(びょういん))

____

④ 좋은 냄새가 나요. (匂(にお)いがする)

____

⑤ 행복해야 해요. (幸(しあわ)せになる)

____

384page 연습 ⊙ てみる、ておく、てしまう

1. 薬(くすり)を飲(の)んでみます。 薬(くすり)を飲(の)んでおきます。 薬(くすり)を飲(の)んでしまいました。

2. 葉書(はがき)を送(おく)ってみます。 葉書(はがき)を送(おく)っておきます。 葉書(はがき)を送(おく)ってしまいました。

3. 電話(でんわ)してみます。電話(でんわ)しておきます。電話(でんわ)してしまいました。

4. コピーを取(と)ってみます。 コピーを取(と)っておきます。 コピーを取(と)ってしまいました。

385page ✎ 확인학습

1. ビールを飲(の)んでみます。

2. 例文(れいぶん)は書(か)いておきます。

3. 金さんはもう病院(びょういん)へ行(い)ってしまいました。

4. いい匂(にお)いがします。

5. 幸(しあわ)せになってほしいです。

彼、根性あるよね。
いくら振られてもずっとプロポーズしてる。
だから女の人に嫌われているのよ。

第38課
がんばれ！

"굉장한 곤조인 걸?"

우리나라에서는 '곤조' 라는 의미가 "그 사람 곤조가 아주 나빠!"라는 식으로 '좋지 않은 성격이나 마음보, 평상시에 들어나지 않는 본색, 나쁜 근성' 등으로 쓰이고 있는데, 이는 일본어 根性(こんじょう)로 '근성, 마음보, 성질'로 그렇게 나쁜 뜻으로만 쓰이는 것은 아니다. 또한, "사람은 곤조가 있어야 돼"처럼 '질긴 근성'이라는 의미로 쓰이기도 한다.

彼、根性あるよね。

リエ　彼、根性あるよね。

威（たけし）　いくら振られてもずっとプロポーズしてる。

リエ　だから女の人に嫌われているのよ。

표현연구　ひょうげん

리에　그 사람 근성 있네.
다케시　아무리 차여도 계속 프로포즈하잖아.
리에　그러니까 여자들이 싫어하지.

根性(こんじょう) 근성, 질긴 근성　根性(こんじょう)ある 성질, 근성, 질긴 근성이 있다　いくら 아무리　振(ふ)られる 채이다　振(ふ)られても 채여도　ずっと 쭉, 계속　プロポーズ 프로포즈　する 하다　している 하고 있다(= してる)　だから 그러니까, 그렇기 때문에　女(おんな)の人(ひと) 여자　嫌(きら)う 싫어하다, 좋아하지 않다　嫌(きら)われる 미움받는다　嫌(きら)われている 미움받고 있다

|1| いくら 아무리

する → いくらしようとしても 아무리 하려고 해도
来(く)る → いくら来(こ)ようとしても 아무리 오려고 해도

- いくら単語(たんご)を覚(おぼ)えようとしても、うまく覚(おぼ)えられません。
  아무리 단어를 외우려 해도 잘 외워지지 않아요.

- あなたがいくらお金(かね)を儲(もうけ)ようとしても、運(うん)がなければだめです。 당신이 아무리 돈을 벌려고 해도 운이 없으면 안 됩니다.

- いくらこれを持(も)ち上(あ)げようとしても、重(おも)すぎて歯(は)が立(た)ちません。 아무리 이것을 들어올리려 해도 너무 무거워서 감당을 못하겠습니다.

|2| 사랑의 프로포즈

大事(だいじ)にするよ。	소중히 할게.
幸(しあわ)せにするから。	행복하게 할 테니까.
ずっと一緒(いっしょ)にいたい。	쭉 함께 있고 싶어.
僕(ぼく)と結婚(けっこん)してください。	저하고 결혼해주세요. (남자가)
君(きみ)を守(まも)ってあげたい。	너를 지켜주고 싶어.
僕(ぼく)と付(つ)き合(あ)ってください。	저하고 사귀어 주세요. (남자가)
いつまでも私(わたし)のそばにいて。	언제까지나 내 옆에 있어 줘.
同(おな)じ道(みち)を歩(ある)いて行(い)きたい。	같은 길을 걷고 싶어.
私(わたし)の全(すべ)てをあげたい。	내 전부를 주고 싶어.
誰(だれ)にも渡(わた)さない。	누구에게도 건네지 않을 거야.

|3| 受(う)け身(み)(수동태)

수동태 : 동작을 받는 것으로서 '~함을 당하다'의 뜻

동사의 종류	受身(うけみ)	
5단 동사	う단 → あ단 + れる	飲(の)む → 飲(の)まれる
	※ 예외 :う로 끝나는 동사는 われる	買(か)う → 買(か)われる
상·하 1단 동사	る 빼고 られる	見(み)る → 見(み)られる
カ변격 동사	来(く)る → 来(こ)られる	
サ변격 동사	する → される	

5단 동사는 u단을 a단으로 바꾸고 れる를 붙인다. 단, う로 끝나는 동사는 발음하기 불편하므로 う를 빼고 われる를 붙인다. 상·하 1단 동사는 る를 빼고 られる를 붙이고, 来(く)る는 来(こ)られる、する는 される로 쓴다.

※ 수동태의 조사는 대상을 나타내는 に(~에게)가 온다.

- 皆(みんな)が彼(かれ)を愛(あい)する。彼(かれ)は皆(みんな)に愛(あい)される。
  그는 모두에게 사랑받는다.

- 学生(がくせい)は先生(せんせい)に叱(しか)られました。
  학생은 선생님께 혼났습니다.

- 学生(がくせい)は先生(せんせい)にほめられました。
  학생은 선생님께 칭찬받았습니다.

- このビルは1976年に建(た)てられました。
  이 빌딩은 1976년에 세워졌습니다.

〈중요한 동사의 수동형〉

言(い)う	말하다	言(い)われる	말듣다
使(つか)う	사용하다	使(つか)われる	사용되다
思(おも)う	생각하다	思(おも)われる	생각되어지다
雇(やと)う	고용하다	雇(やと)われる	고용되다
書(か)く	쓰다	書(か)かれる	쓰여지다
待(ま)つ	기다리다	待(ま)たれる	기다려지다
打(う)つ	쏘다	打(う)たれる	맞다
選(えら)ぶ	뽑다	選(えら)ばれる	뽑히다, 선출되다
呼(よ)ぶ	부르다	呼(よ)ばれる	불리다, 초대받다
生(う)む	낳다	生(う)まれる	태어나다
読(よ)む	읽다	読(よ)まれる	읽혀지다
送(おく)る	보내다	送(おく)られる	보내어지다

叱(しか)る	꾸짖다	叱(しか)られる	꾸지람을 듣다
見(み)る	보다	見(み)られる	보여지다
食(た)べる	먹다	食(た)べられる	먹히다
訪(たず)ねる	방문하다	訪(たず)ねられる	방문당하다
誉(ほ)める	칭찬하다	誉(ほ)められる	칭찬받다
する	하다	される	당하다
来(く)る	오다	来(こ)られる	찾아오다(옴을 당하다)
降(ふ)る	내리다	降(ふ)られる	(비나 눈을) 맞다
死(し)ぬ	죽다	死(し)なれる	여의다
泣(な)く	울다	泣(な)かれる	울어대다

◉ 수동태 연습 1

단어	수동태	단어	수동태
見(み)る 보다		盗(ぬす)む 훔치다	
取(と)る 잡다, 빼다		押(お)す 누르다	
踏(ふ)む 밟다		付(つ)ける 켜다	
する 하다		質問(しつもん)する 질문하다	
ほめる 칭찬하다		来(く)る 오다	
引(ひ)く 빼다		叱(しか)る 혼나다	
怒(おこ)る 화나다		死(し)ぬ 죽다	
降(ふ)る 내리다		頼(たの)む 부탁하다	
言(い)う 말하다		作(つく)る 만들다	
起(お)きる 일어나다		食(た)べる 먹다	

◉ 수동태 연습2

川崎(かわさき)さんは雨(あめ)に降(ふ)られて濡(ぬ)れました。
카와사키 씨는 비를 맞아서 젖었습니다.

まさと君(くん)は100点(てん)を取(と)って先生(せんせい)(　　)〈誉(ほ)める〉 ________________ 。
마사토 군은 100점을 맞아서 선생님께 칭찬받았습니다.

この学校(がっこう)は40年前(ねんまえ)(　　)〈建(た)てる〉 ________________ 。
이 학교는 40년 전에 세워졌습니다.

威君(たけしくん)に日記(にっき)(　　)〈読(よ)む〉　________________________________。
타케시 군에게 일기를 읽힘을 당했습니다. (타케시가 몰래 일기를 훔쳐 읽었습니다.)

こうじ君(くん)は車(くるま)(　　)〈ひく〉　________________________________。
코지 군은 차에 치였습니다.

まさと君(くん)に目覚(めざ)まし時計(どけい)(　　)〈壊(こわ)す〉　________________________________。
마사토 군에게 자명종을 부서짐을 당했습니다. (마사토가 자명종을 몰래 부쉈습니다.)

弟(おとうと)(　　)〈起(お)こす〉　________________________________。
남동생에게 깨움을 당했습니다. (남동생이 깨웠습니다.)

山田(やまだ)さんは犬(いぬ)(　　)手(て)(　　)〈噛(か)む〉　________________________________。
야마다 씨는 개에게 손을 물렸습니다.

田中(たなか)さんは隣(となり)の人(ひと)(　　)足(あし)(　　)〈踏(ふ)む〉　________________________________。
타나까 씨는 옆 사람에게 발을 밟혔습니다.

この歌(うた)は皆(みんな)(　　)〈歌(うた)う〉　________________________________。
이 노래는 모두에게 불렸습니다.

⊙ 수동태 연습3

山田(やまだ)さんが私(わたし)を食事(しょくじ)に招待(しょうたい)しました。
야마다 씨가 나를 식사에 초대했습니다.
→ 私(わたし)は山田(やまだ)さんに食事(しょくじ)に招待(しょうたい)されました。
　　나는 야마다 씨에게 식사에 초대받았습니다.

1) この歌(うた)は皆(みんな)が歌(うた)っています。 이 노래는 모두가 부르고 있습니다.

　　→

2) 母(はは)が妹(いもうと)をほめました。 엄마가 여동생을 칭찬했습니다.

　　→

3) 皆(みんな)が呉先生(せんせい)を尊敬(そんけい)しています。 모두가 오 선생님을 존경하고 있습니다.

　　→

4) 後(うし)ろの人(ひと)が私(わたし)を押(お)しました。 뒷사람이 나를 밀었습니다.

　　→

5) 明日(あした)入学式(にゅうがくしき)が行(おこな)います。 내일 입학식이 행해집니다.

　　→

6) 部長(ぶちょう)が私(わたし)に仕事(しごと)を頼(たの)みました。 부장님이 나에게 일을 부탁했습니다.

　　→

사역使役(しえき)、 사역수동使役受身(しえきうけみ)

동사의 종류	受身	使役	使役受身
5단 동사	う단 → あ단 + れる	う단 → あ단 + せる	う단 → あ단 + せられる
상・하1단 동사	る를 빼고 られる	る를 빼고 させる	る를 빼고 させられる
くる	こられる	こさせる	こさせられる
する	される(당하다)	させる(시키다)	させられる (어쩔 수 없이 ~하다)

🟢 使役(しえき)(사역)

- 先生(せんせい)は私(わたし)に作文(さくぶん)を書(か)かせました。
  선생님은 나에게 작문을 쓰게 했습니다.

- 父(ちち)は妹(いもうと)に部屋(へや)の掃除(そうじ)をさせました。
  아빠는 여동생에게 방청소를 시켰습니다.

- 母(はは)は弟(おとうと)に毎朝(まいあさ)パンを食(た)べさせます。
  엄마는 남동생에게 매일아침 빵을 먹게 합니다.

- 忙(いそが)しい時(とき)は土曜日(どようび)にも働(はたら)かせます。
  바쁠 때에는 토요일에도 일을 시킵니다.

- 私(わたし)に行(い)かせてください。
  제가 가겠습니다. (저에게 가게 해주세요.)

- 忘年会(ぼうねんかい)でお酒(さけ)を飲(の)ませたり飲(の)ませられたりしました。
  망년회에서 술을 마시게 하기도 하고, 어쩔 수 없이 마시기도 했습니다.

- 駅前(えきまえ)の広場(ひろば)で歌(うた)を歌(うた)わせられました。
  역 앞 광장에서 어쩔 수 없이 노래를 불렀습니다.

- 弟(おとうと)に三万円(さんまんえん)のかばんを買(か)わせられました。
  남동생에게 3만 엔짜리 가방을 사주었습니다.

◉ 다음을 사역과 사역수동으로 바꾸세요.

意味	動詞	사역 사역수동	意味	動詞	사역 사역수동
읽다	読(よ)む		오다	来(く)る	
사다	買(か)う		가다	行(い)く	
듣다	聞(き)く		청소하다	掃除(そうじ)する	
쓰다	書(か)く		알다	知(し)る	
기다리다	待(ま)つ		공부하다	勉強(べんきょう)する	
서다	立(た)つ		쉬다	休(やす)む	
앉다	座(すわ)る		춤추다	踊(おど)る	
웃다	笑(わら)う		걷다	歩(ある)く	
울다	泣(な)く		배우다	習(なら)う	
하다	する		일하다	働(はたら)く	
자다	寝(ね)る		먹다	食(た)べる	
노래하다	歌(うた)う		달리다	走(はし)る	
타다	乗(の)る		말하다	言(い)う	

お母(かあ)さんはミキチャンににんじんを食(た)べさせました。
엄마는 미키에게 당근을 먹였습니다.

ミキチャンはお母(かあ)さんににんじんを食(た)べさせられました。
미키는 엄마 때문에 당근을 먹었습니다.

〈1〉先生(せんせい)はメグチャンに〈トイレ掃除(そうじ)をする〉______________。

　선생님은 메구짱에게 화장실 청소를 시켰습니다.

　メグチャンは先生(せんせい)に〈トイレ掃除(そうじ)をする〉______________。

　매구짱은 선생님 때문에 어쩔 수 없이 화장실 청소를 했습니다.

〈2〉 先輩(せんぱい)が私(わたし)にお酒(さけ)を〈飲(の)む〉

선배가 나에게 술을 먹였습니다.

私(わたし)は先輩(せんぱい)にお酒(さけ)を〈飲(の)む〉

나는 선배 때문에 어쩔 수 없이 술을 마셨습니다.

〈3〉 上司(じょうし)は部下(ぶか)に残業(ざんぎょう)を〈する〉

상사는 부하에게 잔업을 시켰습니다.

部下(ぶか)は上司(じょうし)に残業(ざんぎょう)を〈する〉

부하는 상사 때문에 어쩔 수 없이 잔업을 했습니다.

〈4〉 メグチャンはタクヤ君(くん)を〈泣(な)く〉

메구짱은 타쿠야 군을 울렸습니다.

タクヤ君(くん)はメグチャンに〈泣(な)く〉

타쿠야 군은 메구짱 때문에 울었습니다.

〈5〉 トモコさんはタクヤ君(くん)に荷物(にもつ)を〈持(も)つ〉

토모코 씨는 타쿠야 군에게 짐을 들게 했습니다.

タクヤ君(くん)はトモコさんに荷物(にもつ)を〈持(も)つ〉

타쿠야 군은 토모코 씨 때문에 짐을 들었습니다.

〈6〉 お母(かあ)さんはミキチャンに薬(くすり)を〈飲(の)む〉

엄마는 미키에게 약을 먹였습니다.

ミキチャンはお母(かあ)さんに薬(くすり)を〈飲(の)む〉

미키는 엄마 때문에 어쩔 수 없이 약을 먹었습니다.

〈7〉 先生(せんせい)はひろし君(くん)に〈テストを受(う)ける〉

선생님은 히로시 군에게 시험을 보게 했습니다.

ひろし君(くん)は先生(せんせい)に〈テストを受(う)ける〉

히로시 군은 선생님 때문에 시험을 봤습니다.

① 아무리 공부하려고 해도 잘 안 됩니다. (いくら、勉強(べんきょう)する)

② 쭉 같이 있고 싶어. (ずっと、一緒(いっしょ)に)

③ 개한테 손을 물렸습니다. (犬(いぬ)、手(て)、噛(か)む)

④ 옆 사람한테 발을 밟혔습니다. (隣(となり)の人(ひと)、足(あし)、踏(ふ)む)

⑤ 비를 맞았습니다. (雨(あめ)、降(ふ)る)

れる·られる의 용법

의미 – れる·られる는 수동(受動), 존경(尊敬), 가능(可能), 자발(自発)의 뜻으로 쓰이는데, 어느 것으로 쓰인 것인지는 문장을 잘 읽고 판단하는 수밖에 없으므로 문맥을 잘 파악해야 한다.

수동	先生(せんせい)にしかられる。	선생님께 야단맞다
	誰(だれ)からも信用(しんよう)される。	누구에게나 신용을 받다.
존경	先生(せんせい)がこちらへ来(こ)られる。	선생님이 이쪽으로 오시다.
	先生(せんせい)が本(ほん)を読(よ)まれる。	선생님이 책을 읽으시다.
가능	歩(ある)いても行(い)かれる。	걸어서라도 갈 수 있다.
	その質問(しつもん)には答(こた)えられる。	그 질문에는 대답할 수 있다.
자발	母(はは)の病気(びょうき)が案(あん)じられる。	어머니 병이 걱정된다.
	将来(しょうらい)のことが心配(しんぱい)される。	장래의 일이 걱정된다.

れる·られる의 4가지 뜻의 판별법

수동	**れる·られる를 포함하는 문절 앞에 人(ひと)를 넣어 자연스러우면**
	私(わたし)は、ひどく しかられた。→ ひとに しかられた。
	• 先生(せんせい)に しかられる。선생님께 야단맞다.
	• だれからも 信用(しんよう)される。누구에게나 신용을 얻다.
자발	**れる·られる를 포함하는 문절 바로 앞에 自然(しぜん)가 들어가면**
	国(くに)の山々(やまやま)が思(おも)い出(だ)される。
	→ 自然(しぜん)に 思(おも)い出(だ)される。
	• 母(はは)の病気(びょうき)が案(あん)じられる。어머니 병이 걱정된다.
	• 将来(しょうらい)のことが心配(しんぱい)される。장래의 일이 걱정된다.
가능	**れる·られる를 포함하는 문절이 ~することができる로 바꾸어지면**
	ここからなら 見(み)られますよ。→ 見(み)る ことが できますよ。
	• 歩(ある)いても 行(い)かれる。걸어서라도 갈 수 있다.
	• その 質問(しつもん)には 答(こた)えられる。그 질문에는 대답할 수 있다.
존경	**れる·られる를 포함하는 문절을 お(ご) ~に なる로 바꿔 넣어지면**
	先生(せんせい)も参加(さんか)されるそうだ。
	→ ご参加(さんか)になるそうだ。
	• 先生(せんせい)が こちらへ 来(こ)られる。선생님이 이쪽으로 오신다.
	• 先生(せんせい)が 本(ほん)を 読(よ)まれる。선생님이 책을 읽으신다.

391page ◉ 수동태 연습1

見(み)る	見られる	盗(ぬす)む	盗まれる
取(と)る	取られる	押(お)す	押される
踏(ふ)む	踏まれる	付(つ)ける	付けられる
する	される	質問(しつもん)する	質問される
ほめる	ほめられる	来(く)る	来られる
引(ひ)く	引かれる	叱(しか)る	叱られる
怒(おこ)る	怒られる	死(し)ぬ	死なれる
降(ふ)る	降られる	頼(たの)む	頼まれる
言(いう)	言われる	作(つく)る	作られる
起(お)きる	起きられる	食(た)べる	食べられる

391page ◉ 수동태 연습2

(に) 誉(ほ)められました。　　(に) 建(た)てられました。　　(を) 読(よ)まれました。

(に) 引(ひ)かれました。　　(を) 壊(こわ)されました。　　(に) 起(お)こされました。

(に) (を) 噛(か)まれました。　　(に) (を) 踏(ふ)まれました。　　(に) 歌(うた)われました。

392page ◉ 수동태 연습3

1. この歌(うた)は皆(みんな)に歌(うた)われています。

2. 妹(いもうと)は母(はは)に誉(ほ)められました。

3. 呉先生(せんせい)は皆(みんな)に尊敬(そんけい)されています。

4. 私(わたし)は後(うし)ろの人(ひと)に押(お)されました。

5. 明日(あした)入学式(にゅうがくしき)が行(おこな)われます。

6. 私(わたし)は部長(ぶちょう)に仕事(しごと)を頼(たの)まれました。

394page 다음을 사역과 사역수동으로 바꾸세요.

読(ょ)む	読ませる 読ませられる	来(く)る	来(こ)させる 来(こ)させられる	笑(わら)う	笑わせる 笑わせられる	歩(ある)く	歩かせる 歩かせられる
買(か)う	買わせる 買わせられる	行(い)く	行かせる 行かせられる	泣(な)く	泣かせる 泣かせられる	習(なら)う	習わせる 習わせられる
聞(ある)く	聞かせる 聞かせられる	掃除(そうじ)する	掃除させる 掃除させられる	する	させる させられる	働(はたら)く	働かせる 働かせられる
書(か)く	書かせる 書かせられる	知(し)る	知らせる 知らせられる	寝(ね)る	寝させる 寝させられる	食(た)べる	食べさせる 食べさせられる
待(ま)つ	待たせる 待たせられる	勉強(べんきょう)する	勉強させる 勉強させられる	歌(うた)う	歌わせる 歌わせられる	走(はし)る	走らせる 走らせられる
立(た)つ	立たせる 立たせられる	休(やす)む	休ませる 休ませられる	乗(の)る	乗らせる 乗らせられる	言(い)う	言わせる 言わせられる
座(すわ)る	座らせる 座らせられる	踊(おど)る	踊らせる 踊らせられる				

1. トイレ掃除(そうじ)をさせました。トイレ掃除(そうじ)をさせられました。
2. 飲(の)ませました。飲(の)ませられました。
3. させました。させられました。
4. 泣(な)かせました。泣(な)かせられました。
5. 持(も)たせました。持(も)たせられました。
6. 飲(の)ませました。飲(の)ませられました。
7. テストを受(う)けさせました。テストを受(う)けさせられました。

396page 확인학습

1. いくら勉強(べんきょう)しようとしてもうまくできません。
2. ずっと一緒(いっしょ)にいたい。
3. 犬(いぬ)に手(て)を噛(か)まれました。
4. 隣(となり)の人(ひと)に足(あし)を踏(ふ)まれました。
5. 雨(あめ)に降(ふ)られました。

今度結婚する友達がいるんだけど、プレゼントに何がいいかな。

きれいなお皿はどう？きっと喜ぶはずだよ。

外国の人にプレゼントするんだったら、お皿よりも韓国の伝統的なプレゼントはどう？

第**39**課
がんばれ！

"사라가 예쁜 걸?"

음식점에 가면, 망설이지도 않고 "사라 주세요"라고 외친다. 접시를 뜻하고, 접시에 담은 음식을 세는 단위로도 쓴다. 주로 음식점에서 주문할 때 "회 한 사라 주세요"라고 많이 쓴다. 그러나, 이는 일본어에서 온 皿(さら)다. 皿(さら)는 음식점에서뿐 아니라 일상생활에서 두루 쓰인다.

きれいなお皿はどう？

우성　今度結婚する友達がいるんだけど、プレゼントに何がいい

かな。

リエ　きれいなお皿はどう？ きっと喜ぶはずだよ。

威　外国の人にプレゼントするんだったら、お皿よりも韓国の

伝統的なプレゼントはどう？

표현연구　　　　　　　　　　　　　　　　　　　　　ひょうげん

우성　이번에 결혼하는 친구가 있는데, 선물로 뭐가 좋을까?
리에　예쁜 접시는 어때? 진짜 기뻐할 거야.
다케시　외국인에게 선물하는 거라면 접시보다도 한국의 전통적인 선물을 하는 게 어때?

今度(こんど) 이번, 이번에　結婚(けっこん)する 결혼하다　友(とも)だち 친구　友(とも)だちがいる 친구가 있다　いるん
だけど 있는데　プレゼント 선물　何(なに)がいいかな 무엇이 좋을까　きれいだ 예쁘다　きれいなお皿(さら) 예
쁜 접시　きっと 꼭, 반드시　喜(よろこ)ぶ 기쁘다　はずだ 틀림없이 ~일 것이다, 분명히 ~일 것이다　外国(がいこく)の
人 외국인　するんだったら 한다면　よりも 보다도　伝統的(でんとうてき) 전통적　伝統的(でんとうてき)なプレゼン
ト 전통적인 선물

|1| に의 용법 정리

1) **(장소)**　中(なか)にあります。안에 있습니다.

2) **(때・시간)**　6時(ろくじ)に起(お)きます。6시에 일어납니다.

3) **(방향)**　会社(かいしゃ)に行(い)きます。회사에 갑니다.

4) **(도착 지점)**　会社(かいしゃ)に着(つ)きます。회사에 도착합니다.

5) **(대상)**　友(とも)だちに会(あ)います。친구를 만납니다.

6) **(목적)**　遊(あそ)びに行(い)きます。놀러갑니다.

7) **(결과)**　デザイナーになりたいです。디자이너가 되고 싶습니다.

8) **(〜로 통하다, 〜에 가 닿다)**　この道(みち)を行(い)くとどこに出(で)ますか。

　　　　　　이 길로 가면 어디가 나옵니까?

|2| 접두어 お

우리가 알고 있는 '물' 은 水(みず)인데, "물 주세요"라고 할 때 水(みず)ください라고 하면 못 알아들을 때가 있다. 접두어 お를 붙여서 お水(みず)ください라고 해야 알아듣는다. 사전에 나오지는 않지만, 항상 쓰면서 굳어진 말이다. 잘 알아두자!

お祝(いわ)い	お祈(いの)り	お母(かあ)さん	お菓子(かし)	お金(かね)	お子(こ)さん
축하	기도	어머니	과자	돈	자제분
お手洗(てあら)い	お手紙(てがみ)	お父(とう)さん	お友達(ともだち)	お腹(なか)	お名前(なまえ)
화장실	편지	아버지	친구	배	이름
お肉(にく)	お兄(にい)さん	お姉(ねえ)さん	お願(ねが)い	お花(はな)	お話(はなし)
고기, 살	오빠. 형	언니, 누나	부탁	꽃	이야기
お弁当(べんとう)	お見合(みあ)い	お見舞(みま)い	お電話(でんわ)	お食事(しょくじ)	お元気(げんき)
도시락	맞선, 중매	문병	전화	식사	건강, 힘
お料理(りょうり)	お正月(しょうがつ)	お誕生日(たんじょうび)	お大事(だいじ)に	お水(みず)	お皿(さら)
요리	정월	생일	몸조리하세요	물	접시

접두어 ご – 주로 한자어에 많이 붙음

ご案内(あんない)	ご安心(あんしん)	ご意見(いけん)	ご家族(かぞく)	ご兄弟(きょうだい)	ご苦労(くろう)
안내	안심	의견	가족	형제	수고, 힘씀
ご経験(けいけん)	ご結婚(けっこん)	ご参加(さんか)	ご主人(しゅじん)	ご紹介(しょうかい)	ご心配(しんぱい)
경험	결혼	참석, 참가	(남의)남편	소개	걱정, 염려
ご親切(しんせつ)	ご自由(じゆう)	ご説明(せつめい)	ご馳走(ちそう)	ご注意(ちゅうい)	ご都合(つごう)
친절	자유	설명	음식대접	주의	사정, 형편
ご飯(はん)	ご迷惑(めいわく)	ご両親(りょうしん)	ご連絡(れんらく)	ごゆっくり	
밥	폐	부모님	연락	천천히, 푹	

ご로 시작하는 짧은 문장

ご覧(らん)とおり。	보시다시피.
ごゆっくり。	편하게 / 편히 계세요.
ご機嫌(きげん)だね。	기분 좋으시네요.
ご心配(しんぱい)なく。	걱정하지 마시고!
ご存(ぞん)じですか。	알고 계세요?
ごちそうさまでした。	잘 먹었습니다.
ご恩(おん)は一生(いっしょう)忘(わす)れません。	은혜는 평생 잊지 않겠습니다.
ごもっともです。	당연하십니다. 지당하십니다.
ご自由(じゆう)に。	마음대로. 자유롭게.

お、ご가 들어가는 인사말

お邪魔(じゃま)します。	실례하겠습니다.(남의 집 방문 시)
お大事(だいじ)に！	몸조리 잘하세요!
お幸(しあわ)せに。	행복하세요.
お先(さき)に失礼(しつれい)します。	먼저 실례하겠습니다.
お休(やす)みなさい。	안녕히 주무세요.
おめでとうございます。	축하드립니다.
おかげさまです。	덕택입니다. 덕분입니다.
ごめんください。	실례합니다(남의 집 방문)
ごちそうさまでした。	잘 먹었습니다.

はずだ는 '틀림없이 〜할 것이다, 〜일 것이다' 라는 뜻으로, 어떤 사실의 실현을 당연한 일로 예측, 또는 기대하거나 확신할 때 쓴다. 접속방법은 명사는 のはずだ, な형용사는 なはずだ.

	명사	형용사	な형용사	동사
현재	명사 + の + はずだ	형용사 + はずだ	어간 + な + はずだ	동사 + はずだ
과거	だった + はずだ	かった + はずだ	だった + はずだ	た + はずだ

부정형은 はずがない(〜일 리가 없다)를 쓴다.

- 行(い)くはずです。 갈 겁니다.

- 行(い)ったはずです。 갔을 겁니다.

- 行(い)かないはずです。 가지 않을 겁니다.

- 忙(いそが)しいはずです。 바쁠 겁니다.

- 忙(いそが)しかったはずです。 바빴을 겁니다.

- 忙(いそが)しくないはずです。 바쁘지 않을 겁니다.

- 外国人(がいこくじん)のはずです。 외국인일 겁니다.

- 同(おな)じはずです。 같을 겁니다.(예외)

〈예외〉　同(おな)じだ(같다)는 예외적으로 뒤의 명사를 수식할 때 だ를 な로 바뀌지 않고 명사가 바로 온다.
　　　　ex) 같은 길 → 同(おな)じ道(みち)

状況(じょうきょう)を見(み)ると、彼(かれ)が犯人(はんにん)のはずです。
상황을 보면 그가 범인일 것입니다.

きれいに食(た)べたのを見(み)ると、おいしかったはずです。
깨끗하게 먹은 것을 보면 분명히 맛있었을 겁니다.

彼(かれ)はアメリカで勉強(べんきょう)しましたから、英語(えいご)が上手(じょうず)なはずです。 그는 미국에서 공부했으니까 틀림없이 영어를 잘할 겁니다.

こんなプレゼントなら、奥様(おくさま)もきっと喜(よろこ)ぶはずです。
이런 선물이라면 사모님도 틀림없이 기뻐하실 겁니다.

はい。そのはずです。
네, 그럴 겁니다. 틀림없이 그럴 겁니다.

知(し)っていたはずだ。
틀림없이 알고 있었을 거야.

彼(かれ)ならできるはずだ。
그러면 할 수 있을 것이다.

まだいるはずです。	틀림없이 아직 있을 겁니다.
そろそろ来(く)るはずです。	슬슬 올 겁니다.
まだいるはずがない。	아직 있을 리 없다.
そんなはずがない。	그럴 리가 없다.
やめたはずだ。	틀림없이 그만 두었다.
忙(いそが)しいはずだ。	바쁜 것은 당연하다.
太(ふと)るはずだ。	살찌는 것은 당연하다.

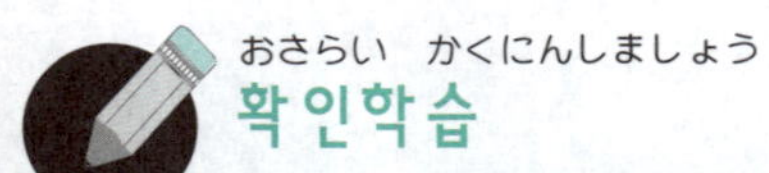

① 분명히 기뻐할 거예요. (きっと、喜(よろこ)ぶ)

② 그는 분명히 바쁠 겁니다. (忙(いそが)しい)

③ 내일은 분명히 학교에 가지 않을 겁니다. (行(い)かない)

④ 그는 나를 좋아할 겁니다. (好(す)きだ)

⑤ 그는 학생일 리가 없습니다. (学生(がくせい))

406page 확인학습

1. きっと喜(よろこ)ぶはずです。

2. 彼(かれ)は忙(いそが)しいはずです。

3. 明日(あした)は学校(がっこう)へ行(い)かないはずです。

4. 彼(かれ)は私(わたし)のことが好(す)きなはずです。

5. 彼(かれ)は学生(がくせい)のはずがないです。

もしもし。
川崎と申しますが、部長いらっしゃいますか。
はい、少々お待ちください。
お電話かわりました。
川崎ですが、今日は体の調子が悪くて休みたいんですが。

第40課
がんばれ！

"오늘은 조시 안 좋아요."

"오늘 조시 안 좋아요" "영, 조시 엉망이에요. 조퇴해야 할 것 같아요" "엔진 조시 좋다" 등의 말을 많이 쓰는데, 이 또한 한국어가 아니라 일본어 調子(ちょうし)(상태, 컨디션)에서 나온 말이다. 항상 調子(ちょうし)가 좋았으면 좋겠다.

今日は体の調子が悪いです。

リエ　　もしもし。

たけし　川崎と申しますが、部長いらっしゃいますか。
威

リエ　　はい、少々お待ちください。

우성　　お電話かわりました。

たけし　川崎ですが、今日は体の調子が悪くて休みたいんですが。
威

표현연구

ひょうげん

리에	여보세요
다케시	네 카와사키인데요, 부장님 계세요?
리에	잠시 기다려주세요.
우성	전화 바꿨습니다.
다케시	저, 카와사키인데요, 오늘 몸이 안 좋아서 쉬고 싶은데요.

もしもし 여보세요　**と申(もう)します** ~라고 합니다　**部長(ぶちょう)** 부장님　**いらっしゃる** 계시다　**いらっしゃいますか** 계십니까?　**少々(しょうしょう)お待(ま)ちください** 잠시 기다려주세요　**お電話(でんわ)かわりました** 전화 바꿨습니다　**体(からだ)の調子(ちょうし)が悪(わる)い** 몸 상태가 안 좋다, 컨디션이 안 좋다　**休(やす)む** 쉬다　**休(やす)みたい** 쉬고 싶다

| 1 | 존경어 · 겸양어

존경과 겸양의 의미를 갖는 특별한 동사

다른 단어들은 존경어와 겸양어 공식이 있어서 공식에 대입시키면 되는데, 아래의 단어는 대입되지 않는 동사들이다. 무조건 외워야 한다. 우린 여태까지 크고 작은 산들을 넘어 왔다. "이쯤이야"라는 생각을 가지고 마지막까지 최선을 다하자!

기본어		존경어		겸양어	
いる	있다	いらっしゃる	계시다	おる	있다
行(い)く	가다		가시다	参(まい)る	가다
来(く)る	오다		오시다	参(まい)る	오다
飲(の)む	마시다	召(め)し上(あ)がる	드시다	いただく	마시다
食(た)べる	먹다				먹다
見(み)る	보다	ご覧(らん)になる	보시다	拝見(はいけん)する	보다
する	하다	なさる	하시다	いたす	하다
言(い)う	말하다	おっしゃる	말씀하시다	申(もう)す	말하다
				申(もう)し上(あ)げる	아뢰다
知(し)る	알다	ご存(ぞん)じだ	알고계시다	存(ぞん)じる	알다
会(あ)う	만나다	お会(あ)いになる	만나시다	お目(め)にかかる	만나뵙다
聞(き)く	듣다. 묻다	お聞(き)きになる	들으시다	伺(うかが)う	듣다. 묻다
			물으시다		
訪(たず)ねる	방문하다			伺(うかが)う	찾아뵙다
くれる	주다	くださる	주시다		
ある	있다			ござる	있다
やる	주다			あげる	드리다
もらう	받다			いただく	받다

	辞書形	尊敬語	謙譲語
例(れい)	する	なさる	いたす
1	食(た)べる		
2	飲(の)む		
3	もらう		
4	言(い)う		
5	行(い)く		
6	来(く)る		
7	いる		

日本(にほん)へいついらっしゃいますか。
일본에 언제 가십니까?

明日(あした)もまたいらっしゃいますか。
내일도 또 오십니까?

行(い)ってまいります。
다녀오겠습니다.

もしもし、田中(たなか)さん、いらっしゃいますか。
여보세요, 타나카 씨 계세요?

すみませんが、今(いま)おりません。
죄송합니다만 지금 없습니다.

キムチを召(め)し上(あ)がりますか。
김치를 드십니까?

先生(せんせい)はいつも笑(わら)いながらおっしゃいました。
선생님은 항상 웃으면서 말씀하셨습니다.

川崎(かわさき)と申(もう)します。
카와사키라고 합니다.

飯坂先生(いいざかせんせい)をご存(ぞん)じですか。
이이자까 선생님을 알고 계십니까?

何(なに)になさいますか。
무엇으로 하시겠습니까?

ジュースにいたします。
주스로 하겠습니다.

다음의 단어들은 발음하기 불편해서인지 ます를 붙일 때 り가 い로 바뀌는 동사 5가
지다. 외우자!

기본어		ます형		명령형	
くださる	주시다	くださいます	주십니다	ください	주세요
なさる	하시다	なさいます	하십니다	なさい	하세요
おっしゃる	말씀하시다	おっしゃいます	말씀하십니다	おっしゃい	말씀하세요
いらっしゃる	계시다 가시다 오시다	いらっしゃいます	계십니다 가십니다 오십니다	いらっしゃい	어서 오세요
ござる	있다	ございます	있습니다.		

⊙ **연습1 다음을 보기와 같이 존경어로 고쳐주세요.**

このニュースを見(み)ましたか。이 뉴스를 봤습니까?
→ このニュースをご覧(らん)になりましたか。이 뉴스를 보셨습니까?

1) 社長(しゃちょう)は社長室(しゃちょうしつ)にいますか。

　→ (사장님은 사장실에 계십니까?) ________________________________

2) お飲(の)み物(もの)はなににしますか。

　→ (음료수는 무엇으로 하시겠습니까?) ________________________________

3) 何(なに)を食(た)べますか。

　→ (무엇을 드시겠습니까?) ________________________________

4) 先生(せんせい)が来(き)ました。

　→ (선생님께서 오셨습니다.) ________________________________

5) それを知(し)っていますか。

　→ (그것을 알고 계십니까?) ________________________________

川崎(かわさき)と言(い)います。
→ 川崎(かわさき)と申(もう)します。카와사키라고 합니다.

1) 家内(かない)は家(うち)にいます。

  → (아내는 집에 있습니다.) _______________________________

2) 私(わたし)がします。

  → (제가 하겠습니다.) _______________________________

3) 私(わたし)は韓国(かんこく)から来(き)ました。

  → (저는 한국에서 왔습니다.) _______________________________

4) 先生(せんせい)に聞(き)きます。

  → (선생님께 여쭙겠습니다.) _______________________________

5) それは私(わたし)も知(し)っています。

  → (그것은 저도 알고 있습니다.) _______________________________

3

〈존경어공식〉 お ＋ ます形 ＋ になる　〜하시다
〈겸양어공식〉 お ＋ ます形 ＋ する　〜하다
〈ます형+ください〉 お ＋ ます形 ＋ ください　〜해주세요
ご ＋ 한자어 ＋ ください
〈〜ですか〉 お ＋ ます형 ＋ ですか　〜하십니까?

	ます形	尊敬	謙譲	〜ください
例	待(ま)つ 기다리다	お待ちになる 기다리시다	お待ちする 기다리다	お待ちください 기다려주세요
1	答(こた)える 대답하다			
2	書(か)く 쓰다			
3	とる 잡다, 쥐다			
4	持(も)つ 들다, 가지다			
5	入(い)れる 넣다			
6	呼(よ)ぶ 부르다			
7	送(おく)る 보내다			
8	読(よ)む 읽다			

出(で)かける	お出(で)かけですか。	泊(とま)る	お泊(とま)りですか。
외출하다	외출하세요?	묵다	(하룻밤) 묵으실 건가요?
待(ま)つ		読(よ)む	
기다리다		읽다	
帰(かえ)る		飲(の)む	
돌아가다		마시다	
書(か)く		呼(よ)ぶ	
쓰다		부르다	
急(いそ)ぐ		忘(わす)れる	
서두르다		잊다	
入(はい)る		使(つか)う	
들어가다		사용하다	

- 日本(にほん)へいつお帰(かえ)りになりますか。
  일본에 언제 돌아가십니까?

- 先生(せんせい)が本(ほん)をお読(よ)みになっています。
  선생님께서 책을 읽고 계십니다.

- 私(わたし)がお読(よ)みします。
  제가 읽겠습니다.

- 神様(かみさま)にお祈(いの)りいたします。
  신께 기도 드리겠습니다.

- 金さんは何時(なんじ)ごろお帰(かえ)りになりますか。
  김상은 몇 시쯤에 퇴근하셨습니까?

- 私(わたし)がお書(か)きします。
  제가 쓰겠습니다.

お書(か)きください。	써주세요.
お伝(った)えください。	전해주세요.
お待(ま)ちください。	기다려주세요.
お入(はい)りください。	들어와 주세요.
お許(ゆる)しください。	용서해주세요.
お使(つか)いください。	사용해주세요.
お並(なら)びください。	줄서주세요.
ご記入(きにゅう)ください。	기입해주세요.
ご案内(あんない)ください。	안내해주세요.
ご連絡(れんらく)ください。	연락주세요.

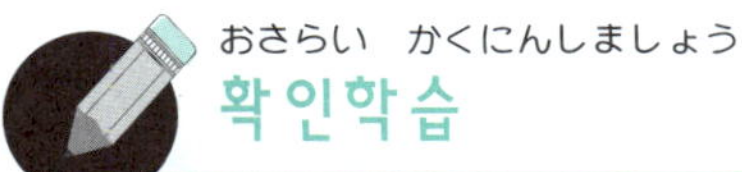

확인학습

① 사장님 계세요? (社長(しゃちょう))

② 저는 木村(きむら)リエ라고 합니다. (申(もう)す)

③ 외출하세요? (出(で)かける)

④ 잠시 기다려 주세요. (少々(しょうしょう))

⑤ 제가 쓰겠습니다. (書(か)く)

✿ Exercise | 종합문제

❀ 다음 단어를 ひらがな로 써 보세요.

1. 例文 ＿＿＿＿＿＿＿＿＿＿＿＿ **2.** 葉書 ＿＿＿＿＿＿＿＿＿＿＿＿

3. 隣 ＿＿＿＿＿＿＿＿＿＿＿＿ **4.** 掃除 ＿＿＿＿＿＿＿＿＿＿＿＿

5. 残業 ＿＿＿＿＿＿＿＿＿＿＿＿ **6.** 先輩 ＿＿＿＿＿＿＿＿＿＿＿＿

7. 状況 ＿＿＿＿＿＿＿＿＿＿＿＿ **8.** 伝統的 ＿＿＿＿＿＿＿＿＿＿＿＿

❀ 다음 단어를 한자로 써 보세요.

1. びょういん ＿＿＿＿＿＿＿＿＿＿ **2.** さくぶん ＿＿＿＿＿＿＿＿＿＿

3. にもつ ＿＿＿＿＿＿＿＿＿＿ **4.** えき ＿＿＿＿＿＿＿＿＿＿

5. さら ＿＿＿＿＿＿＿＿＿＿ **6.** かない ＿＿＿＿＿＿＿＿＿＿

7. ぶちょう ＿＿＿＿＿＿＿＿＿＿ **8.** ちょうし ＿＿＿＿＿＿＿＿＿＿

❀ 다음을 작문하세요.

1. 먹어보고 싶어요. ＿＿＿＿＿＿＿＿＿＿＿＿＿＿＿＿＿＿＿＿

2. 전부 먹어버렸어요. ＿＿＿＿＿＿＿＿＿＿＿＿＿＿＿＿＿＿＿＿

3. 비를 맞았습니다. ＿＿＿＿＿＿＿＿＿＿＿＿＿＿＿＿＿＿＿＿

4. 엄마는 나한테 청소를 시켰습니다. ＿＿＿＿＿＿＿＿＿＿＿＿＿＿

5. 나는 엄마 때문에 청소를 했습니다. ＿＿＿＿＿＿＿＿＿＿＿＿＿＿

6. 아무리 외워도 모르겠어요. ＿＿＿＿＿＿＿＿＿＿＿＿＿＿＿＿

7. 버스 안에서 옆 사람한테 밟혔습니다. ＿＿＿＿＿＿＿＿＿＿＿＿

8. 건강하세요? ＿＿＿＿＿＿＿＿＿＿＿＿＿＿＿＿＿＿＿＿＿＿

9. 그는 틀림없이 알고 있었을 거예요. ________________________

10. 그는 학생일 리가 없어요. ________________________

11. 저는 山田라고 합니다. ________________________

12. 잠시 기다려주세요. ________________________

배점 | 32문제×3점, 마지막 문제는 4점 = 100점

1. 당신은 수영을 할 수 있습니까? ______________________________

2. 주말에는 텔레비전을 보기도 하고, 일본어 공부를 하기도 합니다.

   ____

3. 혼자서 갈 수 있습니까? ______________________________

4. 방에 들어가지 말아 주세요. ______________________________

5. 담배를 피워도 됩니까? ______________________________

6. 술을 마시고 운전해서는 안 됩니다. ______________________________

7. 걱정하지 말아 주세요. ______________________________

8. 내일은 일찍 일어나야 합니다. ______________________________

9. 이 빵은 먹지 않는 편이 좋습니다. ______________________________

10. 전화를 걸지 않아도 됩니다. ______________________________

11. 아이스크림을 먹으면서 걷습니다. ______________________________

12. 3시까지 오도록 부탁했습니다. ______________________________

13. 내일은 비가 온답니다. ______________________________

14. 이 케이크는 맛있을 것 같습니다. ______________________________

15. 김상은 어제 역 앞에서 선생님을 만났다고 합니다.

   ____

16. 내 얼굴은 마치 천사 같습니다. ______________________________

17. 저 분은 일본인인 것 같습니다. ___________________________

18. 내일 산에 갔다오려고 합니다. ___________________________

19. 감기에 걸리지 않도록 조심하세요. ___________________________

20. 가방을 사서 남동생에게 주었습니다. ___________________________

21. 선생님은 나에게 책을 주셨습니다. ___________________________

22. 나는 선생님께 책을 드렸습니다. ___________________________

23. 친구가 나에게 쵸콜릿을 주었습니다. ___________________________

24. 선생님은 나에게 우산을 빌려주셨습니다. ___________________________

25. 1에 2를 더하면 3이 됩니다. ___________________________

26. 집에 갔더니 친구가 와 있었습니다. ___________________________

27. 봄이 되면 따뜻해집니다. ___________________________

28. 개한테 발을 물렸습니다. ___________________________

29. 선생님은 나에게 작문을 쓰게 했습니다. ___________________________

30. 역 앞에서 어쩔 수 없이 노래를 불렀습니다. ___________________________

31. 가족을 위해서 일합니다. ___________________________

32. 저는 木村라고 합니다. ___________________________

33. 밖에서 기다리겠습니다. ___________________________

412page ◉ 존경어 · 겸양어

食(た)べる	めしあがる	いただく
飲(の)む	めしあがる	いただく
もらう		いただく
言(い)う	おっしゃる	申(もう)す、申(もう)し上(あ)げる
行(い)く	いらっしゃる	参(まい)る
来(く)る	いらっしゃる	参(まい)る
いる	いらっしゃる	おる

413page ◉ 연습1 다음을 보기와 같이 존경어로 고쳐주세요.

1. 社長(しゃちょう)は社長室(しゃちょうしつ)にいらっしゃいますか。

2. お飲(の)み物(もの)は何(なに)になさいますか。

3. 何(なに)を召(め)し上(あ)がりますか。

4. 先生(せんせい)がいらっしゃいました。

5. それをご存(ぞん)じですか。

414page ◉ 연습2 다음을 보기와 같이 겸양어로 고쳐주세요.

1. 家内(かない)は家(うち)におります。

2. 私(わたし)がいたします。

3. 私(わたし)は韓国(かんこく)から参(まい)りました。

4. 先生(せんせい)に伺(うかが)います。

5. それは私(わたし)も存(ぞん)じています。

415page ◉ 3. 존경어 · 겸양어 공식

答(こた)える	お答(こた)えになる	お答(こた)えする	お答(こた)えください
書(か)く	お書(か)きになる	お書(か)きする	お書(か)きください
とる	お取(と)りになる	お取(と)りする	お取(と)りください
持(も)つ	お持(も)ちになる	お持(も)ちする	お持(も)ちください
入(い)れる	お入(い)れになる	お入(い)れする	お入(い)れください
呼(よ)ぶ	お呼(よ)びになる	お呼(よ)びする	お呼(よ)びください
送(おく)る	お送(おく)りになる	お送(おく)りする	お送(おく)りください
読(よ)む	お読(よ)みになる	お読(よ)みする	お読(よ)みください

待(ま)つ	お待(ま)ちですか。	読(よ)む	お読(よ)みですか。
帰(かえ)る	お帰(かえ)りですか。	飲(の)む	お飲(の)みですか。
書(か)く	お書(か)きですか。	呼(よ)ぶ	お呼(よ)びですか。
急(いそ)ぐ	お急(いそ)ぎですか。	忘(わす)れる	お忘(わす)れですか。
入(はい)る	お入(はい)りですか。	使(つか)う	お使(つか)いですか。

417page 확인학습

1. 社長(しゃちょう)いらっしゃいますか。

2. 私(わたし)は木村(きむら)リエと申(もう)します。

3. お出(で)かけですか。

4. 少々(しょうしょう)お待(ま)ちください。

5. 私(わたし)がお書(か)きします。

37~40과 종합문제 정답

❀ 다음 단어를 ひらがな로 써보세요.

1. れいぶん

2. はがき

3. となり

4. そうじ

5. ざんぎょう

6. せんぱい

7. じょうきょう

8. でんとうてき

❀ 다음 단어를 한자로 써보세요.

1. 病院

2. 作文

3. 荷物

4. 駅

5. 皿

6. 家内

7. 部長

8. 調子

❀ 다음을 작문하세요.

1. 食(た)べてみたいです。

2. 全部(ぜんぶ)食(た)べてしまいました。

3. 雨(あめ)に降(ふ)られました。

4. 母(はは)は私(わたし)に掃除(そうじ)をさせました。

5. 私(わたし)は母(はは)に掃除(そうじ)をさせられました。

6. いくら覚(おぼ)えてもわかりません。

7. バスの中(なか)でとなりの人(ひと)に足(あし)を踏(ふ)まれました。

8. お元気(げんき)ですか。

9. 彼(かれ)は知(し)っていたはずです。

10. 彼(かれ)は学生(がくせい)のはずがないです。

11. 私(わたし)は山田(やまだ)と申(もう)します。

12. 少々(しょうしょう)お待(ま)ちください。

<table>
<tr><td>

작문 총괄 테스트 정답

</td><td>

</td></tr>
</table>

1. あなたは泳(およ)げますか。あなたは泳(およ)ぐことができますか。

2. 週末(しゅうまつ)はテレビを見(み)たり、日本語(にほんご)の勉強(べんきょう)をしたりします。

3. 一人(ひとり)で行(い)けますか。一人(ひとり)で行(い)くことができますか。

4. 部屋(へや)に入(はい)らないでください。

5. タバコを吸(す)ってもいいですか。

6. お酒(さけ)を飲(の)んで運転(うんてん)してはいけません。

7. 心配(しんぱい)しないでください。

8. 明日(あした)は早(はや)く起(お)きなければなりません。

9. このパンは食(た)べない方(ほう)がいいです。

10. 電話(でんわ)をかけなくてもいいです。

11. アイスクリームを食(た)べながら歩(ある)きます。

12. 三時(さんじ)まで来(く)るように頼(たの)みました。

13. 明日(あした)は雨(あめ)がふるそうです。

14. このケーキはおいしそうです。

15. 金さんは昨日(きのう)、駅(えき)の前(まえ)で先生(せんせい)に会(あ)ったそうです。

16. 私(わたし)の顔(かお)はまるで天使(てんし)のようです。（天使(てんし)みたいです。）

17. あの方(かた)は日本人(にほんじん)のようです。（日本人(にほんじん)みたいです。）

18. 明日(あした)、山(やま)へ行(い)ってこようと思(おも)います。

19. 風邪(かぜ)を引(ひ)かないように気(き)をつけなさい。

20. かばんを買(か)って弟(おとうと)にあげました。

21. 先生(せんせい)は私(わたし)に本(ほん)をくださいました。

22. 私(わたし)は先生(せんせい)に本(ほん)を差(さ)し上(あ)げました。

23. 友達(ともだち)は私(わたし)にチョコレートをくれました。

24. 先生(せんせい)は私(わたし)に傘(かさ)を貸(か)してくださいました。 私(わたし)は先生(せんせい)に傘(かさ)を貸(か)していただきました。

25. 一(いち)に二(に)を足(た)すと三(さん)になります。

26. 家(うち)へ帰(かえ)ったら友達(ともだち)が来(き)ていました。

27. 春(はる)になると暖(あたた)かくなります。

28. 犬(いぬ)に足(あし)を噛(か)まれました。

29. 先生(せんせい)は私(わたし)に作文(さくぶん)を書(か)かせました。

30. 駅(えき)の前(まえ)で歌(うた)を歌(うた)わせられました。

31. 家族(かぞく)のために働(はたら)きます。

32. わたしは木村(きむら)と申(もう)します。

33. 外(そと)でお待(ま)ちします。

부 록

Appendix

일본어 기본 문형 및 필수 회화

조사 助詞

は	~은/는	私(わたし)は学生(がくせい)です。 나는 학생입니다. 金さんは学生(がくせい)じゃありません。 김상은 학생이 아닙니다.
が	~이/가	これが私(わたし)の本(ほん)です。 이것이 내 책입니다. 寿司(すし)が好(す)きです。 초밥을 좋아합니다. 私(わたし)は行(い)きますが、山田(やまだ)さんは行(い)きません。 나는 갑니다만, 야마다 씨는 가지 않습니다.
を	~을/를	新聞(しんぶん)を読(よ)みます。 신문을 읽습니다. 部屋(へや)を出(で)ます。 방을 나갑니다.
へ	~에/~(으)로	国(くに)へ帰(かえ)ります。 고향으로 돌아갑니다. 家(うち)へ帰(かえ)ります。 집에 갑니다. 会社(かいしゃ)へ行(い)きます。 회사에 갑니다.
と	~와/~과	彼(かれ)と私(わたし)は来年(らいねん)結婚(けっこん)します。 그와 저는 내년에 결혼합니다. 友達(ともだち)と映画(えいが)を見(み)ました。 친구랑 영화를 봤습니다. 山田(やまだ)と申(もう)します。 야먀다라고 합니다.

で	~에서 ~(으)로 ~(이)고	図書館(としょかん)で勉強(べんきょう)します。 도서관에서 공부 합니다.
		これは本(ほん)で、それはノートです。 이것은 책이고, 그것은 노트입니다.
		目(め)で見(み)ます。 눈으로 봅니다.
		これでいいですか。 이것으로 되겠습니까? 이렇게 하면 되요?
		大声(おおごえ)で叫(さけ)ぶ。 큰 소리로 외치다.
		一人(ひとり)で暮(くら)す。 혼자서 살다
に	~에 ~(으)로 ~에게 ~를 ~하러	駅(えき)の前(まえ)に大学(だいがく)があります。 역 앞에 대학교가 있습니다.
		3時(じ)に会議(かいぎ)があります。 3시에 회의가 있습니다.
		山田(やまだ)さんが最後(さいご)に着(つ)きました。 야마다 씨가 마지막으로 도착했습니다.
		友達(ともだち)に日本語(にほんご)を教(おし)えています。 친구에게 일본어를 가르치고 있습니다.
		彼(かれ)は医者(いしゃ)になりました。 그는 의사가 되었습니다.
		昨日(きのう)、彼女(かのじょ)に会(あ)いました。 어제, 그녀를 만났습니다.
		買物(かいもの)に行(い)きます。 쇼핑하러 갑니다.

から	~부터 ~에서	これから 이제부터
		明日(あした)から 내일부터
		ソウルから日本(にほん)まで 서울에서 일본까지
まで	~까지	3時(さんじ)まで 3시까지
		ソウルまで飛行機(ひこうき)で来(き)ました。 서울까지 비행기로 왔습니다.
より	~보다	英語(えいご)より日本語(にほんご)の方(ほう)が簡単(かんたん)です。 영어보다 일본어 쪽이 쉽습니다.
		私(わたし)より背(せ)が高(たか)いです。 나보다 키가 큽니다.
しか	~밖에	私(わたし)にはお金(かね)しかありません。 나에게는 돈밖에 없습니다.
だけ	~만	あなただけを愛(あい)しています。 당신만을 사랑합니다.
も	~도 ~이나	これも日本語(にほんご)の本(ほん)です。 이것도 일본어 책입니다.
		私(わたし)も行(い)きたいです。 저도 가고 싶어요.
		ご飯(はん)を二杯(にはい)も食(た)べました。 밥을 두 공기가 먹었습니다.

か	**~까** **~나** **~ㄴ가**	お名前(なまえ)は何(なん)ですか。 이름은 무엇입니까?
		いつかは行(い)くでしょう。 언젠가는 가겠지요.
		なにか飲(の)みましょう。 뭔가 마십시다.
		これかそれ。 이건가 그것. 이것인가 그것.
ね	**~군요** **~지요**	とても暑(あつ)いですね。 매우 덥군요. 매우 덥지요.
		金さんですね。 김상이군요. 김상이지요.
や	**~이랑**	机(つくえ)の上(うえ)に本(ほん)やノートなどがあります。 책상 위에 책이랑 노트가 있습니다.
など	**~등** **~와 같은** **것**	雑誌(ざっし)や新聞(しんぶん)などがあります。 잡지랑 신문 등이 있습니다.
		これなどいかがですか。 이것 등은 어떻습니까? 이것과 같은 건 어떻습니까?
		お金(かね)など要(い)りません。 돈 따윈 필요 없습니다.

대명사 代名詞

지시대명사

		근칭		중칭		원칭		부정칭	
사 물		これ	이것	それ	그것	あれ	저것	どれ	어느 것
장 소		ここ	여기	そこ	거기	あそこ	저기	どこ	어디
방 향		こちら =こっち	이쪽	そちら =そっち	그쪽	あちら =あっち	저쪽	どちら =どっち	어느 쪽
연 체 사		この	이	その	그	あの	저	どの	어느

위치대명사

上(うえ)	위	前(まえ)	앞	左(ひだり)	왼쪽	そば	옆/곁
下(した)	아래	後(うし)ろ	뒤	横(よこ)	옆	間(あいだ)	사이
中(なか)	안/속	右(みぎ)	오른쪽	隣(となり)	옆(바로 옆)		

～の上(うえ)に	～위에	～の後(うし)ろに	～뒤에(장소)
～の下(した)に	～아래에	～の右(みぎ)に	～오른쪽에
～の中(なか)に	～안에	～の左(ひだり)に	～왼쪽에
～のそばに	～옆에, 곁에	～の近(ちか)くに	～근처에
～の前(まえ)に	～앞에		

수 数

숫자 세기		1	10	100	1000	10000
	0	れい・ゼロ				
	1	いち	じゅう	ひゃく	せん	いちまん
	2	に	にじゅう	にひゃく	にせん	にまん
	3	さん	さんじゅう	さんびゃく	さんぜん	さんまん
	4	し・よん・よ	よんじゅう	よんひゃく	よんせん	よんまん
	5	ご	ごじゅう	ごひゃく	ごせん	ごまん
	6	ろく	ろくじゅう	ろっぴゃく	ろくせん	ろくまん
	7	しち・なな	ななじゅう	ななひゃく	ななせん	ななまん
	8	はち	はちじゅう	はっぴゃく	はっせん	はちまん
	9	きゅう・く	きゅうじゅう	きゅうひゃく	きゅうせん	きゅうまん

시간 (何時(なんじ) −몇 시)	시간	時
	1時	いちじ
	2時	にじ
	3時	さんじ
	4時	よじ
	5時	ごじ
	6時	ろくじ
	7時	しちじ
	8時	はちじ
	9時	くじ
	10時	じゅうじ
	11時	じゅういちじ
	12時	じゅうにじ

분	分	분	分	기타	해석
1分	いっぷん	13分	じゅうさんぷん	午前(ごぜん)	오전
2分	にふん	14分	じゅうよんぷん	午後(ごご)	오후
3分	さんぷん	15分	じゅうごふん	ちょうど	정각
4分	よんぷん	16分	じゅうろっぷん	前(まえ)	~전
5分	ごふん	17分	じゅうななふん	30分=半(はん)	30분 = 반
6分	ろっぷん	18分	じゅうはっぷん	から	~부터
7分	ななふん	19分	じゅうきゅうふん	まで	~까지
8分	はっぷん	20分	にじゅっぷん		
9分	きゅうふん	30分	さんじゅっぷん		
10分	じゅっぷん	40分	よんじゅっぷん		
11分	じゅういっぷん	50分	ごじゅっぷん		
12分	じゅうにふん	60分	ろくじゅっぷん		

분 (何分(なんぷん) -몇 분)

월	月	월	月
1月	いちがつ	7月	しちがつ
2月	にがつ	8月	はちがつ
3月	さんがつ	9月	くがつ
4月	しがつ	10月	じゅうがつ
5月	ごがつ	11月	じゅういちがつ
6月	ろくがつ	12月	じゅうにがつ

월 (何月(なんがつ) -몇 월)

일	日	일	日	일	日
1日	ついたち	2日	ふつか	3日	みっか
4日	よっか	5日	いつか	6日	むいか
7日	なのか	8日	ようか	9日	ここのか
10日	とおか	11日	じゅういちにち	12日	じゅうににち
13日	じゅうさんにち	14日	じゅうよっか	15日	じゅうごにち
16日	じゅうろくにち	17日	じゅうしちにち	18日	じゅうはちにち
19日	じゅうくにち	20日	はつか	21日	にじゅういちにち
22日	にじゅうににち	23日	にじゅうさんにち	24日	にじゅうよっか
25日	にじゅうごにち	26日	にじゅうろくにち	27日	にじゅうしちにち
28日	にじゅうはちにち	29日	にじゅうくにち	30日	さんじゅうにち

일
(何日(なんにち) –몇 일)

31日	今日は何月何日ですか。오늘은 몇 월 며칠입니까?
さんじゅういちにち	お誕生日はいつですか。생일은 언제입니까?

요일
(何曜日(なんようび) – 무슨 요일)

月曜日(월요일)	金曜日(금요일)
げつようび	きんようび
火曜日(화요일)	土曜日(토요일)
かようび	どようび
水曜日(수요일)	日曜日(일요일)
すいようび	にちようび
木曜日(목요일)	何曜日(무슨 요일)
もくようび	なんようび

시제

おととい	(그저께)
昨日(きのう)	(어제)
今日(きょう)	(오늘)
明日(あした)	(내일)
あさって	(모레)
先週(せんしゅう)	(지난주)
今週(こんしゅう)	(이번주)
来週(らいしゅう)	(다음주)
先月(せんげつ)	(지난달)
今月(こんげつ)	(이번달)
来月(らいげつ)	(다음달)
去年(きょねん)・昨年(さくねん)	(작년)
今年(ことし)	(올해)
来年(らいねん)	(내년)

		人(ひと)	개수	枚(まい)	杯(はい)
조 수 사	1	☆ひとり	ひとつ	いちまい	☆いっぱい
	2	☆ふたり	ふたつ	にまい	にはい
	3	さんにん	みっつ	さんまい	☆さんばい
	4	☆よにん	よっつ	よんまい	よんはい
	5	ごにん	いつつ	ごまい	ごはい
	6	ろくにん	むっつ	ろくまい	☆ろっぱい
	7	しちにん	ななつ	しち / ななまい	ななはい
	8	はちにん	やっつ	はちまい	☆はっぱい
	9	きゅうにん	ここのつ	きゅうまい	きゅうはい
	10	じゅうにん	とお	じゅうまい	☆じゅっぱい
	☆	何人(なんにん)/何名(なんめい)	いくつ	何枚(なんまい)	☆何杯(なんばい)
		사람(명)	사과, 달걀(개)	종이, 손수건(장)	음료수(잔)
		才(さい)/歳(さい)	階(かい)	本(ほん)	匹(ひき)
	1	いっさい	いっかい	☆いっぽん	☆いっぴき
	2	にさい	にかい	にほん	にひき
	3	さんさい	☆さんがい	☆さんぼん	☆さんびき
	4	よんさい	よんかい	よんほん	よんひき
	5	ごさい	ごかい	ごほん	ごひき
	6	ろくさい	ろっかい	☆ろっぽん	☆ろっぴき
	7	ななさい	ななかい	ななほん	ななひき
	8	はっさい	はっかい	☆はっぽん	☆はっぴき
	9	きゅうさい	きゅうかい	きゅうほん	きゅうひき
	10	じゅっさい	じゅっかい	☆じゅっぽん	☆じゅっぴき
	☆	何才(なんさい)	☆何階(なんがい)	☆何本(なんぼん)	☆何匹(なんびき)
		나이(살) 예외: はたち(20살)	층	긴 물건 셀 때	작은 동물(마리)

조 수 사		冊(さつ)	回(かい)	台(だい)	番(ばん)
	1	いっさつ	いっかい	いちだい	いちばん
	2	にさつ	にかい	にだい	にばん
	3	さんさつ	さんかい	さんだい	さんばん
	4	よんさつ	よんかい	よんだい	よんばん
	5	ごさつ	ごかい	ごだい	ごばん
	6	ろくさつ	ろっかい	ろくだい	ろくばん
	7	ななさつ	ななかい	ななだい	ななばん
	8	はっさつ	はっかい	はちだい	はちばん
	9	きゅうさつ	きゅうかい	きゅうだい	きゅうばん
	10	じゅっさつ	じゅっかい	じゅうだい	じゅうばん
	☆	何冊(なんさつ)	何回(なんかい)	何台(なんだい)	何番(なんばん)
		책, 사전(권)	횟수(번)	자동차, 컴퓨터 등	순서
		~ヶ月(かげつ)	倍(ばい)	足(そく)	円(えん)
	1	いっかげつ	いちばい	いっそく	いちえん
	2	にかげつ	にばい	にそく	にえん
	3	さんかげつ	さんばい	☆さんぞく	さんえん
	4	よんかげつ	よんばい	よんそく	☆よえん
	5	ごかげつ	ごばい	ごそく	ごえん
	6	ろっかげつ	ろくばい	ろくそく	ろくえん
	7	ななかげつ	ななばい	ななそく	ななえん
	8	はっかげつ	はちばい	はっそく	はちえん
	9	きゅうかげつ	きゅうばい	きゅうそく	きゅうえん
	10	じゅっかげつ	じゅうばい	じゅっそく	じゅうえん
	☆	何ヵ月(なんかげつ)	何倍(なんばい)	☆何足(なんぞく)	☆いくら
		~개월	~배	구두, 양말 등	엔(일본화폐단위)

년	년	年	년	年	년	年
년 (何年(なんねん) -몇 년)	1年	いちねん	2年	にねん	3年	さんねん
	4年	よねん	5年	ごねん	6年	ろくねん
	7年	しち・ななねん	8年	はちねん	9年	きゅうねん
	10年	じゅうねん	100年	ひゃくねん	何年	なんねん

'을/를'에 해당하는 조사 를을 안 쓰고, 가를 쓰는 단어	～が	出来(でき)る	할 수 있다.
		分(わ)かる	알다, 이해하다
		上手(じょうず)だ	잘하다, 능숙하다
		下手(へた)だ	못하다, 서투르다
		欲(ほ)しい	～을/를 원하다, 갖고싶다
		得意(とくい)だ	특기이다, 잘하다
		苦手(にがて)だ	질색이다, 못하다
		好(す)きだ	좋아하다
		嫌(きら)いだ	싫어하다

기본문형정리

~て형		
	～ている	～하고 있다
	～てください	～해주세요, ～해주십시오
	～てから	～하고 나서
	～ては いけません [だめです]	～해서는 안 됩니다
	～ても いいです	～해도 좋습니다
	～てばかり いる	～하고만 있다
	～てほしい	～해 주기를 원하다(바라다)
	～てみる / ～ておく / ～てしまう	～해보다/～해두다/～해버리다
	～てあげる / ～てくれる / ～てもらう	～해주다/～해주다(남→나)/～해 받다

~た형		
	～たことがある	～한 적이 있다
	～たほうがいい	～하는 편이 좋다
	～たら	～라면 / ～하는 게 / ～했더니
	～たり ～たりする	～하기도 하고 ～하기도 합니다
	～たばかりです	지금 막 ～했습니다

~ない형		
	～ないでください	～하지 말아 주세요
	～なければなりません	～하지 않으면 안 됩니다
	～なくてもいいです	～하지 않아도 됩니다(좋습니다)
	～ずに	～하지 않고
	～ないほうがいいです	～하지 않는 편이 좋습니다.

~ます형		
	～ましょう	～합시다
	～に 行く	～하러 가다
	～たい / ～たくない	～하고싶다 / ～하고싶지 않다
	～ながら	～하면서
	～やすい / ～にくい	～하기 쉽다 / ～하기 어렵다
	～なさい	～하세요
	～方(かた)	～하는 방법
	お～になる / お～する	～하시다(존경) / ～하다(겸양)

1 동사의 ます형

동사의 종류	ます형
5단 동사(1그룹 동사)	う段 → い段 + ます
상·하 1단 동사(2그룹 동사)	る를 빼고 ます。
カ변격 동사 くる(3그룹 동사)	きます(옵니다)
サ변격 동사 する(3그룹 동사)	します(합니다)

例) 食(た)べる	2	たべます たべません	寝(ね)る		待(ま)つ	
起(お)きる			来(く)る		持(も)つ	
死(し)ぬ			考(かんが)える		散歩(さんぽ)する	
話(はな)す			する		飲(の)む	
帰(かえ)る			泳(およ)ぐ		勉強(べんきょう)する	

2 て형(〜하고/〜해서/〜하며)　た형(〜했다)

품　사		て形 / た形
명　　사 な형용사		で、だった
형 용 사		い를 빼고 くて、かった(*예외 : いい-よくて、よかった)
동　　사	5단 동사	う、つ、る → って、った ぬ、む、ぶ → んで、んだ く → いて、いた　ぐ → いで、いだ す → して、した
	예　외	行く － 行って、行った
	상·하 1단 동사	る를 빼고 て、た
	くる	きて、きた
	する	して、した

～て형		
	-て ください	～해주세요
	-ても いいです	～해도 좋습니다
	-ては いけません	～해서는 안 됩니다
	-た ことがあります	～한 적 있습니다
	-た ほうがいいです	～하는 편이 좋습니다.
	-た ばかりです	지금 막 ～했습니다.

3 ない형 (～하지 않는다)

동사의 종류	ない形
5단 동사	う段 → あ段 + ない *예외 : う로 끝나는 동사는 わない로 바꿈 *ある의 부정은 ない、いる의 부정은 いない
상 · 하 1단 동사	る를 빼고 ない
カ변격 동사	こない(오지 않는다)
サ변격 동사	しない(하지 않는다)

～て형		
	ないでください	(～하지 말아 주십시오)
	なければなりません	(～하지 않으면 안 됩니다, ～해야만 합니다)
	なくてもいいです	(～하지 않아도 좋습니다)
	ないほうがいいです	(～하지 않는 편이 좋습니다)

기본문형정리

ます형	의미	기본형	ない형
心配(しんぱい)します	걱정합니다		
行(い)きます	갑니다		
来(き)ます	옵니다		
会(あ)います	만납니다		
食(た)べます	먹습니다		
します	합니다		
知(し)ります	압니다		
勉強(べんきょう)します	공부합니다		

☆ 동사활용 정리

동사	ます(입니다)	て(하고/해서)	た(-했다)	ない(-가 아니다)
5단 동사	u단→ i단 + ます	う、つ、る→って ぬ、む、ぶ→んで く→いて、 ぐ→いで す→して	う、つ、る→った ぬ、む、ぶ→んだ く→いた、 ぐ→いだ す→した	u단 → a단 + ない
상·하 1단 동사	る를 빼고 ます	る를 빼고 て	る를 빼고 た	る를 빼고 ない
来(き)る	来(き)ます	来(き)て	来(き)た	来(こ)ない
する	します	して	した	しない
예외		行く→行って	行く→行った	う→わない ある→ない、 いる→いない

동사	ます	ない	ません	た	ました	なかった	ませんでした
見(み)る	見ます	見ない	見ません	見た	見ました	見なかった	見ませんでした
*する	します	しない	しません	した	しました	しなかった	しませんでした
起(お)きる							
待(ま)つ							
笑(わら)う							
食(た)べる							
*帰(かえ)る							
寝(ね)る							
*来(く)る	来(き)ます	来(こ)ない	来(き)ません	来た	来ました	来なかった	来ませんでした
言(い)う							
聞(き)く							
洗(あら)う							
*入(はい)る							
休(やす)む							
落(お)ちる							
作(つく)る							
使(つか)う							
分(わ)かる							
*知(し)る							

* 예외 5단 동사, カ변격 동사, サ변격 동사 주의

4 문형 연습

의미	동사	ます형+ましょう(か) ~합시다 (~할까요?) 寝ましょう 寝ましょうか	ます형+ ませんか ~하지 않을래요? 寝ませんか	ーた後で ~한 다음에 寝た後で	동사 て형 +てから ~하고 나서 寝てから	동사원형+ 前に ~하기 전에 寝る前に
먹다	たべる					
마시다	のむ					
사다	かう					
오다	くる					
하다	する					
가다	いく					
들어가다	はいる					
서두르다	いそぐ					
보다	みる					
일어나다	おきる					
만나다	あう					

5 착용동사

동 사	의 미	의 상
着(き)る	입다	ジャケット(쟈켓)、スーツ(정장)、シャツ(셔츠)、ワンピース(원피스)、うわぎ(겉옷. 웃옷)、セーター(스웨터)、ブラウス(브라우스)등
履(は)く	신다	ズボン(바지)、ジーンズ(청바지)、くつ(구두)、スカート(스커트)、くつした(양말) 등
かぶる	쓰다	ぼうし(모자)
かける	쓰다	めがね(안경)
する	하다	ピアス 뚫은 귀걸이(イヤリング：안 뚫은 귀걸이)、ネックレス(목걸이)、ベルト(밸트)、とけい(시계)、ネクタイ(넥타이)、ゆびわ(반지) 등

6 そうだ・ようだ・みたいだ・らしい

そうだ(전문)	そうだ(양태)	ようだ	みたいだ	らしい
명사 명사 + だ + そうだ	명사	명사 명사 + の + ようだ	명사 명사 + みたいだ	명사 명사 + らしい
な형용사 원형 + そうだ	な형용사 어간 + そうだ	な형용사 어간 + な + ようだ	な형용사 어간 + みたいだ	な형용사 어간 + らしい
형용사 원형 + そうだ	형용사 어간 + そうだ	형용사 원형 + ようだ	형용사 원형 + みたいだ	형용사 원형 + らしい
동사 원형 + そうだ	동사 ます형 + そうだ	동사 원형 + ようだ	동사 원형 + みたいだ	동사 원형 + らしい

	ようだ	そうだ	らしい
	눈으로 보니까 그런 경우	그때의 상황과 들은 정보를 바탕으로 판단했을 때 불확실하지만 그렇게 볼 수도 있는 경우	남에게 듣거나 객관적인 기준이 있을 때. 객관성을 띤 판단
판단의 근거	시청각적인 정보 · 감촉	현장 · 상황을 직접적으로 보고 있는 것	시청각적 정보. ようだ보다 임장감(현장에 있는 듯한 느낌)이 약하다. 전문을 통해 판단한다.
서술태도	직관적인 판단, 일반적인 판단, 화자와 심적 거리가 가깝다	직관적인 판단	객관적 · 논리적 · 책임 회피적인 성향. 과거, 미래에 대해 다 사용
서술범위	과거와 미래에 걸쳐 전부 표현. 이미 체험하고 있는 일	현재 또는 가까운 미래	'나'에 대해서는 사용 못함
확신도	아주 높다	아주 높다	ようだ 보다 높지 않다

7 가정법 ば、と、たら、なら

ば	1) 과거형에는 접속되지 않으며, 뒤에도 과거형을 사용할 수 없다.
	2) 동작을 나타내는 동사에 접속된 경우, 뒤에 의지·명령·의뢰·금지·권유·충고·희망의 의미를 갖는 표현을 사용할 수 없다.
と	1) 뒤에 의지·명령·의뢰·금지·권유·충고·희망의 의미를 갖는 표현은 사용할 수 없다.
たら	1) AたらBだ는 A가 행해진 후에 B의 상황이 일어난다는 의미로, 뒤에는 어떠한 의미의 문장을 사용해도 상관없다. 거의 대부분이 たら다. 모르면 たら를 쓰자!
なら	1) たら와는 시간의 전후가 반대. AならBだ는 A가 행해지기 전에 B가 우선이라는 의미다.
	2) 또 화제를 제시하거나 상대방이 한 말을 조건(전제)으로 할 경우에도 사용한다.

8 れる·られる의 용법

수동	先生(せんせい)にしかられる。	선생님께 야단맞다
	誰(だれ)からも信用(しんよう)される。	누구에게나 신용을 받다.
존경	先生(せんせい)がこちらへ来(こ)られる。	선생님이 이쪽으로 오시다.
	先生(せんせい)が本(ほん)を読(よ)まれる。	선생님이 책을 읽으시다.
가능	歩(ある)いても行(い)かれる。	걸어서라도 갈 수 있다.
	その質問(しつもん)には答(こた)えられる。	그 질문에는 대답할 수 있다.
자발	母(はは)の病気(びょうき)が案(あん)じられる。	어머니 병이 걱정된다.
	将来(しょうらい)のことが心配(しんぱい)される。	장래의 일이 걱정된다.

9 가정법 ば、と、たら、なら

기본어		존경어		겸양어	
いる	있다	いらっしゃる	계시다	おる	있다
行(い)く	가다		가시다	参(まい)る	가다
来(く)る	오다		오시다	参(まい)る	오다
飲(の)む	마시다	召(め)し上(あ)がる	드시다	いただく	마시다
食(た)べる	먹다				먹다
見(み)る	보다	ご覧(らん)になる	보시다	拝見(はいけん)する	보다
する	하다	なさる	하시다	いたす	하다
言(い)う	말하다	おっしゃる	말씀하시다	申(もう)す	말하다
				申(もう)し上(あ)げる	아뢰다
知(し)る	알다	ご存(ぞん)じだ	알고 계시다	存(ぞん)じる	알다
会(あ)う	만나다	お会(あ)いになる	만나시다	お目(め)にかかる	만나뵙다
聞(き)く	듣다, 묻다	お聞(き)きになる	들으시다 물으시다	伺(うかが)う	듣다, 묻다
訪(たず)ねる	방문하다			伺(うかが)う	찾아뵙다
くれる	주다	くださる	주시다		
ある	있다			ござる	있다
やる	주다			あげる	드리다
もらう	받다			いただく	받다

교실에서 가장 많이 사용하는 말

학생

1. すみません。質問(しつもん)があります。	저, 질문 있어요.
2. 先生、よく分(わ)かりません。	선생님, 잘 모르겠어요.
3. 教(おし)えてください。	가르쳐주세요.
4. ゆっくり言(い)ってください。	천천히 말해주세요.
5. もう一度(いちど) お願(ねが)いします。	다시 한번 부탁드리겠습니다.
6. ____は日本語(にほんご)で何(なん)と言(い)いますか?	____는 일본어로 뭐라고 말해요?
____はどんな意味(いみ)ですか?	____는 어떤 뜻이에요?
____はどのように読(よ)みますか?	____는 어떻게 읽어요?
7. これでいいですか?	이렇게 하면 돼요?
8. 〜を 忘(わす)れました。	〜을 잊어버렸어요.
9. すみません。ペンを貸(か)してください。	저, 펜 좀 빌려주세요.
10. 遅(おく)れてすみません。	늦어서 죄송합니다.
11. 明日(あした)は来(こ)られません。	내일은 못 와요.
12. では、また明日(あした)。	그럼, 내일 봬요.
では、また来週(らいしゅう)。	그럼, 다음주에 봬요.

선생님

1. みなさん、見(み)てください。 　　　　　　　　　　여러분, 봐주세요.
2. よく聞(き)いてください。 　　　　　　　　　　　잘 들어주세요.
3. 言(い)ってください。 　　　　　　　　　　　　말해주세요.
　　もう一度(いちど)言(い)ってください。 　　　　　한번 더 말해주세요.
　　日本語(にほんご)で言(い)ってください。 　　　　일본어로 말해주세요.
　　大(おお)きい声(こえ)で言(い)ってください。 　　큰 소리로 말해주세요.
　　つづいてよんでください。 　　　　　　　　　따라 읽어주세요.
4. 書(か)いてください。 　　　　　　　　　　　　써주세요.
5. 見(み)せてください。 　　　　　　　　　　　　보여주세요.
6. 質問(しつもん)してください。 　　　　　　　　질문해주세요.
　　私(わたし)に 聞(き)いてください。 　　　　　　나한테 물어주세요.
7. 答(こた)えてください。 　　　　　　　　　　　대답해주세요.
　　質問(しつもん)に 答(こた)えてください。 　　　　질문에 대답해주세요.
8. 本(ほん)を開(ひら)いてください。 　　　　　　책을 펴주세요.
　　教科書(きょうかしょ)を あけてください。 　　　　교과서를 펴주세요.
　　読(よ)んでください。 　　　　　　　　　　　읽어주세요.
　　本(ほん)を 閉(と)じてください。 　　　　　　책을 덮어주세요.
9. はじめてください。 　　　　　　　　　　　　시작해주세요.
10. やめてください。 　　　　　　　　　　　　　그만해주세요.
11. 忘(わす)れないでください。 　　　　　　　　잊어버리지 말아주세요.
12. これは大切(たいせつ)です。 　　　　　　　　이것은 중요합니다.
　　覚(おぼ)えてください。 　　　　　　　　　　외워주세요.
13. 先生－終(お)わりましたか? 　　　　　　　　先生-다 했어요?
　　学生A-はい。 B-いいえ、まだです。 　　　　学生A-네　B-아니요, 아직요.
　　先生－全部(ぜんぶ)書(か)きましたか? 　　　　先生-다 썼어요?
　　学生A-はい。 B-いいえ、まだです。 　　　　学生A-네　B-아니요. 아직이요.
14. いいですね。 　잘했어요. 　　とてもいいですよ。 아주 잘 했어요.
15. はじめます。 　시작하겠습니다. 　16. おわります。 　끝내겠습니다.
17. 休(やす)み 時間(じかん)です。 　　　　　　쉬는 시간이에요.
18. 予習(よしゅう) 　　예습 　　　19. 復習(ふくしゅう) 　　복습
20. 宿題(しゅくだい) 　숙제 　　　21. 練習(れんしゅう) 　　연습
22. 例外(れいがい) 　　예외 　　　23. たとえば 　　　예를 들면

간단한 인사말

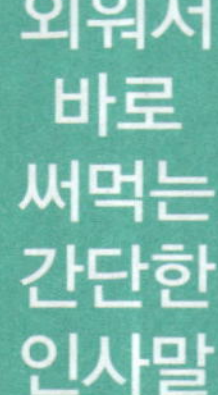

외워서 바로 써먹는 간단한 인사말

おはよう(ございます)。	아침인사 12시 정도까지 사용.
	친분 있는 사이는 ございます는 생략할 수 있다.
こんにちは。	점심인사. (12시-6시) は는 wa로 발음.
こんばんは。	저녁인사. (6시~사용) は는 wa로 발음.
さようなら。	헤어질 때 – 안녕히 계세요. 안녕히 가세요.
じゃ、またあした。	그럼, 내일 또 봐요.
じゃ、また来週(らいしゅう)。	그럼, 다음주에 또 봐요.
じゃね。	젊은 사람들의 표현으로 "잘 가"로 해석
はじめまして。	(첫인사) 처음 뵙겠습니다.
どうぞ よろしく (おねがいします)。	
	잘 부탁드립니다. おねがいします는 생략할 수 있다.
こちらこそ どうぞ よろしく (おねがいします)。	
	저야말로 잘 부탁드립니다.
いただきます。	잘 먹겠습니다.
ごちそうさまでした。	잘 먹었습니다.
ありがとう。	고마워.
ありがとうございます。	감사합니다.
いいえ、どういたしまして。	아니요, 천만에요.
すみません。	실례합니다. 미안합니다.
ごめん。	미안.
ごめんなさい。	미안합니다.
いってきます。	다녀오겠습니다.
いってらっしゃい。	다녀오세요.
ただいま。	다녀왔습니다.
おかえりなさい。	다녀오셨어요.

<table>
<tr><td rowspan="9">외워서
바로
써먹는
간단한
인사말</td><td>お元気(げんき)ですか。</td></tr>
<tr><td>건강하세요? 별일 없으시죠? 어떻게 지내세요? 잘 지내시죠?</td></tr>
<tr><td>はい、おかげさまで元気(げんき)です。 네, 덕분에 건강합니다. 잘 지내요.</td></tr>
<tr><td>おめでとう。　　　　　　　　축하해.</td></tr>
<tr><td>おめでとうございます。　　　축하해요.</td></tr>
<tr><td>しつれいします。　　　　　　실례하겠습니다.</td></tr>
<tr><td>おさきに しつれいします。　먼저 실례하겠습니다.</td></tr>
<tr><td>おつかれさま。　　　　　　　수고했어요.</td></tr>
<tr><td>おつかれさまでした。　　　　수고하셨습니다.</td></tr>
</table>

생활 속 회화 연습

01. はじめまして。どうぞよろしくお願(ねが)いします。

처음 뵙겠습니다. 잘 부탁드리겠습니다.

02. 私(わたし)は---と申(もう)します。

저는 ---라고 합니다.

03. お名前(なまえ)は何(なん)ですか。

이름이 뭐예요?

04. しつれいですが、お国(くに)はどちらですか。

실례지만, 고향은 어디예요?, 고국은 어디예요?

05. 大学生(だいがくせい)ですか。

대학생이에요?

06. 何年生(なんねんせい)ですか。

몇 학년이에요?

07. 一年生(いちねんせい) 1학년、二年生(にねんせい) 2학년、

三年生(さんねんせい) 3학년、四年生(よねんせい) 4학년

08. 専攻(せんこう)は何(なん)ですか。

전공은 뭐죠?

国語国文学(こくごこくぶんがく) 국어국문학　ドイツ語(ご) 독일어　中国語(ちゅうごくご) 중국어　国際政治学(こくさいせいじがく) 국제정치학　経済学(けいざいがく) 경제학　経営学(けいえいがく) 경영학　哲学(てつがく) 철학　数学(すうがく) 수학　物理学(ぶつりがく) 물리학　化学(かがく) 화학　生物学(せいぶつがく) 생물학　化学工学(かがくこうがく) 화학공학　生命工学(せいめいこうがく) 생명공학　電気電子工学(でんきでんしこうがく) 전기전자공학　建築工学(けんちくこうがく) 건축공학　機械工学(きかいこうがく) 기계공학　コンピューター 컴퓨터　政治外交学(せいじがいこうがく) 정치외교학　新聞放送学(しんぶんほうそうがく) 신문방송학　社会福祉学(しゃかいふくしがく) 사회복지학　社会学(しゃかいがく) 사회학　法律学(ほうりつがく) 법률학　食品栄養学(しょくひんえいようがく) 식품영양학　体育教育学(たいいくきょういくがく) 체육교육과　幼児教育学(ようじきょういくがく) 유아교육과　医学(いがく) 의학　看護学(かんごがく) 간호학　衣類(いるい)デザイン 의류디자인　視覚(しかく)デザイン 시각디자인　美術(びじゅつ) 미술　芸術学(げいじゅつがく) 예술학　史学(しがく) 사학　英語英文学(えいごえいぶんがく) 영어영문학　観光(かんこう) 관광

09. 会社員(かいしゃいん)ですか。 회사원이세요?

10. お仕事(しごと)は 何(なん)ですか。 직업은 뭐예요?

> 会社員(かいしゃいん) 회사원　銀行員(ぎんこういん) 은행원　学生(がくせい) 학생　大学生(だいがくせい) 대학생 高校生(こうこうせい) 고등학생　中学生(ちゅうがくせい) 중학생　小学生(しょうがくせい) 초등학생　教師(きょう し) 교사　医者(いしゃ) 의사　看護婦(かんごふ) 간호사　弁護士(べんごし) 변호사　弁理士(べんりし) 변리사 美容師(びようし) 미용사　運転手(うんてんしゅ) 운전수　主婦(しゅふ) 주부　OL 여자직장인　デザイナー 디 자이너　フリーター 프리랜서　スチュワーデス 스튜어디스　税理士(ぜいりし) 세무사　会計士(かいけい し) 회계사　調理師(ちょうりし) 조리사　SE(システムエンジニア) 컴퓨터 계통의 기술자　フリーター 자유 아르 바이트직

11. 趣味(しゅみ)は何(なん)ですか。
취미는 뭐지요?

12. 映画鑑賞(えいが かんしょう)です。映画(えいが)を見(み)ることです。
영화감상이요. 영화보기요.

音楽鑑賞(おんがく かんしょう)です。音楽(おんがく)を聞(き)くことです。
음악감상이요. 음악듣기요.

13. ししゅう、インターネット、水泳(すいえい)、ドライブ... です。
십자수, 인터넷, 수영, 드라이브

14. どこに住(す)んでいますか。
어디 사세요?

_______________に 住(す)んでいます。
_______________ 에 살아요.

15. 食(た)べ物(もの)の中(なか)で何(なに)が一番(いちばん)好(す)きですか。
음식 중에서 무엇을 가장 좋아하세요?

食(た)べ物(もの)なら全部(ぜんぶ)好(す)きです。
먹는 거 다 좋아해요.

16. 飲(の)み物(もの)の中(なか)で何(なに)が 一番(いちばん)好(す)きですか。
음료수 중에서 무엇을 가장 좋아하세요?

> ☆ 飲(の)み物(もの) 마실 것
> ジュース 주스 コーラ 콜라 ビール 맥주 ワイン 와인 コーヒー 커피 お水(みず) 물 お茶(ちゃ) 차
> ココア 코코아 紅茶(こうちゃ) 홍차 カクテル 칵테일 サイダー 사이다 牛乳(ぎゅうにゅう) 우유 焼酎
> (しょうちゅう) 소주

17. 果物(くだもの)の中(なか)で何(なに)が一番(いちばん)好(す)きですか。
과일 중에서 무엇을 가장 좋아하세요?

> ☆ 果物(くだもの) 과일
> りんご 사과 なし 배 もも 복숭아 すもも 자두 いちご 딸기 すいか 수박 ぶどう 포도 かき
> 감 みかん 귤 さくらんぼう 체리 メロン 메론 バナナ 바나나 トマト 토마토 パイナップル
> 파인애플 あんず 살구 ジャモン 자몽 くり 밤

18. スポーツの中(なか)で 何(なに)が 一番(いちばん)好(す)きですか。
스포츠 중에서 무엇을 가장 좋아하세요?

> ☆ スポーツ 스포츠, 운동
> 水泳(すいえい) 수영 野球(やきゅう) 야구 スキー 스키 スケート 스케이트 ゴルフ 골프 相撲(すもう)
> (일본)씨름 バスケットボール 농구 テニス 테니스 サッカー 축구 バレーボール 배구 山登(やま
> のぼり) 등산

19. 季節(きせつ)の中(なか)で いつが 一番(いちばん)好(す)きですか。
계절 중에서 언제를 가장 좋아하세요?

> 春(はる) 봄 夏(なつ) 여름 秋(あき) 가을 冬(ふゆ) 겨울

20. クラスの中(なか)で 誰(だれ)が 一番(いちばん)背(せ)が 高(たか)いですか。
반에서 누가 가장 키가 커요?

21. 付(つ)き合(あ)っている人(ひと)いますか。
사귀고 있는 사람 있어요?

はい、います。 네, 있어요.

いいえ、いません。 아니요, 없어요.

22. 彼氏(かれし) いますか。 彼女(かのじょ) いますか。
(여자에게) 애인 있어요?　　(남자에게) 애인 있어요?

はい、います。 네, 있어요.

いいえ、いません。 아니요, 없어요.

23. 何人(なんにん)家族(かぞく)ですか。 가족은 몇 명이에요?

独(ひと)り暮(く)らしです。 혼자 살아요.

三人家族(さんにんかぞく)です。 3명이요.

24. 何人(なんにん)兄弟(きょうだい)ですか。 형제는 몇 명이에요?

一人(ひとり)っ子(こ) 독자

二人兄弟(ふたりきょうだい) 2명

25. お誕生日(たんじょうび)はいつですか。 생일은 언제예요?

26. 何年(なんねん)生(う)まれですか。 몇 년도 생이세요?

27. 何年(なにどし)ですか。 무슨 띠예요?

ねずみ 쥐 うし 소 とら 범 うさぎ 토끼 たつ 용 へび 뱀 うま 말 ひつじ 양 さる 원숭이
とり 닭 いぬ 개 いのしし 멧돼지

28. 日本(にほん)へ行(い)ったことがありますか。
일본에 간 적 있어요?

◎ 日本(にほん)へ行(い)ったことのある人(ひと) 일본에 간 적 있는 사람

⇒ どこへ行(い)きましたか 어디에 갔었어요?

◎ 日本(にほん)へ行(い)ったことのない人(ひと) 일본에 간 적 없는 사람

⇒ どこへ行(い)きたいですか。어디에 가고 싶어요?

29. 毎日(まいにち) 何時(なんじ)に起(お)きますか。
매일 몇 시에 일어나세요?

30. 何時(なんじ)に 寝(ね)ますか。
몇 시에 주무세요?

31. お父(とう)さん似(に)ですか。お母(かあ)さん似(に)ですか。 아빠 닮았어요? 엄마 닮았어요?

⇒ お父(とう)さん似(に)です。아빠 닮았어요.

⇒ お母(かあ)さん似(に)です。엄마 닮았어요.

⇒ お母(かあ)さんとそっくりです。엄마랑 똑같이 생겼어요.

⇒ どちらにも似(に)ていません。아무도 안 닮았어요.

32. しつれいですが、結婚(けっこん)していますか。 실례지만, 결혼하셨어요?

はい、結婚(けっこん)しています。 네, 결혼했어요.

いいえ、結婚(けっこん)していません。 아니요, 결혼 안 했어요.

独身(どくしん)です。 독신이에요.

33. 冬休(ふゆやす)みには 何(なに)をしましたか。
겨울휴가 때에는 뭐 했어요?

34. 芸能人(げいのうじん)の中(なか)で誰(だれ)が一番(いちばん)好(す)きですか。
연예인 중에서 누구를 가장 좋아해요?

35. 何歳(なんさい)ですか。おいくつですか。

몇 살이에요?

> 一歳(いっさい)、二歳(にさい)、三歳(さんさい)、四歳(よんさい)、五歳(ごさい)、六歳(ろくさい)、七歳(ななさい)、
> 八歳(はっさい)、九歳(きゅうさい)、十歳(じゅっさい)、二十歳(はたち) 20살

36. どんなタイプが好(す)きですか。 어떤 타입을 좋아해요?

> 優(やさ)しい人(ひと) 착한 사람　ハンサムな人(ひと) 잘생긴 사람　背(せ)が高(たか)い人(ひと) 키 큰 사람
> 雰囲気(ふんいき)のある人(ひと) 분위기 있는 사람　きれいな人(ひと) 예쁜 사람　金持(かねも)ち 부자　女
> (おんな)らしい人(ひと) 여자다운 사람　男(おとこ)らしい人(ひと) 남자다운 사람　性格(せいかく)がいい人(ひ
> と) 성격 좋은 사람　真面目(まじめ)な人(ひと) 성실한 사람

37. 日本語(にほんご)はどのぐらい習(なら)いましたか。

일본어는 어느 정도 배웠어요?

38. 何(なん)で日本語(にほんご)を習(なら)っていますか。

왜 일본어를 배우고 있어요?

仕事(しごと)で必要(ひつよう)です。

일로 필요해요.

趣味(しゅみ)です。

취미예요.

日本(にほん)へ留学(りゅうがく)したいからです。

일본에 유학 가고 싶어서요.

39. 日本語(にほんご)以外(いがい)に外国語(がいこくご)ができますか。

일본어 외에 다른 외국어를 할 수 있어요?

どんな外国語(がいこくご)ができますか。

어떤 외국어를 할 수 있어요?

40. 日本語(にほんご)以外(いがい)にどんな外国語(がいこくご)を習(なら)ってみたいですか。
일본어 외에 어떤 외국어를 배워보고 싶어요?

41. 18番(ばん)は何(なん)ですか。(カラオケで)
18번은 뭐예요? (노래방)

42. 一番(いちばん)得意(とくい)なのは何(なん)ですか。
가장 자신 있는 것은 뭐예요?

43. 苦手(にがて)なのは何(なん)ですか。
딱 질색인 것은 뭐지요?

44. 電話番号(でんわばんごう)は何番(なんばん)ですか。
전화번호는 몇 번이에요?

45. 携帯(けいたい)を持(も)っていますか。
휴대폰 있어요?

携帯(けいたい)の番号(ばんごう)を教(おし)えてください。
휴대폰 번호를 가르쳐 주세요.

46. どうしたんですか?
왜 그래요? 안색이 안 좋아요.

体(からだ)の具合(ぐあい)が悪(わる)いんです。
몸이 안 좋아요.

47. 血液型(けつえきがた)は何型(なにがた)ですか。
혈액형은 무슨 형이에요?

A型(がた) B型(がた) O型(がた) AB型(がた)

48. お酒(さけ)が飲(の)めますか。
술 마실 수 있어요?

はい、飲(の)めます。 いいえ、飲(の)めません。
네, 마실 수 있어요.　　　아니요, 못 마셔요.

49. 飲(の)める人(ひと) → お酒(さけ)の中(なか)で何(なに)が一番(いちばん)好(す)きですか。
마실 수 있는 사람　　　술 중에서 뭘 가장 좋아해요?

飲(の)めない人(ひと) → 好(す)きな飲(の)み物(もの)は何(なん)ですか。
못 마시는 사람　　　　좋아하는 음료수는 뭐예요?

50. 友(とも)だちとコーヒーショップに行(い)ったら何時間(なんじかん)ぐらいいますか。
친구랑 커피숍에 가면 몇 시간 정도 있어요?

51. 初恋(はつこい)はいつですか。
첫사랑은 언제지요?

52. 週末(しゅうまつ)に何(なに)をしようと思(おも)っていますか。
주말에 뭐 할 거예요?

53. 先週(せんしゅう)の日曜日(にちようび)は何(なに)をしましたか。
지난 주 일요일에는 무엇을 했습니까?

映画(えいが)を見(み)ました。 영화 봤어요.　買(か)い物(もの)をしました。 쇼핑했어요.
日本語(にほんご)を勉強(べんきょう)しました。 일본어 공부했어요.　デートをしました。 데이트했어요.
家(いえ)でごろごろしました。 집에서 뒹굴었어요.
一日中(いちにちじゅう)テレビを見(み)ました。 하루종일 텔레비전 봤어요.
友(とも)だちに会(あ)ってお酒(さけ)を飲(の)みました。 친구 만나서 술 마셨어요.
掃除(そうじ)をしました。 청소했어요.　料理(りょうり)を作(つく)りました。 음식했어요.

54. 昨日(きのう)は何時(なんじ)に寝(ね)ましたか。
어제는 몇 시에 잤어요?

55. 今日(きょう)の天気(てんき)はどうですか。
오늘 날씨 어때요?

56. 昨日(きのう)は忙(いそが)しかったですか。 어제는 바빴어요?

とても忙(いそが)しかったです。 아주 바빴어요.

あまり忙(いそが)しくなかったです。 별로 안 바빴어요.

57. 学校(がっこう)[会社(かいしゃ)]は何時(なんじ)から何時(なんじ)までですか。
학교(or 회사)는 몇 시부터 몇 시까지예요?

58. おこづかいは一個月(いっかげつ)いくらぐらいですか。
용돈은 한 달에 얼마 정도예요?

59. 今日(きょう)は何時(なんじ)に起(お)きましたか。
오늘은 몇 시에 일어났어요?

60. 海外旅行(かいがいりょこう)に行(い)くならどの国(くに)へ行(い)きたいですか。
해외여행 간다면 어느 나라에 가고싶어요?

アメリカへ行(い)きたいです。 미국에 가고 싶어요.

イギリスへ行(い)きたいです。 영국에 가고 싶어요.